L'ÉDUCATION MATERNELLE

DANS L'ÉCOLE

PAR

Mme P. KERGOMARD

INSPECTRICE GÉNÉRALE DES ÉCOLES MATERNELLES

PARIS

LIBRAIRIE HACHETTE ET Cie

79, BOULEVARD SAINT-GERMAIN, 79

1886

L'ÉDUCATION MATERNELLE

DANS L'ÉCOLE

Coulommiers. — Imp. P. Brodard et Gallois.

L'ÉDUCATION MATERNELLE

DANS L'ÉCOLE

PAR

Mme P. KERGOMARD

INSPECTRICE GÉNÉRALE DES ÉCOLES MATERNELLES

PARIS
LIBRAIRIE HACHETTE ET Cie
79, BOULEVARD SAINT-GERMAIN, 79

1886

PRÉFACE

La plupart des chapitres qui composent ce volume ont paru, sous une forme à peu près identique, dans l'*Ami de l'enfance*[1]. Toutes les idées qu'il renferme, je les ai semées partout où j'ai passé depuis que j'inspecte les écoles maternelles. Ce n'est donc pas une *nouveauté* que j'offre à mes lecteurs.

Si j'ai rassemblé mes articles, élaguant ici, ajoutant là ; si j'ai essayé de coordonner mes idées et d'en faire un tout, c'est qu'on m'a dit : « L'enseignement au jour le jour du journal s'échappe par petits canaux et s'en va par petits filets ; il faut amener et ramener l'eau dans un bassin où chacun viendra puiser à sa soif. »

1. *Ami de l'enfance*, organe de la méthode française d'enseignement maternel. (Hachette.)

Certes, je n'ai ni la prétention ni l'espoir de « désaltérer » complètement les bons esprits et les cœurs vaillants qui ont soif de la vérité; mais je serai bien heureuse si, tel qu'il est, avec ses idées peut-être bien rebattues, ce livre aide dans leur tâche quelques éducatrices — sans préjudice de quelques éducateurs — et s'il sauve surtout quelques enfants de « l'Éducation homicide » contre laquelle il est une protestation.

PAULINE KERGOMARD.

L'ÉDUCATION MATERNELLE DANS L'ÉCOLE

PREMIÈRE PARTIE

ÉDUCATION

CHAPITRE PREMIER

L'ÉCOLE MATERNELLE

L'enfant a besoin de la mère. — Pourquoi l'école et pas la famille. — Il faut un gîte pour l'enfant dont la mère travaille au dehors. — Ce que doit être *d'abord* l'école maternelle.

Cette association de mots : « l'École maternelle » paraît d'abord étrange. Le mot « Famille » aurait-il perdu sa valeur? Sinon, pourquoi lui donner un synonyme qui l'amoindrit? Appellera-t-on dorénavant la mère « maîtresse d'école », et le bébé au berceau sera-t-il un « écolier »? Une école, quelque riante qu'elle soit, ne vaudra cependant jamais la chambrette où l'enfant cueille les baisers maternels ; le titre d'institutrice évoque, quoi qu'on fasse, une idée moins intime que le nom de « maman », et un écolier ne sera, longtemps encore, qu'un enfant à tablier noir blanchi de craie, et les doigts tachés d'encre.

La maman se doit à son enfant, et l'on sait combien de tout cœur elle se donne à lui; son sacrifice n'en est pas un, parce qu'il porte avec lui sa douce récompense. D'ailleurs, l'amour maternel est si naturel qu'on a fini par décider que, au lieu d'être un sentiment, il est simplement un instinct.

« Instinct » si l'on veut, dans le principe, autrefois; mais, comme la nature humaine fait, jour par jour, son évolution vers le mieux, l'instinct fait peu à peu place au sentiment, et à son tour le sentiment s'éclaire, s'épure, de sorte que plus une femme est vraiment cultivée, plus elle est mère dans le sens élevé du mot. L'amour maternel tel que nous le comprenons se développe en raison directe de la civilisation.

Malheureusement, le peuple est resté dans l'ignorance pendant de longs siècles, et l'ignorance ne développe pas la moralité; d'autre part, l'éducation mondaine a exercé une influence détestable sur un grand nombre de femmes privilégiées par la naissance, par la fortune ou par le rang; de sorte qu'ici et là on rencontre des mères qui ne connaissent pas ou ne semblent pas connaître leurs devoirs maternels. Les unes abandonnent leurs enfants à des nourrices mercenaires, puis les confient à des domestiques, puis les mettent en pension; les autres les laissent vagabonder, les privent de soins matériels, leur donnent l'exemple de la grossièreté, du désordre, de la brutalité, si bien que ceux qui, par tempérament, sont enclins au pessimisme, en sont venus à nier presque l'instinct maternel et à déclarer que ce qui peut arriver de meilleur à l'enfant, c'est d'être élevé loin de sa mère.

Les pessimistes ont raison, pour aujourd'hui peut-être, et dans certains cas particuliers; mais ils auront certainement tort demain, grâce à l'éducation de l'école primaire. En tout cas, même pour aujourd'hui, si l'on veut éveiller l'instinct maternel chez les déshéritées qui en sont dépourvues, le cultiver et en faire un sentiment chez les femmes bien douées, mais à qui l'éducation a manqué, il y a un procédé unique : laisser l'enfant à sa mère. L'instinct s'éveillera, le sentiment naîtra des soins mêmes qu'elle donnera à son enfant, des relations qui s'établiront entre elle et lui. Un regard du bébé, un sourire, le gazouillement qui précède la parole, l'adorable babil qui le remplace, plus encore l'instinct qui pousse l'enfant vers sa mère au moindre danger, enfin, et primant tout pour qui a quelque sentiment au cœur, la faiblesse du petit être, seront plus éloquents, plus persuasifs que tous les discours, plus irrésistibles que les meilleurs exemples.

Si nous voulons que la mère s'attache à son enfant, que, pour lui, elle se moralise, s'élève, s'épure, faisons-le élever par elle.

Si nous voulons aussi que l'enfant ait les soins, la liberté, les caresses auxquels il a droit et que l'école ne peut lui donner, laissons-le encore à sa mère. Laissons-le toujours à sa mère.

Mais ce « toujours » est un idéal, car notre état social ne permet pas toujours à la mère de s'occuper de son enfant. Si tout travail nourrit l'ouvrier, à la condition que l'ouvrier soit bien portant et de bonne conduite, il ne nourrit pas toujours sa famille. La femme se voit forcée, elle aussi, d'aller travailler au dehors; elle ne peut laisser l'enfant seul à la maison; elle ne peut pas davantage le laisser errer dans les rues ou sur les routes, exposé à mille dangers, il faut un abri à cet enfant; il lui faut des soins.

Cet abri et ces soins, il les a d'abord trouvés à la salle d'asile, qui a, pendant une période de soixante ans, rendu d'immenses services aux familles.

Mais les salles d'asile n'ont pu échapper à la loi du progrès.

Le progrès qui saute aux yeux d'abord, c'est qu'elles ont changé de nom; ce sont aujourd'hui des *écoles maternelles*, et ce simple changement de nom a sa raison d'être. C'est, en effet, dans l'école à tous les degrés que se fait la fusion des différentes classes de la société; l'école est le vrai berceau de la démocratie; mais encore faut-il que son titre n'éloigne pas les uns et n'humilie pas les autres. Or, d'une part, la *salle d'asile* était considérée comme un établissement de charité où les familles aisées n'aimaient pas à envoyer leurs enfants si, accidentellement, elles étaient forcées de s'en séparer; d'autre part, il n'est pas bien, il n'est pas moral qu'à peine hors des langes l'enfant se sache l'objet de la charité publique.

Le nouveau titre « École maternelle » obvie à ces deux inconvénients : il sauvegarde la délicatesse de ceux-ci, la dignité de ceux-là; il explique en deux mots le but de l'institution.

L'école maternelle est d'abord un gîte dans la

grande et noble acception du mot, un gîte où l'enfant de la classe travailleuse et celui de la classe indigente sont à l'abri des éléments, à l'abri des accidents, à l'abri des mauvais exemples, à l'abri de toutes les laideurs. Mais toutes ces éliminations ne suffisent pas ; nous ne pourrions nous contenter, pour l'école maternelle, de ces qualités négatives, et voici que notre gite s'ennoblit ; car l'enfant doit y être placé dans les meilleures conditions de bien-être, entouré d'une atmosphère morale et moralisante ; il y voit de jolies choses, il y entend de bonnes paroles ; il y prend de bonnes habitudes ; son corps s'y développe, son intelligence et son cœur s'y épanouissent.

L'école maternelle doit être *d'abord* et *surtout* cela. Elle doit être d'autant plus « cela » que les enfants qui la fréquentent sont, pour des causes diverses, plus dignes de tendresse et de pitié. L'enfant, dans la famille pauvre, est un être déshérité, à qui l'école maternelle doit ce qui fait, à celui des parents aisés, les joues roses, les yeux brillants, le rire clair ; elle lui doit la douce chaleur du nid. L'enfant pauvre a froid et il a faim ; il n'est pas vêtu et il est malpropre ; il manque du « soleil du bon Dieu » et de cet autre soleil non moins indispensable : le bonheur des joyeux ébats, de la tendresse. L'école maternelle lui doit tout cela.

CHAPITRE II

LE LOCAL

Trois catégories de locaux. — La conception nouvelle en ce qui concerne l'éducation des enfants. — Peu de personnes l'acceptent encore; le matériel et le mobilier scolaires en sont la preuve. — Ce qu'il faut faire pour avoir une idée exacte de ce que doit être l'école maternelle.

L'école maternelle payera peu à peu, nous l'espérons, les dettes contractées par la *salle d'asile* envers les enfants. Mais il y a fort à faire. Elle ne date réellement que de 1882; le décret de réorganisation l'a trouvée dans les locaux des anciennes salles d'asile, et il a bien fallu l'y laisser, en attendant.

Ces locaux des anciennes salles d'asile peuvent être rangés en trois catégories : d'abord le *local modèle* (il l'était autrefois), se composant d'une grande salle, parfois même d'une salle immense, d'un non moins immense préau couvert, et d'une cour, rarement plantée d'arbres, presque toujours trop petite, relativement surtout aux constructions dont elle dépend.

Ces grands locaux sont clairs, bien aérés, mais trop sonores; le bruit des enfants y devient du vacarme ; c'est fatigant pour eux et pour les directrices.

Il y a ensuite les locaux jugés autrefois médiocres, plus ou moins appropriés à leur usage, dont, avec beaucoup de bonne volonté et d'intelligence, on peut cependant tirer un assez bon parti.

Il y a enfin une grande quantité de réduits misérables, où les enfants manquent d'espace, d'air par conséquent, de soleil, de tout.

Comment a-t-on pu tolérer des écoles dans de telles conditions ?

La réponse est tout entière dans l'ancien nom de ces établissements. C'étaient des *salles d'asile*. Les enfants étaient dans la rue, exposés au soleil qui brûle, à la pluie qui glace, à la lourde charrette qui écrase ; on a couru au plus pressé ; on les a arrachés au danger et placés en lieu sûr. Qu'importait alors qu'ils fussent *bien* ? Il fallait d'abord qu'ils fussent moins mal.

D'ailleurs, le soin à la fois scientifique et attendri que nous prenons aujourd'hui de l'enfant est le résultat d'une étude toute récente, en même temps que d'une conception nouvelle de nos devoirs envers lui.

Cette petite chose exquise a, pendant longtemps, été traitée avec beaucoup de sans-gêne. Tout était toujours assez bon pour elle.

Sous prétexte que, sa vie durant, l'homme est exposé à la souffrance physique, aux privations, aux crève-cœur, on inventait presque pour l'enfant des souffrances physiques, des privations, des crève-cœur. Ses vêtements, souvent trop chauds en été, étaient systématiquement trop froids en hiver; à table, il avait le monopole des morceaux les moins délicats et les moins fortifiants; pour l'accoutumer aux déceptions, on lui promettait à la légère des plaisirs que l'on n'était pas sûr de pouvoir lui donner. Cela s'appelait élever les enfants à la « Jean-Jacques ». En poussant le système à sa dernière limite, il y aurait eu une chose à faire : les tuer d'abord, sous prétexte qu'ils devaient mourir un jour.

Aujourd'hui nous avons appris à généraliser, et nous savons qu'un principe essentiel en économie politique et sociale ne peut être qu'essentiel aussi en éducation. Pour consommer, il faut des provisions; pour avoir des rentes, il faut faire des économies. Ce qui est vrai pour les produits manufacturés, pour la fortune publique et privée, est vrai aussi pour la force physique et morale de l'individu. Autrefois nous prêchions à nos enfants la prévoyance de la fourmi, et nous agissions à leur égard en cigales.... Il était temps de changer cela.

Les constructions nouvelles sont, autant que possible, en harmonie avec cette conception nouvelle des besoins de l'enfant et de nos devoirs envers lui. Elles sont encore en très petit nombre, mais l'élan est donné.

Il ne faudrait pas cependant se faire illusion sur l'étendue de notre conquête. Quelques pionniers de l'idée seulement ont accompli l'évolution, et ils peuvent dès maintenant envisager ce qu'il leur faudra de persévérance pour faire pénétrer leur conviction dans les esprits et dans les cœurs. Le plus pressé, c'est de convaincre ceux de qui dépend l'organisation matérielle de l'école, c'est-à-dire les municipalités, auxquelles incombent les dépenses du mobilier et du matériel scolaires.

L'ancienne salle d'asile comportait pour tout mobilier un gradin, des bancs latéraux et un lavabo ; nous trouvons le gradin, les bancs latéraux et le lavabo dans toutes les salles d'asile types, transformées en écoles maternelles ; presque toutes les autres sont pourvues de bancs et de gradins ; quant au lavabo, il est trop souvent regardé comme un luxe inutile.

Le matériel fondamental de la salle d'asile se composait d'un claquoir, d'un boulier-compteur, de tableaux de lecture et de scènes de l'histoire sainte ; ce matériel, on le trouve encore dans la plupart des écoles maternelles ; quelques-unes, cependant, sont assez misérables pour n'avoir même pas cela ; les plus riches possédaient des tableaux d'histoire naturelle.

Cette pénurie de mobilier et de matériel était une conséquence logique du but de l'institution. On avait voulu tout d'abord, disais-je, abriter les enfants, les garder. Mais garder un grand nombre d'enfants sans les occuper, c'était absolument impossible ; les occuper pour le plus grand profit de leur corps et de leur intelligence, les cultiver, les élever, en un mot, avait sans doute semblé plus impossible encore, et l'on avait inventé une sorte de discipline-dressage pour laquelle le mobilier et le matériel cités plus haut étaient suffisants.

Dans ces grandes salles sonores, la voix de la directrice se perdait ou se fatiguait trop ; le claquoir obviait à cet inconvénient. Le besoin de mouvement était, croyait-on, satisfait par les marches dans la classe, par l'escalade et la descente du gradin; la discipline, absolument nécessaire avec un si grand nombre d'enfants, était sauvegardée par un rythme et un cérémonial convenus; enfin on pourvoyait aux besoins intellectuels par l'enseignement de la lecture et de l'histoire sainte et par quelques exercices de calcul au boulier-compteur. Que fallait-il de plus? Des tables pour l'heure des repas? Les genoux des enfants suffisaient.

Ce sont les idées nouvelles en pédagogie enfantine, *idées que l'école maternelle devra réaliser*, qui nécessitent un mobilier et un matériel différents. Mais les municipalités sont difficiles à persuader. Ah! si le mobilier et le matériel dépendaient de l'État! de l'État dont nous avons en France la déplorable habitude de tout attendre! S'ils dépendaient de l'État, nos écoles des petits seraient bien meublées et bien fournies; mais ils dépendent des communes, — habituées à compter sur l'État; — aussi les mieux dotées sont-elles encore très pauvres; et, malgré nos efforts, l'école maternelle se pare encore d'un titre usurpé; nous en sommes le plus souvent à la salle d'asile.

Les efforts matériels que nécessitera la transformation complète de la salle d'asile en école maternelle ne sont pas ceux qui nous préoccupent le plus; nous savons que, la chose une fois reconnue nécessaire, il ne s'agira que de quelques mois, quelquefois même de quelques semaines, pour améliorer un local, pour le meubler, pour le pourvoir d'un matériel suffisant; nous savons aussi que l'intelligence de la directrice peut atténuer les inconvénients d'une installation défectueuse. Mais ce qui nous inquiète, ce qui nous étreint le cœur, c'est la crainte de voir encore pendant de longues années l'école maternelle détournée de son but *essentiellement éducatif*, l'école maternelle mal comprise. Nul ne la comprendra jamais s'il n'a étudié l'enfant, et l'on dirait parfois que, parmi ceux qui l'étudient, le plus grand nombre l'étudient à rebours.

CHAPITRE III

QU'EST-CE QU'UNE ÉCOLE MATERNELLE?

L'école maternelle est une famille agrandie. — A l'école maternelle, il faut de l'air, de l'activité, de la nourriture, de la propreté. — La cantine scolaire. — Ce que c'est qu'un enfant propre. — Nécessité de convaincre les parents. — Il faut cependant user d'indulgence dans les premiers jours, à cause de la difficulté pour l'enfant de s'acclimater à l'école maternelle. — Aguerrir n'est pas faire souffrir. — Les engelures. — L'enfant apportera un jouet dans sa poche ou dans son panier. — L'assiette de la petite fille.

« Les écoles maternelles, dit le règlement du 2 août 1882, sont des établissements d'éducation où les enfants des deux sexes reçoivent les soins que réclame leur développement physique, intellectuel et moral... », comme ils les recevraient, ajoutons-nous, dans leur famille, d'une mère intelligente et tendre.

L'école maternelle est une famille agrandie ; la directrice est la mère d'un grand nombre d'enfants. Or, que font les enfants de deux à quatre ans élevés dans leur famille ? Ils rivalisent avec les oiseaux d'activité incessante et de gazouillements ininterrompus. Ils ne font rien de précis, — *ils ne prennent pas de leçons*, surtout, — mais ils font ce qu'ils ont à faire, puisqu'ils se développent physiquement, intellectuellement et moralement, sans effort, au moins sans effort apparent, d'une façon normale, et sans que leur mère ait l'air d'y toucher. Ils bougent tant qu'ils ont besoin de bouger ; ils s'occupent — comme s'ils étaient payés à la journée — à essayer, puis à dépenser leurs forces : ils apprennent, sans s'en douter, le nom et les usages des objets qui les entourent ; leur vocabulaire, d'abord restreint au simple « papa » et « maman », s'enrichit tous les jours ; heureux de leurs conquêtes quotidiennes, ils causent avec leur mère, avec leur père, avec les animaux, avec eux-mêmes, de ce qu'ils voient, de ce qu'ils font, de ce qui les fâche, de ce qui leur fait plaisir ; sans s'en douter aussi, ils apprennent à vivre en société. Puis, quand ils sont las, d'eux-mêmes ils se reposent.

Quoi de plus facile et de plus intéressant que de les guider dans la voie où ils s'engagent ?

Je n'ai jamais vu oisif un enfant bien portant ; mais encore faut-il quelques éléments à son activité. Dans une chambre nue, sans aucun objet à portée de sa main, l'enfant deviendrait triste : ce qui serait anormal.

Mais il est si accommodant sur le matériel qu'on met à sa disposition ! Terre, sable, chiffons, papier, morceau de bois, feuille verte ou feuille sèche, tout lui est bon, pourvu qu'il puisse en faire, lui, quelque chose, et qu'à ce quelque chose il imprime sa petite personnalité. Tel jouet luxueux, mais immuable dans sa forme, ne lui plaît qu'un instant, tandis que le sable, les cailloux, la ficelle l'intéressent tous les jours.

Mais n'anticipons pas.

Le développement physique de l'enfant réclame de l'air, de la lumière, du mouvement, de la nourriture, de la propreté.

L'air. — La plupart des écoles maternelles, sauf celles qui sont de construction récente, ne peuvent en donner que dans une mesure bien parcimonieuse, mais encore faut-il qu'elles donnent tout ce qu'elles peuvent donner, et que les directrices s'appliquent à tirer le meilleur parti possible de conditions trop souvent défectueuses.

La plus grande partie de la journée devrait se passer dans la cour, à l'ombre l'été, au soleil l'hiver; pendant le même temps il faudrait tenir grandes ouvertes les fenêtres de la classe et du préau. On a, en général, trop peur de l'air, qui est un des éléments essentiels de la vie; on ne redoute pas assez l'air vicié, qui est un poison.

En faisant entrer l'air dans le local de l'école maternelle, on y fait également entrer le soleil, le grand purificateur.

L'activité. — Elle dépendra surtout de la façon judicieuse dont les directrices régleront l'emploi du temps de leurs petits élèves, et du matériel que les municipalités mettront à leur disposition. Ce matériel doit être un matériel de *jeux*. Les enfants sont-ils dans la cour : les uns joueront avec le sable, remplissant des *seaux*, les vidant pour faire des « pâtés », creusant des puits, construisant des fours; les autres, à l'aide de *brouettes*, feront les charrois ; d'autres iront jouer au *ballon*, aux *quilles*.

A un signal donné, tous se mettront en rang et

feront des mouvements *gymnastiques*, ou encore ils danseront des *rondes*.

Mais la lassitude viendra, le jeu languira, quelques querelles s'élèveront peut-être ; c'est le moment de changer d'occupation. Les enfants s'assoiront devant leurs tables, — dans les écoles maternelles privilégiées ; — armés d'un crayon, ils exécuteront sur l'ardoise de beaux *dessins* qui feront leur joie, puis ils *tisseront* des *lacets*, ils élèveront des *édifices de cubes*. Enfin, la directrice leur montrera des *images* et leur apprendra à regarder, à reconnaître et à désigner par leur nom les choses qu'ils auront sous les yeux.

Et si le sommeil vient? L'enfant dormira. Et, à ce sujet, je ne serais pas éloignée, pour ma part, de rétablir, dans certaines conditions, quelque chose d'analogue à ce qu'on appelait autrefois le *sommeil obligatoire*. — Le terme est à changer; le système, dans sa stricte régularité, aussi; car il y a des natures réfractaires au sommeil pendant la journée ou chez lesquelles le sommeil du jour empêche celui de la nuit. — Mais enfin ce sommeil de tous, ou de presque tous, à une heure déterminée, que, toute la première, — j'en conviens — j'ai critiqué et qui a été proscrit depuis quelque temps, ne laisse pas d'avoir en soi quelque chose de bon.

Dans la famille, en effet, l'enfant de deux ans, de trois ans, dort chaque jour l'après-midi, et il s'en trouve bien. Les mêmes besoins existent certainement dans la petite population de l'école maternelle. Une heure régulière de sommeil vaudrait mieux que les petits sommeils — à bâtons rompus — auxquels succombent, plusieurs fois par jour, les enfants assis dans la classe ou au préau, et je ne vois pas pourquoi le sommeil ne ferait pas partie de l'emploi du temps dans la section des petits. Ce serait là, dans tous les cas, une question digne de l'étude de nos lectrices.

La nourriture. — Quels sont les aliments nécessaires à de tout jeunes enfants? quels sont les aliments dangereux? quel intervalle doit-on mettre entre les repas des enfants qui fréquentent l'école maternelle, de ceux surtout qui composent la section des petits?

Les aliments nécessaires sont le lait et la soupe, puis viennent les œufs, et les légumes de digestion facile.

Les aliments dangereux sont ceux qui demandent des efforts de mastication impossibles à réaliser pour des enfants dont la première dentition n'est pas encore achevée. Que de pauvres petiots sont débiles parce qu'on leur fait manger une nourriture qu'ils ne peuvent s'assimiler! Que de parents ignorent, en cela, les vrais besoins de leurs enfants!

La cantine scolaire, qui fonctionne à Paris, à Bordeaux, à Marseille et dans beaucoup d'autres villes, est d'une incontestable utilité. Pour 5 centimes, l'enfant reçoit une portion de soupe ou de ragoût. C'est chaud, c'est nourrissant, c'est sain.

Dans les écoles où il n'y a pas de cantine, la complication est grande et la surveillance multiple. Les aliments sont-ils appropriés à l'âge des enfants, à leur tempérament, aux conditions sanitaires du pays? Cela dépend des parents, et il est du devoir de la directrice de donner des conseils à ceux qui, par ignorance ou par paresse, compromettent la santé de leurs enfants. Mais parmi les aliments même sains, si les uns peuvent être mangés froids, tels que la viande bouillie, rôtie, grillée, le poisson et certains légumes frais, d'autres, tels que les ragoûts, les farineux : haricots, lentilles, pommes de terre, sont peu agréables et indigestes quand ils sont froids. Il faut donc surveiller très sérieusement la femme de service chargée de faire réchauffer les déjeuners.

Combien de fois le *petit* enfant doit-il manger?

Toutes les trois heures au moins. Chez lui, avant de partir, vers huit heures; à onze heures on lui servira la soupe à l'école maternelle; à deux heures il boira du lait apporté dans son panier; à cinq heures, seconde soupe, qui lui permettra d'attendre le repas du soir, assez tardif dans les familles d'ouvriers.

La propreté. — C'est d'abord une affaire d'influence, car elle devrait être obtenue en premier lieu dans la famille, et l'école maternelle devrait seulement être chargée de l'entretenir.

Mais l'enfant ne doit pas être considéré comme propre, parce qu'on lui aura lavé la figure et les mains. Ce n'est pas l'apparence de la propreté que nous voulons, c'est la *propreté*. Ce qu'il faut obtenir des mères de famille, c'est le lavage complet du corps chaque matin; c'est la propreté absolue de la tête. Il faut en finir avec ce préjugé, presque partout répandu, consistant à croire que la santé dépend de cette horrible calotte de crasse qui sent mauvais et qui empêche les fonctions de la peau; avec cet autre, encore plus odieux, qui, dans certaines provinces, mesure le bon tempérament des enfants au nombre des poux qui grouillent dans leurs cheveux.

L'enfant doit venir propre à l'école maternelle, parce que c'est une nécessité d'hygiène physique, et puis parce que c'est une nécessité d'hygiène morale. Les directrices ne sauraient être trop rigoureuses sur ce point; c'est leur devoir, c'est une de leurs plus nobles prérogatives. Il faut que les enfants soient propres, parce que le sentiment de la dignité ne s'éveille pas ou ne persiste pas chez des êtres crasseux et déguenillés. Les directrices exigeront donc tout le possible; sans oublier cependant que, parmi les enfants qui fréquentent les écoles maternelles, quelques-uns ont des parents indignes, et d'autres des parents qui, malgré leur bonne volonté, ne peuvent suffire à leurs charges. A ces divers titres, tous ont droit à leurs égards, à leur sympathie, à leur tendresse, d'autant plus chaude qu'ils sont plus malheureux. La directrice doit être au courant de la situation de chaque enfant; elle doit s'occuper de chacun eu égard à sa situation particulière. Elle est la maman d'une nombreuse famille qui attend tout d'elle.... Ce tout, elle le lui donnera.

Quand l'école maternelle sera bien comprise, et tant que notre état social l'exigera, un vestiaire renfermant surtout le linge de corps : chemises, caleçons, jupons, camisoles, bas, sera la base du matériel, le matériel indispensable. Ce vestiaire permettra d'arracher à leurs taudis sans air, à leurs taudis fétides, les petiots qui y végètent à peine vêtus, et de vêtir décemment ceux qui viennent en loques à l'école.

Dans cette école maternelle, vraiment maternelle, la majeure partie de la matinée, toute la matinée, s'il le faut, sera consacrée aux soins matériels (répugnants aujourd'hui, parce qu'ils ne sont qu'un palliatif), à l'éducation physique, au bien-être, au rayonnement des enfants; ils seront nettoyés, habillés, dorlotés, mis en harmonie avec le local, où, dès lors, ils s'épanouiront vraiment; car, à l'heure actuelle, ils y sont gênés par leurs vêtements malpropres, par leurs cheveux en désordre, par leur peau même insuffisamment lavée, et surtout, j'en suis convaincue, par leur misère matérielle et morale, qui produit une discordance, une sorte de cacophonie dans cet intérieur bien soigné.

J'insiste : il faut d'abord s'adresser aux parents, dont un grand nombre, soit de parti pris, soit par insouciance de leur propre intérêt, loin d'aider la directrice, rendent plus ardues encore les difficultés de son œuvre. Si les enfants sont malpropres, en guenilles, à qui la faute, le plus souvent, sinon à leurs parents, à leur mère surtout? Il s'agit de faire comprendre, dès le premier jour, à la mère, que la directrice de l'école maternelle et la famille ont des droits et des devoirs réciproques, et que la directrice, absolument pénétrée du sentiment de ses devoirs, entend qu'on ait pour elle les égards qui lui sont dus. Or, comme la propreté est une question de dignité; comme il faut être propre par respect pour soi-même et par respect pour les autres; comme il faut inculquer à l'enfant le respect de lui-même et le respect d'autrui, — surtout de ceux qui se dévouent à son éducation, — il doit arriver propre le matin à l'école maternelle. La directrice a le droit et le devoir de l'exiger.

Ceci, c'est la théorie. Voyons pour la pratique.

Nous engageons la directrice à se mettre en rapport direct avec les parents. Une fois par semaine, lorsque les mères ont fini leur journée de travail, une réunion est possible à l'école. La directrice questionnera et conseillera.

Il sera entendu :

1° Que l'enfant sera exact; qu'il viendra tous les jours et s'en ira tous les jours aux heures fixées par le règlement, si sa mère ne peut s'occuper de lui quand il n'est pas à l'école : ce qui est la règle générale. Les mamans vont au travail, tous les jours à la même heure; beaucoup, par négligence, laissent l'enfant dans son lit. La chambre solitaire manque d'air et souvent de lumière; l'enfant, qui n'a plus sommeil, s'ennuie; il prend des habitudes déplorables, tant au point de vue de l'hygiène physique qu'au point de vue de l'hygiène morale. Combien y perdent leur santé et leur intelligence! Dans les longues journées passées hors de l'école maternelle, les petits restent enfermés seuls ou confiés à des frères un peu plus âgés; la chambre est presque toujours trop exiguë, il y a un poêle, une fenêtre. Les faits-divers des journaux nous racontent tous les jours à ce sujet des choses lamentables.

Donc il sera entendu : 1° Que l'enfant sera exact.

2° Que la propreté de la figure et des mains est absolument insuffisante, et que l'école exige la propreté du corps. Donc lavages complets tous les jours, bain une fois par semaine, si possible.

3° Que la propreté du corps ne suffit pas encore, si la tête est malpropre. La croûte ne vient pas plus sur une tête lavée et savonnée que sur les mains et sur le cou également lavés et savonnés. Quant au préjugé de la calotte de crasse et de la vermine, il a fait son temps. D'ailleurs l'école est faite pour extirper les préjugés et non pour les entretenir.

4° Que la propreté du corps implique celle du linge; d'abord celle du *linge de dessous*, ensuite celle des vêtements de dessus. Or le linge de dessous, c'est-à-dire la *chemise*, ne sera assez propre que lorsque l'enfant aura une chemise *de jour* et une chemise *de nuit*, l'une étant mise à l'air, lavée même quand il fait chaud, pendant que l'autre est sur le corps, et réciproquement.

Beaucoup de parents objecteront leur position précaire. Mais, en général, la directrice n'aura pas de peine à réfuter l'argument.

En effet, la majorité des enfants qui fréquentent les écoles maternelles sont des enfants de cultivateurs, d'ouvriers, et non des indigents. Le dimanche, les jours de fête, ils sont très convenablement vêtus, quelques-uns même avec trop de recherche. La directrice conseillera aux mères de mieux équilibrer à l'avenir : plus de simplicité le dimanche, moins de laisser-aller les autres jours. Elle ajoutera qu'elle a le droit d'être d'autant plus sévère pendant la semaine que l'enfant aura été plus luxueux le dimanche.

Elle parlera de dignité à ces femmes; et, si quelques-unes se montrent réfractaires à ce sentiment, elle excitera en elles l'orgueil maternel; elle se fera persuasive. Cette question de propreté ne peut être plus longtemps séparée de la question de la morale.

Mais la directrice prêcherait dans le désert si elle n'ajoutait pas les actes aux paroles, et si l'inspection quotidienne de propreté, trop souvent jusqu'ici regardée comme sans importance, était accomplie à titre de simple formalité. Persuadée que tout le temps consacré à l'éducation est du temps gagné, elle fera elle-même minutieusement cette inspection : examinant le cou, les oreilles, les cheveux, les genoux, déchaussant ou faisant déchausser quelques enfants pris au hasard, jamais les mêmes, visitant le linge, renvoyant l'enfant malpropre à sa mère toutes les fois que la chose est possible. Quand la mère verra que *c'est sérieux*, que c'est, pour elle, une question d'être ou de n'être pas déchargée de son enfant aux heures du travail, elle prendra, pour lui, et peu à peu, sans s'en douter, pour elle-même, des habitudes de propreté.

J'engagerai cependant les directrices à être très indulgentes les premiers jours, pour qu'aucun nuage, soit entre la mère et elles, soit entre elles et l'enfant, n'assombrisse l'arrivée de ce dernier; car une des grosses difficultés qu'elles rencontrent d'abord, c'est l'acclimatation de l'enfant. Il y a des petiots pour lesquels c'est un vrai désespoir de perdre de vue leur mère pour un instant, à plus forte raison quand il faut la quitter pour aller dans une maison inconnue, parmi des individus inconnus. Pour tous, sans distinction de tempérament physique et moral, c'est un changement complet d'habitudes; enfin un grand nombre ont déjà entendu parler de l'école comme d'un épouvantail, comme d'une espèce de maison de correction. Beaucoup de parents se souviennent encore de l'ancienne férule, et la brandissent en imagination sur les menottes des futurs écoliers. Il ne faut donc pas s'étonner de toutes les larmes qui coulent, de tous les cris qui attristent, le matin, les préaux de nos écoles maternelles.

Il faut accueillir ces dépaysés, ces apeurés avec des sourires, des bras tendus, des paroles de tendresse et des baisers; il faut qu'ils comprennent qu'à l'école maternelle ce que l'on trouve, ce sont des soins, des chants, des jeux, du bonheur.

Au lieu de les asseoir, dès qu'ils arrivent, sur un banc du préau, on les mettra en présence de jouets. Comme exercice d'entrée, on organisera un jeu bien mouvementé, auquel *tous* prendront part. Pas toujours le même, surtout un jeu à surprises. Dès que le petit monde sera bien lancé, si la directrice est un peu fatiguée, si elle veut se conserver pour les heures suivantes, — ce qui est très légitime — elle donnera la direction du jeu aux plus grands. (Il faudrait former des moniteurs de jeux, comme on forme dans quelques écoles des moniteurs de lecture.)

Enfin la directrice s'ingéniera pour que l'enfant, en mettant le pied dans l'école, éprouve une impression agréable, et certainement, chaque matin, il se mettra gaiement en route pour y revenir.

Le gai soleil, une température douce aplanissent bien des difficultés que l'hiver accroît au contraire. Or l'ouverture des écoles coïncide avec la saison mauvaise. C'est alors que le génie maternel de la directrice doit se multiplier. Les enfants ont froid et ils sont grognons; ils ont des bobos qu'on traite légèrement, parce que ce ne sont pas des maladies. Ce ne sont pas des maladies, c'est vrai, mais ce sont des souffrances, et parfois des souffrances aiguës, pour lesquelles il faudrait les plaindre, les dorloter. Je ne veux citer que les engelures, un des fléaux de l'enfance. Peut-on demander à un enfant qui a les doigts gonflés ou des plaies aux doigts de faire du tressage, du tissage, du pliage, du dessin, toutes choses pour lesquelles il faut de la dextérité, de l'adresse? Ses menottes, généralement malhabiles, refusent le service quand elles sont endolories.

Beaucoup de personnes disent : « Il faut aguerrir les enfants! » Aguerrir n'est pas torturer. On aguerrit par l'hygiène générale, et l'on peut empêcher ainsi les engelures de se produire; mais, quand elles sont là, il s'agit de soigner l'enfant et, j'en reviens à mon mot, de le dorloter pour lui faire oublier sa souffrance.

L'hygiène générale consistera en lavages à grande eau, — lavages froids en toute saison avant l'apparition des engelures, — en frictions de la peau avec de l'eau aromatisée, en un régime tonique.

Quand les engelures sont venues, il faut de la chaleur, des émollients, par exemple de la graisse très fraîche.

Les mains couvertes d'engelures sont généralement malpropres, un peu parce qu'elles se salissent plus facilement, beaucoup parce qu'elles sont mal lavées. Or elles sont mal lavées parce qu'on s'obstine, en général, à les laver à l'eau froide, ce qui est un supplice pour les pauvres enfants. Il serait facile et peu coûteux d'entretenir sur le poêle une grande terrine pleine d'eau de son, dans laquelle on puiserait pour laver les mains malades.

L'acclimatation de l'enfant se ferait plus facilement s'il apportait *son* jouet à l'école maternelle. Le petiot qui sentirait sa petite charge de billes dans sa poche, celui qui aurait sa trompette en bandoulière, la fillette qui aurait sa poupée dans ses bras et sa petite provision de chiffons dans son panier, partiraient les uns et les autres de meilleur cœur le matin, et peut-être entendrait-on moins de pleurs pendant la première heure, peut-être verrait-on moins de petites poitrines soulevées par les sanglots, car il faut avouer que le cas est fréquent.

L'enfant qui apporterait son jouet à l'école y viendrait avec plus de plaisir. Cela est incontestable. Mais nous trouvons d'autres avantages non moins précieux à cette combinaison. Ce jouet serait un élément éducatif, et nous sommes si pauvres sous ce rapport!

D'abord il serait facile à la directrice d'étudier le caractère des enfants. La façon dont ils se mettraient au jeu serait pour elle un précieux indice. L'un irait tout seul dans un coin avec sa propriété; un autre la montrerait avec orgueil et ne permettrait pas qu'on y touchât; un troisième proposerait un échange qu'il chercherait bientôt à renouveler; d'autres se grouperaient pour des parties en commun.

L'enfant maladroit de ses mains ou paresseux d'intelligence apprendrait, de son camarade industrieux, à transformer en instrument récréatif un objet qui lui avait paru jusqu'alors avoir une destination toute différente.

Nous pourrions étendre l'énumération, mais nous nous contentons d'une dernière idée. Il y aurait sans doute — par comparaison, du moins, — de beaux jouets qui exciteraient l'admiration et la convoitise du plus grand nombre. Leurs propriétaires apprendraient à les prêter de bonne grâce, et leurs petits obligés, à se servir de la propriété d'autrui en l'entourant de soins. Ceux-ci et ceux-là éprouveraient un des sentiments les plus exquis que l'âme humaine puisse ressentir : les propriétaires, la satisfaction d'avoir fait plaisir; les autres, la reconnaissance.

Grâce au jouet, la glace serait vite rompue, et en quelques instants on serait camarades.

Non seulement on n'a pas encore admis ce principe, mais c'était le principe contraire qui était jusqu'ici en honneur. Comme les directrices se méprenaient sur le but de l'école maternelle, — j'aurai cent fois à revenir sur cette idée — le petit jouet, le compagnon, le consolateur était, à certaines heures, confisqué.

J'ai à ce sujet un souvenir récent. Il faisait chaud; l'air était lourd dans la salle trop peuplée; la plupart des enfants luttaient contre le sommeil; quelques-uns, vaincus, dormaient par terre. La directrice faisait le possible pour intéresser son petit monde à une leçon, dont le défaut capital était d'être une *leçon*. Une petite fille de quatre à cinq ans attira mon attention. Elle était bien éveillée celle-là, mais à cent lieues de ce que disait la maîtresse. Ce qui la captivait, c'était la poche de son tablier, qu'elle caressait du regard. De temps en temps elle jetait un coup d'œil furtif vers la directrice, et, quand elle espérait n'en être pas vue, elle glissait sa main dans sa poche et en retirait à moitié une petite assiette de métal, une assiette de *ménage*, qu'elle laissait bien vite retomber au fond de sa cachette.

Je m'approchai de la fillette; elle tressaillit et devint rouge jusque dans les cheveux. Elle se faisait le raisonnement suivant, la pauvrette : La directrice me prendrait mon jouet; que va faire cette dame... une inspectrice générale!!

« Tu as une bien jolie petite assiette, mignonne, lui dis-je; veux-tu me la montrer? »

L'enfant mit la main dans sa poche et, avec un air étonné et peu rassuré, lentement elle me tendit son trésor.

« Tu as eu une bien bonne idée d'apporter ton jouet. Amuse-toi, et puis apporte-le encore demain. »

Les yeux de l'enfant rayonnèrent; elle n'était plus dans une classe, mais dans un pays lumineux.

CHAPITRE IV

L'ÉCOLE MATERNELLE ÉDUCATRICE

Pourquoi l'enfant vient-il à l'école? — Ce qu'on est convenu d'appeler *éducation*. — L'éducation intérieure. — L'ancienne salle d'asile a fait seulement de la discipline matérielle. — Cette discipline-dressage ne permet pas de faire connaissance avec l'enfant. — Que se propose l'éducateur? — Nous ne nous y prenons pas bien. — Ce qu'est pour l'enfant la vie normale.

« L'école maternelle, dit le règlement du 2 août 1882, réorganisant les salles d'asile, l'école maternelle est un établissement d'éducation. »

Dès qu'on s'occupe d'éducation, on se trouve en présence d'une œuvre à la fois grandiose et redoutable ; il faudrait, pour bien faire, avoir la faculté de tout voir, il faudrait en quelque sorte tout savoir. Or on n'a souvent pour tout bagage qu'un peu d'expérience et beaucoup de bonne volonté. C'est mon cas, et j'avoue que, si j'ai osé aborder ce sujet ardu, pour lequel on ne saurait creuser assez profond, ni s'élever assez haut, c'est bien plutôt pour *chercher* avec mes lectrices que pour leur apporter une science et surtout la leur imposer.

Il est élémentaire, au moins, de se demander dès le début quel est le résultat vers lequel on tend.

L'éducateur se propose, n'est-ce pas? de semer, puis de faire naître, grandir et fructifier toutes les bonnes graines. Pourquoi se le propose-t-il? Pour que l'individu arrive à sa plénitude ou, si vous le préférez, à la *perfection*, et, quand je parle ici de perfection, je veux dire au meilleur de ce que chacun peut donner. L'éducateur se propose donc le bonheur de l'individu, — un bonheur qui n'a rien de commun avec l'égoïsme, — et par conséquent le bonheur de l'humanité.

Quand je dis l' « éducateur », je généralise, parce que je prends mon idéal pour une réalité. Il faut, au contraire, reconnaître que beaucoup de personnes qui font de l'éducation partent d'un principe tout opposé; « l'homme, disent-elles, n'est pas né pour être heureux ». A force de le dire, à force de l'entendre dire, elles ont fini par en être convaincues; plus encore, elles ont cru qu'il était coupable d'essayer de le rendre heureux, et, sous prétexte de *tremper* l'enfant en vue des difficultés futures, elles l'ont privé de la chose à laquelle il a droit : elles l'ont privé du bonheur.

« Pourquoi l'enfant serait-il heureux, disent-elles, puisque le paradis n'est pas sur la terre? » Il n'y est pas, c'est vrai; mais il y serait si chacun s'élevait à toute la hauteur morale qu'il peut atteindre; il y serait si chacun était travailleur, juste, sincère, dévoué, désintéressé, enthousiaste du beau et du bon! Un seul être qui ne remplit pas tout son devoir, qui ne cherche pas à monter, à monter encore, à monter toujours, dérange l'équilibre. Le malheur de l'humanité est fait de toutes les infractions au devoir commises par tous les humains; le bonheur de l'humanité sera fait, au contraire, de tous les progrès accomplis par les hommes qui se succéderont ici-bas. Quel idéal à semer dans les cœurs que de persuader à chacun qu'il détient une parcelle du métal précieux qui doit faire l'âge d'or de l'humanité, cet âge d'or que l'on s'obstine à placer derrière nous, tandis qu'il est devant nous... là-bas, là-bas, si nous avons des défaillances, mais à portée du regard si nous sommes des travailleurs de bonne volonté!

Mais encore faut-il, je le répète, avant d'entreprendre une œuvre aussi délicate que celle de l'éducation des enfants, se rendre compte d'abord du point de départ et du point d'arrivée, et chercher les meilleurs procédés pour aller de l'un à l'autre. Il faut savoir d'abord ce que c'est que le bébé, puis ce que c'est que l'enfant, puis ce que c'est que l'homme.

Le point de départ, le voici : Le petiot sort à peine des langes; il porte en lui, à l'état de germe, toutes les possibilités d'arriver au but, c'est-à-dire de devenir un être fort, intelligent et bon, utile à lui-même et à ses semblables. Il s'agit pour nous, instituteurs, de développer ses forces physiques et intellectuelles et de les faire tendre vers l'intérêt et le bien communs.

Il faut avouer que nous nous y prenons fort mal. Nous prétendons faire « l'éducation » de l'enfant, sans avoir fixé l'idée que ce mot représente.

En effet, on appelle généralement éducation un certain ensemble de qualités extérieures qui donne entrée dans la bonne société ou qui prouve qu'on y a toujours vécu. Avoir de l'éducation, c'est vivre selon le code de la civilité puérile et honnête; manquer d'éducation, c'est être en rupture plus ou moins ouverte avec ce code. L'éducation ainsi comprise, c'est un vernis.

Certes, ce vernis a sa valeur. Il a sa valeur partout, mais surtout dans une démocratie, où toutes les classes de la société se coudoient constamment, et où la classe dès longtemps privilégiée ne peut, malgré son incontestable bonne volonté, faire taire ses répugnances pour le laisser-aller de la tenue, la grossièreté des propos, la brutalité des relations.

Cette importance du « vernis » est cependant relative; ce n'est que le côté matériel de l'éducation, ce n'est que la conséquence de l'éducation intérieure, de l'éducation morale. On dit que la politesse vient du cœur, et l'on a raison, s'il s'agit de la vraie politesse; nous pouvons même affirmer que toutes les qualités sociables qui font le charme des relations viennent, elles aussi, du cœur et de l'esprit.

Or c'est cette éducation intérieure, qui a son reflet à l'extérieur, que nous voulons poursuivre à l'école. Nous voulons la commencer à l'école maternelle, la continuer à l'école primaire et la voir se perfectionner chaque jour de la vie de l'individu.

Jusqu'à présent, l'école maternelle — héritière en cela, comme en beaucoup d'autres choses, de l'ancienne salle d'asile — s'est appliquée surtout à discipliner, à discipliner matériellement; elle ne s'est préoccupée que d'un des côtés de l'éducation, et justement du moins élevé.

Grâce à la discipline matérielle, on a évité les bousculades, le tumulte, on a obtenu le silence, sans lequel il n'y a pas d'enseignement possible. C'est certainement un succès; mais c'est le cas de dire, ici, que certaines victoires équivalent à des défaites; car le triomphe de la discipline a été la défaite de l'éducation.

En effet, les procédés exclusivement collectifs qui ont fait de chaque enfant une unité abstraite dans le nombre, empêchent l'éclosion de l'*individualité*. A peu d'exceptions près, on ne remarque, dans les enfants qui peuplent nos écoles maternelles, ni qualités ni défauts saillants. Je suis souvent effrayée de l'extrême facilité avec laquelle ils peuvent être conduits. Cette facilité provient de leur sommeil moral.

Interrogez une mère de famille, une mère consciencieuse, qui étudie ses enfants, qui s'efforce de développer en eux certaines dispositions et d'enrayer certaines autres; elle vous dira non seulement les différences absolues qui sautent aux yeux dans le caractère de chacun d'eux, mais aussi les différences de détail, les nuances. Dans certaines familles privilégiées, les qualités de chacun des enfants compensent ses défauts; dans d'autres familles, au contraire, tout concourt à rendre la tâche difficile; mais au moins, bonnes ou mauvaises, les dispositions diverses se font jour, et l'éducation a prise. Ce que la mère de famille redoute le plus, c'est un être terne, sans qualités ni défauts apparents.

Dans le milieu social où se recrutent les quatre-vingt-dix-neuf centièmes des enfants de l'école maternelle, les mères n'ont ni le temps ni la culture nécessaires pour s'occuper avec fruit de l'éducation de leurs enfants; cependant elles connaissent au moins les grandes lignes du caractère de chacun : celui-ci est tendre, celui-là sans expansion; l'un est généreux, l'autre avare; il y en a qui n'en font qu'à leur tête, d'autres qui sont naturellement soumis. Ces différences sont inséparables de la vie même.

Pourtant, à l'école maternelle, les enfants se ressemblent tous; la discipline en a fait des espèces de machines; ils ne sont réellement pas en vie. La vie reprend ses droits dès qu'ils mettent le pied dans la rue, chacun redevient spontanément lui-même, ayant secoué la discipline qui en fait toute la journée un être factice.

Le dressage matériel, qui arrête les manifestations de la vie, est un crime de lèse-enfance; le dressage intellectuel n'est pas moins coupable.

Cependant, toutes les fois que je fais cette question : « Mes petits, pourquoi venez-vous à l'école maternelle? » je reçois invariablement cette réponse : « C'est pour apprendre, c'est pour devenir savants ». Cette réponse, ce ne sont pas les enfants qui l'ont inventée; ils l'ont apprise; et la preuve, c'est que, à une des dernières sessions d'examen pour le certificat d'aptitude à la direction des écoles maternelles, toutes les aspirantes, très nombreuses, *toutes*, même celles qui avaient été élevées au cours normal, commençaient ainsi leur leçon :

« Pourquoi venez-vous à l'école maternelle?

— Pour devenir savants, répondait en chœur toute la classe.

— Oui, pour devenir savants », affirmait l'aspirante.

Hélas oui ! nos écoles, avec leur discipline factice, leur enseignement prématuré, leur parti pris d'instruction à outrance, étouffent les germes prêts à éclore. Grâce à ce dogme : « L'enfant est à l'école pour devenir savant », nos écoles du premier âge sont des écoles inhumaines, des écoles contre nature.

La nature, en effet, veut pour l'enfant le rayon de soleil qui réchauffe, l'air qui vivifie, le mouvement qui accélère la circulation, le jeu des muscles qui les fortifie, l'exercice naturel des organes qui les perfectionne; la nature veut que l'enfant vive, et, quand je parle de *vie*, j'entends l'expansion de toutes les forces de l'être.

Pour l'enfant, la vie normale, c'est la liberté d'allures. Il est fait pour se rouler par terre quand il ne sait pas marcher ; pour courir après le papillon ou après le nuage que le vent emporte ; il est fait pour cueillir des fleurs, pour grimper aux arbres, pour se parler à lui-même quand il n'a pas d'autre interlocuteur. Il est fait pour cela ; il a droit à tout cela.

Mais il a droit aussi à être nourri, à être vêtu, à être logé ; et, pour qu'il mange, pour qu'il soit à l'abri des intempéries, pour qu'il dorme dans un lit, il faut que ses parents travaillent, et c'est pour cela que l'enfant pauvre va trop tôt à l'école. Je dis trop tôt, car le petit enfant est fait pour rester auprès de sa mère ; l'école maternelle est, il ne faut pas s'y tromper, un mal nécessaire, ou plutôt l'atténuation d'un mal. Il tombe donc sous le sens qu'elle doit être autant que possible en rapport avec les besoins de l'enfant, car l'enfant pauvre ne doit pas avoir par aggravation une vie anormale. Elle est anormale cependant, la vie du tout petit à l'école. Le décret du 2 août, qui avait pour but d'améliorer son sort, est resté presque impuissant. Notre idéal le plus cher est de ramener l'école maternelle à son but, c'est d'en faire l'*école éducatrice.*

CHAPITRE V

L'ÉCOLE MATERNELLE MIXTE

L'école maternelle mixte. — Les avantages de l'éducation en commun des garçons et des filles. — La discipline de défiance tue la pudeur de l'enfant. — Pourquoi l'éducation mixte est-elle nécessaire, *surtout* pour les enfants du peuple? — L'incident des deux petits écoliers et d'un groupe de petites filles. — Un principe absolu pour les écoles mixtes.

Dès qu'on aborde la question d'éducation à l'école maternelle, il faut appeler l'attention des directrices sur un sujet des plus délicats : sur l'éducation en commun des garçons et des filles. Certes, si nos écoles du premier âge avaient, dès le principe, mérité le titre définitif d'*écoles maternelles* qu'on vient de leur décerner, la question n'aurait pas besoin d'être posée ; malheureusement, les faits existants porteraient à croire que les premiers initiateurs de l'œuvre, n'ayant pas assez étudié les enfants, ne se doutaient pas de la naïveté exquise qui constitue leur noblesse, et qu'ils ne les aimaient pas assez pour les respecter; car ils en ont eu peur; et, comme la peur est une mauvaise conseillère, elle leur a inspiré une discipline de défiance grâce à laquelle les écoles maternelles mixtes manquent leur but, absolument identique à celui de la famille, leur but de moralisation.

Entrons dans une de ces écoles maternelles en miniature qu'on appelle la famille, et regardons ce qui s'y passe. Frères et sœurs y sont élevés ensemble, recevant les mêmes soins, jouant aux mêmes jeux, en un mot, vivant en commun, et se développant d'autant mieux qu'il s'établit un certain équilibre entre les facultés des uns et celles des autres : les garçons modèrent leurs forces physiques, dont l'exubérance dégénérerait en brutalité, ils deviennent courtois; les filles, par tempérament plus timides, plus craintives, s'aguerrissent, deviennent vaillantes, habiles aux exercices du corps, tandis que leurs frères deviennent adroits aux exercices des doigts. Le garçon apprend, presque sans s'en douter, que le devoir du plus fort est de protéger le plus faible; la fillette commence avec lui son apprentissage de conseillère, de consolatrice ; grâce à cet échange incessant, une famille composée de garçons et de filles est une famille modèle. Une école mixte devrait réaliser l'idéal de l'école.

Comme nous sommes loin de cet idéal !

La discipline de défiance dont je parlais tout à l'heure a imaginé une séparation entre les sexes au préau, au gradin, dans la cour ; et le zèle de l'inspection, tendant à supprimer ces barrières, échoue souvent devant la force du préjugé. Cette distinction, ce triage rejettent d'abord les enfants en dehors des idées contractées dans la famille et dans la société ; elle excite leur étonnement, puis leur curiosité ; mais ce n'est pas encore tout : vingt fois par jour, pour ne pas dire constamment, les leçons, les remarques, les encouragements, les blâmes appellent leur attention sur cette différence de sexe qu'ils auraient encore longtemps ignorée, et fait entrer dans leur esprit des idées malsaines, dont la plus dangereuse est celle-ci, que les relations de bonne camaraderie enfantine peuvent être coupables. « Pourquoi est-ce mal ? » se demandent-ils. La candeur enfantine, plus délicate que la poudre colorée semée par la nature sur l'aile des papillons, ne résiste pas à cette curiosité. L'école a commis un crime : elle a tué la pudeur de l'enfant ! Ou l'école mixte doit être impitoyablement supprimée, ou elle doit être dirigée avec une délicatesse toute maternelle, et, encore une fois, fondée sur le respect de l'enfant.

La vie en commun à l'école est une garantie de la bonne tenue, de la délicatesse dans les relations et dans les propos, toutes choses nécessaires à inculquer et à développer dans tous les milieux, mais qui acquiert une importance capitale dans celui où se recrute le personnel qui peuple nos écoles maternelles.

Une seule pièce renferme le plus souvent la famille tout entière, depuis l'aïeul jusqu'au bébé. Cette seule pièce est à la fois cuisine, buanderie, salle à manger, chambre à coucher. Il arrive là, hélas ! ce qui arrive dans tous les entassements ; on se gêne les uns les autres, on souffre les uns par les autres, on s'aigrit et l'on s'exaspère. Non seulement les délicatesses et les raffinements, qui sont un des grands charmes de notre vie, manquent à ces familles nécessiteuses, mais la plupart de leurs membres renoncent à rechercher la propreté, presque impossible à entretenir dans ces conditions; ils n'ont même plus l'idée de sauvegarder la pudeur.

Dans ces entassements, les plus faibles sont trop souvent victimes des plus forts; la femme souffre par l'homme, les enfants par les parents, par les sœurs et les frères aînés. On vit ensemble dans des conditions mauvaises; partant, on ne se connaît pas; bien pis encore, on se méconnait, et ces impressions laissent une empreinte douloureuse et ineffaçable sur les petits cerveaux et dans les petits cœurs.

Il est de toute nécessité que l'école maternelle enseigne aux enfants des deux sexes à vivre harmoniquement et *proprement* côte à côte. Elle le leur apprendra non par des raisonnements et des discours appris par cœur, mais par les bonnes habitudes prises le plus tôt possible. Ces enfants, garçons et filles, parqués ensemble dans leurs réduits, où ils ont vu tant de choses tristes et laides, ne doivent pas être séparés juste au moment où les conditions matérielles et morales changent. Chez eux ils ont avalé le poison : l'école maternelle doit être l'antidote, et, pour cela, l'école maternelle doit être une école mixte, dirigée avec une délicatesse extrême.

Les écoles maternelles de Suisse et d'Angleterre nous donnent à ce sujet de bons exemples. Ces écoles mixtes sont réellement mixtes, et aucune préoccupation pudibonde ne vient augmenter les difficultés du système, ni en paralyser l'action éminemment éducatrice. Les enfants, arrivés à l'école par groupes, s'assoient côte à côte, je dirais au hasard, si je n'avais constaté un ordre remarquable dans tous les établissements que j'ai visités; ils travaillent ensemble, jouent ensemble, jouissent d'une liberté toute fraternelle. — J'ai vu de petits couples dansant et s'embrassant le plus gentiment du monde. — Cela repose de nos clôtures et de nos terreurs, qui vont d'ailleurs totalement à l'encontre de leur but; c'est une science à acquérir. Cette science sera basée sur un principe tout nouveau, peu répandu : sur le respect de la nature humaine, sur le respect de l'enfant.

En attendant, nous entendons parfois, dans les écoles, de soi-disant leçons de morale qui nous font frissonner, et nous constatons dans la rue les pernicieux effets de ces leçons.

Il y a quelque temps, je passais dans une rue peu fréquentée de Paris; les petits enfants sortaient d'une des écoles du quartier. Sur le trottoir opposé à celui que je suivais marchait un petit couple, que je regardais avec émotion : c'était une fillette de quatre ans et un petit garçon d'un ou deux ans plus âgé peut-être. La fillette portait son petit panier, le garçon portait aussi le sien, puis il avait passé son bras resté libre autour de la taille de sa petite compagne, et ils causaient... peut-être des moineaux qui prenaient leur bain dans le ruisseau, peut-être de la dernière incartade d'un gros chat noir, peut-être encore de leur prochaine tartine de confitures.

« Je le dirai à la maîtresse! » « Je le dirai à la maîtresse! Oh! la vilaine... » criait-on derrière moi. Je me retournai, et je vis un groupe de quatre ou cinq petites filles, les contemporaines et les condisciples de mon petit couple charmant. « Je le dirai à la maîtresse! Oh! la vilaine, qui va avec les garçons! »

Ces pauvres petites étaient déjà déflorées par une éducation malsaine.... Il me sembla voir un bouquet de roses sur lequel on aurait jeté de la boue.

Nous poserons donc en principe *absolu* que la directrice d'une école maternelle doit parler et agir, non pas comme ayant sous sa direction des garçons et des filles, mais simplement des *enfants*. Rien dans la discipline, rien dans l'enseignement ne doit établir la distinction.

CHAPITRE VI

L'ÉDUCATION, ENSEMBLE DE BONNES HABITUDES

L'éducation, ensemble de bonnes habitudes. — L'éducation doit s'adresser au physique d'abord. — Comment l'enfant entrera-t-il à l'école et que fera-t-il en y arrivant? — Les habitudes d'ordre. — L'heure des repas. — Les habitudes matérielles impliquent une discipline. — Cette discipline doit sauvegarder le besoin de vivre. — L'enfant occupé se garde presque seul. — Souvenir d'Auxerre. — Le jeu libre donne des indices précieux à l'éducation. — Souvenir de Nice. — Le sable, les cubes, les jouets. — L'école primaire pourvoyeuse de l'école maternelle. — L'exemple de Bordeaux.

Le règlement des écoles maternelles donne la première place au développement physique. C'est logique, tout simplement, car, sans le développement physique, les autres seraient inutiles. Un enfant frêle, délicat, maladif est dans de mauvaises conditions pour apprendre; ses études sont presque toujours enrayées, imparfaites; l'ouvrier qui n'a pas de santé est fatalement destiné à la misère. Tout éducateur doit donc se pénétrer de ce principe : c'est qu'il faut aller du physique au moral. Le corps est la maison de l'esprit; pour que l'esprit se porte bien, il lui faut une maison saine. L'éducation du corps doit précéder celle de l'intelligence, comme les habitudes matérielles doivent précéder les habitudes intellectuelles. Les deux éducations, d'ailleurs, s'aident et se complètent sans qu'on s'en doute.

Nous prenons l'enfant dès le seuil de l'école, et nous voulons qu'il y entre, non pas en rampant, par la *porte à chien*, mais par la porte grande ouverte, comme des *petits hommes*, comme des *petites femmes*, en un mot comme des humains que l'on élève dès maintenant avec le sentiment de leur dignité.

La directrice est là, pour l'inspection de propreté, qui plus tard perdrait beaucoup de sa raison d'être; elle *accueille* les enfants qui lui disent bonjour. A celui-ci elle dit un mot, à cet autre elle passe la main sur la joue ou sur la tête; à cet autre encore qui a été, la veille, bien gentil, elle donne un baiser; — ne me parlez pas de jalousies excitées; une mère de famille ne caresse pas toujours mathématiquement ses enfants les uns après les autres; les incidents de la vie amènent le tour de chacun.

Les *grands* vont eux-mêmes déposer leur panier à la place qu'il doit occuper. C'est une première habitude d'ordre. Si l'école maternelle est bien agencée, si elle est pourvue de grands placards garde-manger, les rayons devront être disposés de manière à être accessibles aux enfants. La directrice réservera la planche la plus basse pour les plus petits, la seconde pour les plus grands. Si les paniers et la place qu'ils doivent occuper sont numérotés, les enfants, même ceux qui ne savent pas lire les chiffres, apprendront à reconnaître leur numéro d'ordre et feront dès les premiers jours leur petit ménage.

Ce premier acte : mettre son panier en place, souffrirait quelque difficulté si les cent ou deux cents enfants de l'école arrivaient en masse ; mais il n'en est pas ainsi dans la pratique : ils viennent par petits groupes et quelquefois un à un.

Le panier déposé, les enfants se débarrassent eux-mêmes de leur chapeau et de leur vêtement. Ceci est de toute nécessité ; un enfant de cinq ans élevé par sa mère — même dans les familles aisées ayant des domestiques — se rend à lui-même ces petits services ; à plus forte raison, un enfant du peuple doit-il le faire.

Je réponds d'avance à une objection qui me sera faite et qui se renouvellera, je le crains, à chaque conseil de ce genre : « Cela prendra du temps ! »

Oui, *cela prendra du temps*, mais il faut faire la différence entre le temps *employé*, *occupé*, et le temps perdu. C'est de l'éducation, et l'école maternelle a en vue l'*éducation*, non pas une éducation spéciale à tel lieu et à telle heure, non pas une éducation dont l'enfant devra se débarrasser comme d'un fardeau, dès qu'il aura quitté l'école pour la maison paternelle, mais une éducation qui lui servira dans la vie. « Le temps employé à l'éducation est du temps gagné » ; je voudrais voir cette devise inscrite sur les murs de nos préaux, de nos classes, de nos cours.

Je reprends : La directrice, l'adjointe, la femme de service aident les maladroits.

Quant aux petits, on les débarrasse de leur panier et de leur vêtement, mais en leur parlant : « Donne-moi ton panier ». « Allons ensemble mettre ton panier à sa place, veux-tu ? » « Quand tu seras grand comme

Louis, comme René, comme Marguerite, tu le placeras tout seul. »

Et de même pour le chapeau, et de même pour le manteau. C'est un sujet de conversation tout trouvé; les directrices en cherchent; or ceux qu'elles trouvent tombent dans le *convenu*, — parce qu'elles les ont cherchés, — tandis que la conversation s'engage naturellement dès qu'il s'agit d'un acte de la vie du petit écolier.

Cette habitude de se servir soi-même d'abord, puis d'aider ceux qui sont trop jeunes à se servir eux-mêmes, et enfin, pour les plus grands, de prendre, chacun à son tour, sa part du travail de tous, doit être encouragée dans la classe et au réfectoire.

Un quart d'heure avant l'heure des exercices dans la salle, deux garçons et deux filles (en plus grand nombre, ils se gênent mutuellement), pas toujours les mêmes, alternativement, de manière que tous les plus grands fassent à leur tour le service, iront disposer les ardoises, les cubes, les bâtonnets.

Au réfectoire....

En principe, nous désirons que les enfants rentrent chez eux à midi pour prendre leurs repas en famille; nous le désirons pour les enfants et pour leurs parents; mais ce principe doit être subordonné aux circonstances : à la distance qui sépare la maison paternelle de l'école, à la santé de l'enfant, au temps qu'il fait.

En tout cas, l'heure du repas à l'école maternelle devra attirer, plus que par le passé, l'attention des maîtresses; ce repas devra même être l'objet de leur sollicitude. Ce que l'enfant mange, et dans quelles conditions il le mange, est intéressant à savoir au point de vue de l'hygiène; comment il le mange est intéressant au point de vue de l'éducation.

Quant aux repas, nous pouvons diviser les écoles maternelles en deux classes : 1° les écoles où fonctionne la cantine scolaire; 2° les écoles où l'enfant apporte lui-même sa nourriture.

Partout où fonctionne la cantine, le choix des aliments est bien approprié à l'âge des enfants; ces aliments sont cuits avec soin et distribués en quantité suffisante, donc l'hygiène est sauve. Mais combien l'éducation laisse à désirer!

D'abord les enfants mangent, neuf fois sur dix, sans serviette, de sorte que, dès le commencement du repas, leurs vêtements sont souillés; ensuite, ils sont, en général, entassés à table. N'ayant pas la liberté de leurs mouvements, ils sont dans l'impossibilité de contracter de bonnes habitudes. A deux ans, à trois ans, un enfant ne sait pas manger; à quatre ans, s'il est placé dans de bonnes conditions et s'il est surveillé, il commence à peine à se tirer d'affaire.

Faisons deux tables, ou deux tablées. A l'une, mettons les enfants de cinq à sept ans, auxquels nous pourrons adjoindre de plus petits sachant manger seuls et que les plus grands surveilleront. Un coup d'œil donné de temps en temps à ce groupe suffira, je l'espère. Groupons à l'autre table les petits et les maladroits, et que, pour les surveiller, « tout le monde soit sur le pont » : la directrice, les adjointes, la femme de service.

Mais, si la directrice est toute seule, j'engage la pauvre déshéritée à servir le dîner par escouades.

Le repas se prolongera, c'est vrai; mais, encore une fois, l'hygiène et l'éducation doivent primer le reste à l'école maternelle.

Ces habitudes matérielles impliquent déjà la discipline à l'école. Chacun apprend peu à peu à faire ce qu'il doit faire et à le faire au moment opportun; et c'est justement en cela que la discipline de l'école maternelle diffère du tout au tout de celle de la salle d'asile. La discipline de l'école maternelle est un résultat : le résultat de l'occupation; celle de la salle d'asile prétendait se suffire à elle-même : c'était du dressage, du mécanisme. Il est vrai qu'on arrivait, grâce à elle, à maintenir *sans bruit* trois cents enfants dans une salle. Eh bien, entre cette discipline, trop en honneur encore dans nos écoles maternelles, entre cette discipline qui décerne le prix de sagesse à l'enfant « qui ne fait rien », et le désordre et le bruit, je préfère le désordre et le bruit.

Cette discipline qui tient les enfants assis au préau, dans le silence et l'immobilité; cette discipline qui les accroche les uns aux autres quand ils marchent et qui, sous prétexte de les empêcher de tomber, les empêche d'apprendre à marcher seuls; cette discipline qui leur croise les mains au dos ou sur la poitrine comme à des suppliciés; cette discipline qui ne leur permet que les mouvements commandés par le claquoir; cette discipline qui endort leurs facultés, qui tue dans le germe leur esprit d'initiative, qui les ankylose au moral et au physique : cette discipline est contraire à la raison, contraire à l'hygiène, contraire à la nature; l'école où elle est encore en usage est une école malsaine, pour l'esprit et pour le corps ; cette école ne mérite pas son titre d'école maternelle.

Oh oui ! je préfère cent fois le désordre et le bruit, car au moins le désordre et le bruit, c'est la vie !

Et cependant je ne veux ni le désordre ni le bruit. Je ne le veux ni pour la directrice, qui n'y pourrait vivre, ni pour les enfants, qui doivent s'habituer à une atmosphère de douceur et d'harmonie, pour aimer plus tard l'harmonie et la douceur. A l'école maternelle, les enfants doivent faire l'apprentissage de la vie en commun ; or la vie en commun n'est possible qu'avec une certaine discipline, à laquelle nous nous rompons peu à peu, sans nous en rendre compte, à l'école, dans la famille, puis dans la société. Cette discipline, la vraie, ne relève pas d'un règlement inscrit en grosses lettres sur la muraille : elle relève de la raison et du cœur, de l'intérêt de chacun et de l'intérêt de tous.... Certaines règles fixes y achemineront les enfants.

La grosse difficulté vient du nombre considérable d'enfants réunis dans les écoles maternelles; mais cette difficulté serait fort atténuée, elle serait presque tranchée si l'on occupait les enfants.

Il y a quelque temps, déjeunant dans un hôtel, à une petite table près d'une fenêtre, mon regard mélancolique, — c'est très triste de prendre ses repas toute seule lorsqu'on est habituée à les prendre en famille — mon regard mélancolique plongea dans la cour. Il y avait là un petit enfant, celui du maître d'hôtel. Cet enfant de vingt-trois mois, qui remplissait la maison de ses caprices et de ses cris lorsqu'on l'y tenait enfermé, était tout seul. Sa mère, dans le bureau, veillait sur lui en travaillant. Dans la cour il y avait une caisse pleine de pommes de terre, un mannequin rempli de paille, quelques sarments épars sur les dalles, et un cheval de bois dont les blessures attestaient les services. L'enfant commença d'abord par déménager une à une les pommes de terre, dont il fit un tas dans un coin de la cour. Entre-temps, il allait à son cheval, lui faisait une caresse, prenait de la paille dans le mannequin et lui en offrait avec sollicitude. Quand il en eut assez de faire passer les pommes de terre d'un coin à l'autre de la cour et de faire manger son cheval, il prit un sarment, et, avisant une ficelle, il essaya d'en faire un fouet. Ce fut long; le bébé avait de la persévérance, mais il ne savait pas faire les nœuds.... Un essai plus malheureux que les autres cassa le sarment en deux parties inégales, mais encore unies. « Malheureux », ai-je dit. Mais comment donc! voici qu'une des parties représente la ficelle, une ficelle *pour semblant*; l'autre partie, que l'enfant tient à la main, c'est le manche.... Le bébé de *vingt-trois mois* eut un cri de triomphe.

« Il n'est sage que quand il travaille », me dit sa mère, qui m'avait vue suivre de l'œil son petit manège.

« Mais il était seul, me dira-t-on; tandis qu'à l'école maternelle.... »

Dans nos appartements de Paris, presque toujours trop exigus, où les locataires sont superposés comme des objets dans les tiroirs d'une commode, nous sommes obligés, autant pour nos voisins que pour nous, d'imposer à nos enfants certaines catégories de jeux et de leur en interdire certaines autres. Dans toute famille où l'on fait vraiment de l'éducation, où l'on habitue les enfants à n'être pas égoïstes, à respecter la tranquillité et les goûts d'autrui, il y a les jeux de l'appartement et les jeux du dehors. Dans les jardins et dans les squares, le long des avenues, les enfants jouent au cerceau, aux chevaux, aux barres, aux quilles; ils dansent des rondes, sautent à la corde, traînent des charrettes; ils font du bruit, ils s'épanchent.

Pour l'appartement, il y a les jeux tranquilles : la boîte de construction, ou de mosaïque, ou de petits soldats; la poupée, l'album d'images, le cahier ou l'ardoise qu'on barbouille à plaisir....

Comparons maintenant.

Nos squares, nos jardins de Paris, c'est la cour de nos écoles maternelles. Heureuse l'école qui aurait son petit jardin du Luxembourg, ensoleillé dans les belles journées d'hiver, parfumé par les lilas au printemps, plein de roses l'été, de roses et d'ombre et de chants d'oiseaux!

En été et dans les beaux jours de l'hiver il y a des centaines d'enfants dans la partie basse du jardin qui s'étend devant le palais; ces enfants jouent : les uns tout seuls, les bébés; les autres par bandes. Les accidents et les conflits sont d'une rareté vraiment remarquable.

« Ils ont chacun leur bonne ou leur mère », direz-vous.

D'accord, mais il est intéressant de constater que les mamans apportent un livre ou un ouvrage, qu'on les trouve réunies par groupes comme dans un salon, et que les bonnes causent entre elles, veillant seulement à distance sur les enfants, qui ainsi s'ébattent en liberté.

Ils sont faciles à garder, parce qu'ils se livrent chacun à l'occupation, au jeu qui les intéresse ; le nombre des mamans et des bonnes pourrait être notablement diminué sans que les enfants eussent à en souffrir.

Continuons notre comparaison. Le préau, la classe même, c'est l'appartement pour lequel nous avons réservé des jeux spéciaux. Que la table à manger, transportée selon les besoins de la cause, d'une salle dans l'autre, si l'école est pauvre, soit dès aujourd'hui la table sur laquelle on joue aux jeux tranquilles. Que les enfants y trouvent dès le matin les objets dont ils aiment à se servir (ils aiment les objets qu'ils manient librement) : les cubes, les boîtes à sable, les boutons, les bâtonnets, le papier que l'on plie ou que l'on déchire, l'ardoise sur laquelle on barbouille, — et les disputes, le vacarme ne seront plus qu'une exception, un accident.

Que dans la cour chacun des petits soit muni d'un instrument de travail : pelle, seau, chariot ; que les grands se groupent, et l'heure du jeu libre ne sera plus, pour la directrice, la plus écrasante de la journée. Que dans la classe l'enfant soit pris, intéressé, empoigné par l'histoire qu'on lui raconte, qu'il ait l'ambition de répondre quand on l'interroge, de rectifier une erreur de son camarade, il écoutera,... et l'on se tient tranquille quand on écoute.

Que la directrice ait gagné la confiance des enfants, qu'elle se soit attiré leur tendresse respectueuse, qu'elle les ait conquis, et un de ses regards fera plus pour rétablir l'ordre que tous les coups de sifflet et tous les coups de claquoir du monde. Je le répète, la discipline-dressage d'autrefois avait été établie parce que l'on n'occupait pas les enfants. *Occupons-les*, et nous aurons résolu le problème.

L'enfant élevé près de sa mère développe simultanément ses forces physiques et intellectuelles par les occupations auxquelles il se livre librement : par les jeux, soit qu'il ait en main un jouet approprié, soit que, avec un objet quelconque dont il finit toujours par découvrir la véritable destination, il s'en soit fait un, qu'il préfère en général de beaucoup à tous les autres.

Le jeu libre devrait donc être, à lui seul, presque tout le programme de la section des petits, que j'appellerais bien volontiers la « garderie » maternelle, si ce mot n'était pris en mauvaise part.

Je ne vois même pas où la directrice peut puiser des éléments d'éducation intellectuelle et morale en dehors du jeu libre. Quelle prise a-t-elle, en effet, sur un enfant dont elle ne connaît ni les aptitudes ni les penchants ? Pour que ces aptitudes se produisent, pour que ces penchants se révèlent, ne faut-il pas que l'individu ait un libre essor ? Si l'enfant est assis sans rien faire, s'il est aux prises avec une occupation qui ne l'intéresse pas, dont il ne comprend pas le but, il s'endort moralement, et l'on ne peut faire connaissance avec lui.

Au jeu, au contraire, et surtout au jeu en commun, l'enfant est lancé dans la société de ses pareils, et il y fait l'apprentissage de la vie. Les petites passions se révèlent, les petits angles se heurtent, les motifs de discordes se produisent. Nous pouvons étudier en petit, dans la cour des écoles, ce que les philosophes étudient en grand dans l'histoire des peuples.

Il y a, parmi les enfants, des propriétaires convaincus de la supériorité du *mien*, et il y a des collectivistes. Parfois les deux types se trouvent réunis dans le même individu, — ce qui ne l'embellit pas. — c'est-à-dire que tel enfant veut garder son bien à lui seul et prétend partager, accaparer même celui des autres. Il y a des fondateurs d'empire qui édifient des monuments de sable et de cailloux, et des conquérants qui détruisent leur œuvre; il y a des paresseux égoïstes qui veulent jouir des résultats obtenus par autrui, après avoir refusé de participer à ses efforts; il y a des capricieux, des autoritaires, des boudeurs, des brutaux.... Il y a aussi de bonnes humeurs presque inaltérables, des pacifiques, des généreux, des dévoués.

Dans les écoles dites maternelles, quand tous les enfants, obéissant au claquoir, sont enserrés dans l'engrenage mécanique que l'on a pris longtemps pour de la discipline, rien de tout cela ne surgit. La petite machine marche, s'arrête, s'assied, se lève, fait automatiquement, aux questions qu'on lui pose, des réponses apprises par cœur.... Il n'y a pas d'observations psychologiques à faire pour la maîtresse.

Au jeu, au contraire, il est nécessaire d'apporter sa part d'initiative et sa part de souplesse, sa part d'activité, sa part d'attention et de réflexion, sa part de sollicitude pour le succès, sa part de force morale dans la déception, sa part de bonne humeur, sa part de renoncement.

Le jeu, c'est le travail de l'enfant; c'est son métier, c'est sa vie. L'enfant qui joue à l'école maternelle s'initie à la vie sociale, et l'on oserait dire qu'*il n'apprend rien en jouant*?

L'école éducatrice, celle où il apprendrait à vivre, serait l'école idéale.

Mais pour le jeu libre, qui développe sûrement les forces physiques et les qualités de l'enfant, encore faut-il un matériel quelconque. Or les préaux sont nus, les cours sont nues. S'il était dans la rue, l'enfant jetterait un morceau de bouchon, une feuille, un morceau de papier dans le ruisseau qui coule, et suivrait avec des cris de joie ou des soupirs d'anxiété *son bateau*, filant lestement ou allant doucement vers un gouffre; s'il était chez lui, il jouerait avec un ustensile de ménage quelconque. Je ne passe pas une fois dans la rue, je ne traverse pas une fois un village, sans envier, pour nos petits des écoles maternelles, le sort des enfants élevés en liberté, et sans acquérir une idée nouvelle qui pourrait devenir féconde, si elle était transportée dans nos écoles. J'ai vu, cette année, pendant vingt jours de suite, un bébé de dix-huit mois s'amusant, sans se lasser, à remplir de sable une fiole qui avait contenu un médicament quelconque. Sa mère, aux heures où elle ne pouvait s'occuper de lui qu'à distance, le plaçait devant la maison, près d'un banc qui lui servait de table; elle lui donnait la fiole, une cuiller de bois et du sable, et l'enfant s'occupait, et il se gardait tout seul. Un autre, un peu plus loin, s'amusait avec quelques bouchons. Tantôt il les faisait rouler à la poursuite les uns des autres, tantôt il les dressait comme des quilles; d'autres fois encore, il s'en servait comme de balles.

Avec quelques chiffons on fait des poupées plus précieuses aux petites filles que les plus somptueux bébés de cire achetés dans nos grands magasins de jouets; et une vieille boîte percée d'un trou par lequel passe une ficelle devient une charrette que l'enfant traîne en tressaillant de joie.

Oh! ces charrettes sans roues, sans timon, sans chevaux!...

Un jour, — je demande pardon à mes lectrices de tous ces souvenirs personnels, mais que vaut la théorie en comparaison de la chose vécue? — un jour, je venais d'inspecter une école, superbe comme construction, triste comme un désert, faute de matériel; et, pour éviter la chaleur, — c'était à Nice, en plein été, — j'étais entrée dans la vieille ville. Dans ces villes italiennes, le soleil, c'est l'ennemi; on s'en garait, autrefois, en perçant des rues si étroites qu'il est impossible à une voiture d'y pénétrer. De plus, chaque étage surplombe au-dessus de l'étage inférieur, si bien que, sans l'étroite bande d'azur que l'on aperçoit en levant la tête, on se croirait plutôt sous une voûte. Ces rues, dallées à grands carreaux, et où l'on vit presque dans le demi-jour des églises, sont de vrais paradis pour les enfants, qui n'y courent aucun danger.

Dans un de ces paradis, une trentaine d'enfants faisaient un bruit d'enfer, mais un bruit de bon aloi; pas de disputes, des cris de joie; et ils étaient splendides avec leurs belles couleurs, leurs cheveux envolés, leurs yeux étincelants! Tout ce bonheur était fait de quelques boîtes de carton qui avaient autrefois contenu du fil et auxquelles une maman industrieuse avait fait un trou pour passer une ficelle!

Et le sable! le sable avec *quelque chose pour travailler dedans!* Le sable est un des bonheurs des enfants; je crois que, si on le retranchait à nos bambins de Paris, ils feraient leur petite révolution. L'enfant qui a du sable se garde tout seul. Il fait des puits, il fait des jardins, il fait des montagnes, il charge des charrettes, de vraies ou de semblants.

Et les cubes! mais quand on en a, on en a trop peu, et le plus souvent on s'en sert mal : on les donne aux grands, et on les emploie à faire des *leçons de géométrie*; on ne les donne jamais aux petits; parfois ceux-ci sont admis à l'honneur de *regarder la directrice* élever une construction quelconque! Ce n'est pas cela du tout, du tout, du tout! Ce que l'enfant veut, c'est faire usage de ses doigts, c'est mettre en œuvre sa petite initiative; il veut imiter, il veut inventer, et puis il veut, sa construction faite, l'ébranler, la renverser. Cela fait du bruit, et il adore le bruit.

« Mais on n'a pas assez de cubes pour tous!.. » Il faut en demander. Et en attendant? — User du don de persuasion que possèdent les apôtres auprès d'un menuisier de la commune, père, oncle, parrain d'un des petits élèves, pour qu'il donne à l'école ses déchets de planches. Ils seront plus ou moins cubiques? Qu'importe! les pierres dont on construit les maisons ne sont pas cubiques, elles non plus.

Ce n'est pas encore assez. Il faut des pelles, des seaux, des brouettes, des jouets enfin. Il faut des jouets solides, non pas de ces jouets de bazar qui ne durent qu'une heure, mais des jouets bâtis à fer, à chaux et à sable par les entrepreneurs de matériel scolaire. Ces jouets coûtent cher. C'est encore le cas d'être industrieuses et de faire preuve de bon sens. Tous les ans, les municipalités, même celles qui sont le plus réfractaires, allouent une somme quelconque pour la distribution des prix. Une distribution de prix pour ces enfants, c'est insensé! Et, de plus, comme des *prix* impliquent des *leçons*, une *école*, ils sont contraires à l'idée de notre école maternelle.

Il faut employer la somme allouée à acheter des jouets qui appartiendront à l'école, au lieu d'appartenir à l'enfant, des jouets qui *dureront*. A la place de ces jouets de distribution de prix qui ne durent pas même autant que les roses, il faut acheter des cubes, acheter des images, de belles images bien cartonnées. Chaque année, le matériel — le trésor — s'accroîtra, le budget n'aura pas été grevé, et l'école sera riche.

Car après la cantine, après le vestiaire, l'indispensable, ce sont les *jouets*; vous suivez bien la gradation : la nourriture et la chaleur, puis la dignité, puis la joie.

Jusqu'ici on peut dire que les municipalités ont été intraitables. « De la joie à l'école! et pourquoi? l'enfant ne va pas à l'école pour s'amuser; d'ailleurs, rendre l'école trop attrayante, c'est enlever à l'élève une partie de son mérite; l'attrait n'était pas ce qu'on allait chercher à l'école autrefois. » — Mais, puisque nous avons supprimé les lettres de cachet, la torture!... D'ailleurs, même cette idée subversive est en train de germer dans les esprits; tout à l'heure, en désespoir de cause, nous disions aux directrices d'école maternelle : il y a peu d'enfants, quelque malheureux qu'ils soient, qui n'aient pas un jouet à eux, soit de première, soit de seconde main; en tout cas, il n'y a pas un enfant qui ne se fasse lui-même un jouet d'un objet quelconque. « Un vieux gobelet ou une boîte à sardines se remplit de sable aussi bien que le seau le mieux conditionné; une cuiller de bois au manche plus ou moins cassé remplace la pelle; un petit paquet de chiffons sert à faire une poupée, plus choyée souvent que la traditionnelle poupée aux yeux d'émail et à la chevelure frisée. Que chacun apporte son jouet à l'école. » Aujourd'hui, sans renoncer à cette première combinaison, nous en avons une autre, — meilleure, vu la loi du progrès; nous avons vu une exposition scolaire, celle de Montauban, riche en objets en bois fabriqués par les élèves des écoles primaires : chariots, brouettes, instruments de jardinage, animaux; la collection est des plus intéressantes. Il m'a semblé que l'école primaire était destinée à devenir la manufacture du matériel scolaire que nous rêvons pour les enfants de l'école maternelle. On intéresserait ainsi les grands à l'éducation et au bonheur des petits. Ce serait pour l'école primaire une leçon de morale pratique qui vaudrait bien des leçons du Manuel.

J'ai fait part de cette idée à un maire, qui y a fait

le meilleur accueil et qui m'a promis — je sais ce que valent ses promesses — de la réaliser au plus tôt. J'espère que l'exemple de Bordeaux, — pourquoi ne mettrais-je pas au tableau d'honneur cette ville, aussi généreuse que grandiose? — j'espère que l'exemple de Bordeaux sera suivi par toutes les villes où le travail manuel est organisé dans les écoles primaires.

CHAPITRE VII

ÉDUCATION MORALE

Education morale. — L'éducation doit être d'abord autoritaire. — L'obéissance. — Le sentiment de la liberté. — L'amour du travail. — La bonne humeur, la complaisance, la patience, la sincérité, la bonté. — Le but de l'éducation est de rendre l'enfant fort, intelligent, bon et... beau. — La directrice distinguera entre les actes ceux qui relèvent de la justice des choses et ceux qui relèvent de la conscience. — Pour devenir éducateur, il faut savoir descendre en soi-même, il faut avoir ses *idées* en morale comme on a ses idées en dessin, en calcul. — L'exemple, les récits sont les premiers et meilleurs procédés éducatifs. — Inspirer l'horreur du mal par la contemplation du bien. — Punitions, récompenses.

Les directrices, disais-je tout à l'heure, trouveront dans le jeu, et surtout dans le jeu libre, les éléments de culture intellectuelle et morale que la discipline mécanique leur avait dérobés jusqu'ici.

Un coup de claquoir étant frappé, qui se levait pour y obéir ? Était-ce Pierre ? était-ce Paul ? était-ce Marguerite ou Thérèse ? C'étaient les cent, les cent cinquante enfants réunis dans la classe. Ils se levaient mus par une espèce d'impulsion matérielle. Au premier signal de la marche, la masse entière s'ébranlait, chacun entraîné par celui qui le précédait et poussé par celui qui le suivait. Où était, dans ce grand nombre, l'enfant obéissant à encourager? où était au contraire celui chez qui il fallait faire naître le sentiment de l'obéissance? La directrice l'ignorait. Cependant l'obéissance, qui est, de toutes les qualités, la moins élevée dans l'échelle morale, puisqu'elle est d'abord passive, inconsciente, habituelle, avant de devenir raisonnée, consentie, voulue, l'obéissance est indispensable en éducation.

L'éducation, on ne peut le nier, doit être d'abord *autoritaire*. Ici le mot *autoritaire* n'est pas synonyme de *sec*, de *sévère*, d'*implacable*. Il est mis en opposition avec l'éducation par le raisonnement. Quand un enfant est trop jeune pour comprendre le pourquoi d'une défense ou d'une prescription, l'éducateur est bien obligé de se contenter de « Il faut » ou de « Il ne faut pas ». Il y a même un degré au-dessous. L'éducateur *empêche de faire la chose*, ou il la *fait faire*.

Prenons un exemple, pour qu'il ne reste aucun doute.

Nous supposons trois enfants d'âges différents qui se sont emparés d'une allumette. On la *retire* des mains du premier, qui est un bébé; au second, on dit: *Il ne faut pas toucher aux allumettes, jamais, jamais.* Au troisième : *Tu te brûlerais les doigts; tu pourrais mettre le feu à tes vêtements, à la maison.* A un enfant vraiment développé, on fait comprendre qu'un incendie est, *au moins*, préjudiciable, non seulement à celui qui l'a allumé, par imprudence, mais à beaucoup d'autres, et qu'il ne faut faire de tort à personne.

L'utilité de la gradation se touche du doigt. L'éducation *autoritaire* a été aussi douce que l'éducation *raisonnée*; mais l'une a agi, puis défendu; l'autre a parlé et a éveillé les sentiments.

En quoi consistera l'obéissance pour les plus petits enfants? Mais, me répondra-t-on, à obéir. Ma question est donc mal posée. Que défendrons-nous au petit enfant? Que lui ordonnerons-nous? ou plutôt que lui demanderons-nous?

Nous l'empêcherons de faire tout ce qui pourrait lui être nuisible, tout ce qui pourrait être nuisible à ses camarades, tout ce qui pourrait détériorer ce qui l'entoure et, par conséquent, porter préjudice à quelqu'un.

S'il a un bobo, nous l'empêcherons d'y toucher; nous l'empêcherons d'avoir dans les mains un objet tranchant ou pointu, de porter à sa bouche un objet malpropre ou malsain, ou un objet qu'il serait dangereux d'avaler; d'introduire dans son oreille quoi que ce soit qui pourrait le blesser; de se tremper dans l'eau quand il a chaud; de se traîner dans les endroits malpropres ou humides. Nous l'empêcherons d'égratigner ou de battre ses petits camarades, de leur prendre leurs jouets; nous l'en empêcherons du *geste*, de l'*acte*; mais il faut que le geste, l'acte ait de la douceur. C'est le regard qui doit dire : « Il ne faut pas ».

Cela a l'air très simple, et c'est pourtant difficile, non seulement parce que cela exige beaucoup de douceur, mais aussi parce que cela exige beaucoup de persévérance, je dirai plus, beaucoup de ténacité. Une seule fois où l'éducateur, par négligence ou lassitude, laisse faire à l'enfant une chose qu'il l'empêche de faire ordinairement, lui fait perdre le fruit d'une longue sollicitude, et c'est parce que c'est difficile que je n'admets pas que les petits soient confiés à la femme de service, qui n'a jamais étudié cette question délicate.

Mais l'obéissance ne procède pas seulement par élimination. Elle ne consiste pas uniquement à ne pas faire ce qui est défendu : elle consiste aussi à faire ce qui est prescrit ou demandé.

La directrice de l'école maternelle inculquera ce genre d'obéissance au petit enfant en lui donnant de petits ordres : « Mets ton mouchoir dans ta poche », « Ramasse ton chapeau », « Apporte-moi une ardoise », « Pousse la porte ». L'ordre donné *doit* être exécuté; si l'enfant résiste, la directrice le prend par la main et, tout doucement, sans montrer d'impatience, elle lui fait faire ce qu'elle lui avait demandé.

Il est indispensable au succès de l'éducation que l'enfant sente dès les premiers jours la supériorité morale de celle qui s'occupe de lui, et qu'il ne surprenne jamais ses défaillances, dont il se hâterait de profiter. Il faut s'être intéressé à la psychologie enfantine pour se rendre compte du tact merveilleux avec lequel l'enfant reconnaît le fort et le faible de ses guides. Il est notre juge, ne l'oublions jamais; dès qu'il a compris que nous sommes à la fois bons et forts, que nous nous occupons de lui avec tendresse et logique, il est conquis, et nous avons désormais sur lui une entière influence.

Ce point acquis, nous arrivons, *de nuance en nuance*, de l'éducation autoritaire à l'éducation raisonnée, des tout petits aux petits, des petits aux moins petits. Nous passons de la défense ou de la prescription toute nue à la défense ou à la prescription fondée sur l'intérêt *personnel*, puis à la défense ou à la prescription fondée sur un sentiment désintéressé.

Encore des exemples, voulez-vous ?

Je disais tout à l'heure qu'il faut empêcher l'enfant de détériorer les objets dont il se sert.

Or voici plusieurs enfants d'âges différents comme ci-dessus ; tous tiennent en main leur chapeau, le froissent, le mordillent, le déchirent. On l'enlève des mains du nº 1 ; au nº 2 on dit : « Il ne faut pas ; si tu continues, je le prendrai, tu ne l'auras plus » ; au nº 3 : « Si tu gâtes ton chapeau, il ne sera plus joli, tu n'en auras pas d'autre » ; au nº 4 : « Ton papa et ta maman travaillent et se fatiguent pour t'acheter des vêtements ; si tu aimes bien tes parents, si tu veux leur rendre la tâche moins lourde, tu soigneras tout ce qu'ils achètent pour toi ».

Un bébé tourmente un chien, on prend le bébé dans ses bras et l'on caresse le chien ; à un plus grand on dit : « Il te mordra » ; à un troisième : « Ne fais pas de mal à ce pauvre chien ! tu ne veux pas être cruel, n'est-ce pas ? »

A mesure que l'enfant se développe, que sa personnalité se fait jour, ses devoirs, naguère d'un ordre tout matériel, s'élèvent et prennent un caractère plus moral. L'éducation s'élève à mesure aussi, sans jamais perdre de vue ces principes, qui doivent lui servir de base :

Ne demander que le strict nécessaire ;

Ne pas permettre aujourd'hui ce qui a été défendu hier,... j'ajouterai *dans des conditions identiques*; car telle chose, parfaitement légitime à certaines heures, est inacceptable à d'autres heures. Ainsi la liberté absolue des mouvements, — pourvu qu'elle ne nuise à personne — excellente dans la cour, ne peut être tolérée en classe pendant un exercice. Le devoir se modifie d'après les heures et les milieux.

L'obéissance, disais-je plus haut, est indispensable à l'éducateur. Il la lui faut. Mais il commettrait une faute irréparable si, pour l'obtenir, il étouffait un autre sentiment qui se manifeste un des premiers et qu'il est nécessaire de diriger, je veux parler du sentiment, du besoin, je dirais presque de la soif de liberté.

La question est vaste, très élevée; si élevée que j'ose à peine l'envisager, me sentant trop chétive, en présence de tant de grandeur et d'inconnu. La restreignant à mes propres limites, j'indique seulement ceci : c'est que le sentiment de la liberté est un des plus beaux apanages de l'homme; c'est qu'une de ses grandeurs est le culte qu'il lui rend. L'homme préfère la mort à l'esclavage. L'amour de la liberté a produit des héros; au contraire, le mépris de la liberté est le signe d'un abaissement moral irrémédiable. L'homme libre dans la patrie libre doit être le cri de la dignité humaine.

L'éducation ne *met* pas ce sentiment dans le cœur de l'enfant : il y est. Elle peut, hélas! l'étouffer; et alors c'est une éducation criminelle; elle doit le développer en le dirigeant. Y a-t-il une date à laquelle on doive s'occuper de ce développement, de cette direction ? Cette date... c'est l'instant où l'enfant, agissant de lui-même, nous prouve que le sentiment est bien en lui.

Nous pourrions étudier l'enfant dans son berceau; cependant nous attendrons un peu. Voici que sa mère vient de l'installer sur un tapis, ou sur l'herbe, ou sur le sable. Il ne marche pas encore, il se traîne. Peut-on dire d'avance de quel côté il se dirigera? Eh non! Il regarde; il a l'air de faire son choix; un objet l'attire, et... le voilà parti. Bientôt sa mère va vers lui, le prend dans ses bras, le dépose à la place qu'elle lui avait choisie. Puis bébé se remet en route, tantôt vers le même but, tantôt d'un autre côté. Qui pourra jamais préciser ce qui se passe dans ce petit esprit mobile?

Quand l'enfant arrive à l'école maternelle, il a donc déjà une certaine habitude de la liberté.

Dans quelle mesure la lui a-t-on laissée?

Dans quelle mesure la lui laissera-t-on désormais?

La réponse à ces questions nous conduit naturellement à définir la liberté de l'enfant. La mère — si elle est intelligente — laisse faire à son enfant tout ce qui lui est agréable, à la condition que ce qui lui est agréable ne soit nuisible ni à lui ni aux autres; c'est ainsi, d'ailleurs, que, pendant toute sa vie, il devra comprendre la liberté : droit absolu, en principe, mais droit relatif aux milieux dans lesquels nous vivons ; droit sans cesse restreint par le sentiment de la solidarité qui unit l'humanité tout entière.

Si l'enfant ne peut avoir chez sa mère l'usage de sa liberté absolue, encore moins peut-il l'avoir à l'école, où le grand nombre d'enfants a forcé d'établir une discipline inutile dans la famille. Combien cette discipline est loin de la discipline rationnelle que nous rêvons, nous l'avons dit, nous osons à peine le redire. Mais qui sait?, peut-être touchons-nous, en cela comme en bien d'autres choses, le but que nous nous sommes proposé.

En effet, que l'enfant, dès son entrée à l'école, soit considéré comme un être libre, non seulement de ses mouvements, mais de ses goûts, de ses jugements, de ses sentiments; que la directrice s'applique à ne restreindre les manifestations de sa liberté que quand elles pourraient nuire à l'enfant lui-même ou à ses camarades, et bientôt elle se demandera comment elle a pu accepter cette discipline-dressage que nous critiquons avec tant de persévérance et de conviction. Or, vous le savez, chères lectrices, il ne s'agit pas seulement ici du dressage matériel, il s'agit tout autant du dressage intellectuel, auquel ne doit jamais être soumis un être libre. Mettre un enfant au régime des vérités toutes faites et apprises par cœur, le soumettre à un enseignement qu'il ne peut s'assimiler, c'est attenter à sa liberté intellectuelle et morale. L'enfant, lui-même, doit provoquer l'enseignement; il ne doit, en aucun cas, le subir.

J'aimerais que les mots « liberté », « libre » fissent partie du vocabulaire de l'école maternelle. « Tu es libre de faire cela, mon enfant, puisque cela te plaît et ne peut faire de mal ni à toi ni aux autres. Tu serais libre de faire cela si tu étais tout seul; mais, puisque tu vois que cela fait du mal ou que cela est désagréable à ton camarade, tu n'es plus libre de le faire. Tu es libre de prêter ton jouet à ton camarade, tu n'es pas libre de lui prendre le sien. » Sans définitions, sans phrases, sans leçon spéciale de morale, l'enfant apprendrait son *droit* et son *devoir*. Cette idée bien nette, bien précise, se développerait en même temps que lui; elle présiderait à toutes ses actions, et la directrice de l'école maternelle aurait ainsi posé la base du meilleur de tous les enseignements civiques.

Cette idée de la liberté matérielle et morale de l'enfant doit, je le répète, présider à l'éducation qui a pour but de développer tous les bons germes au détriment des mauvais, le dévouement ne pouvant vivre dans le même cœur avec l'égoïsme, le mensonge avec la sincérité. Mais encore faut-il mettre l'enfant dans des conditions où cette conquête du bien sur le mal puisse se produire; il faut qu'il *puisse* faire mal, il faut d'autant plus qu'il *puisse* faire bien. Or, pour faire mal, pour faire bien, pour arriver à la comparaison de l'un et l'autre, il faut agir, penser par soi-même, il faut vivre, tandis que, dans un trop grand nombre de nos écoles, la discipline toute mécanique ne permet pas aux écarts de se produire, pas plus qu'elle ne permet aux bons sentiments de rayonner. Ces petits cœurs, ces petites intelligences paraissent engourdis comme la terre en hiver, alors que nous voudrions les comparer à l'éclosion du printemps, éclosion riante et parfumée.

Comment distinguer sous cet engourdissement ce qu'il faut aider à croître de ce qu'il faut étouffer? Comment arriver à connaître non seulement l'enfant, mais chaque enfant?

En quelque sorte pétri par cette discipline factice de l'école, l'enfant grandit sans personnalité. Ses défauts couvent tout au fond, comme un incendie qui n'attend que de l'air pour lancer des jets de flamme; ses qualités, en quelque sorte inutilisées, s'étiolent. S'il n'avait pas, deux ou trois fois par jour, la rue où il prend sa revanche, les dimanches et les congés où l'incendie éclate, nous aurions des générations d'êtres apathiques, sans ressort moral, sans *caractère*, une ruine pour une nation.

Et cependant ces revanches de la rue, ces incendies des dimanches et des congés ne doivent pas entrer en ligne de compte pour l'éducateur. Ce sont des exutoires qui deviendront inutiles dès que l'école donnera satisfaction au besoin qu'éprouve l'enfant d'être lui-même.

La liberté est un instrument bien dangereux dans des mains inhabiles; l'enfant ne saurait donc apprendre trop tôt à le manier. Si vous supprimez la liberté, l'éducation devient un métier, l'éducateur un manœuvre; tandis que l'éducation est une mission, l'éducateur un apôtre.

Un des besoins physiques les plus impérieux chez l'enfant, le besoin d'activité, devient, s'il est bien dirigé, le point de départ d'une qualité maîtresse : l'amour du travail.

Ce besoin d'activité est un besoin *vital* et se manifeste dès les premières heures de la naissance. Ce n'est d'abord que du *mouvement* : l'enfant agite ses bras et ses jambes; bientôt il se traîne par terre, marche « à quatre pattes »; plus tard il grimpe, saute, danse, court, et chacun de ses amusements, *choisi* par lui, tend à le faire agir des membres et de l'esprit.

Tout naturellement, par instinct, il recherche la difficulté pour la vaincre. Regardez celui qui essaye de soulever un objet trop lourd pour lui, d'en atteindre un placé hors de sa portée ; que de fois celui que vous voyez perché sur un meuble en avait vainement tenté l'assaut !

L'immobilité, le « rien faire » est absolument antipathique à sa nature.

Le devoir de l'éducateur est de tirer parti de cette antipathie, d'exercer peu à peu et méthodiquement ce besoin d'activité, de le transformer par degrés et méthodiquement en *amour du travail.*

L'enfant a besoin de bouger, de marcher, de courir, d'exercer ses forces, de les développer ; mais bouger pour bouger, marcher, courir à l'aventure sans savoir pourquoi, le lasse bientôt : il lui faut un but. Lancer un ballon, courir pour l'atteindre ; une boule, pour qu'elle renverse des quilles ; sauter d'un point à un autre par émulation : voilà autant de buts auxquels tendent certains jeux libres, qu'on ne saurait trop encourager dans les écoles. Puis viennent les évolutions variées, qui remplacent le désordre, la poussée, la cohue, par la discipline, par le rythme, par l'harmonie.

L'enfant apprécie ce résultat ; c'est agréable parce que c'est à la fois vivant et joli ; et puis c'est commode, à l'heure de la soupe, par exemple, ou à l'heure de la distribution des bons points, d'avoir sa part, à son tour, sans bousculade !

Après les évolutions variées, voici les mouvements gradués : la gymnastique, qui rend le corps souple, qui donne de l'adresse pour tous les jeux. L'enfant aimera bientôt aussi ce travail-là, croyez-le.

L'enfant a besoin d'exercer ses poumons. La preuve, ce sont les cris qu'il pousse pour crier ; c'est le tumulte assourdissant qui s'élève dès que la petite population de l'école est libre. Faites chanter souvent, mettez tous vos soins à ce que l'on chante avec goût : l'enfant comprend bientôt que les cris poussés aux récréations sont inutiles et désagréables ; que le chant, au contraire, est charmant, et peu à peu, sans s'en douter, il renonce aux cris sauvages et il chante ; non seulement il chante, mais il veut chanter bien, et il apprend à chanter.

Les mains, dès qu'elles sont des outils inutiles, deviennent des outils dangereux. Faute de leur donner des *raisons* d'agir, on laisse le champ libre aux *prétextes*. L'enfant aux mains oisives détériore ce qui est autour de lui, frappe ses camarades et se fait parfois, inconsciemment, beaucoup de mal à lui-même.

Mettez-lui entre les mains un jouet, une ardoise, un crayon, du papier, des cubes : ses petites mains vont s'occuper avec grand profit pour elles-mêmes (elles deviendront adroites), avec grand profit aussi pour l'être intellectuel et moral qui vit en lui.

Car il n'y a pas que son corps qui veuille agir : il y a aussi son esprit. Sa curiosité s'éveille : il veut voir, il veut comprendre, il veut savoir. Une montre fait constamment son tic-tac : pourquoi ? on lui en montre le mécanisme ; le mécanisme arrêté, le tic-tac ne s'entend plus. La porte s'entre-bâille, puis s'ouvre toute grande, puis se referme, tandis que la cloison de la chambre reste immobile. Pourquoi encore ? — Voici les charnières, qui établissent la différence. Il faisait jour ce matin, maintenant voici le crépuscule. Pourquoi? Et la démonstration est facile.

Mais ce qui entoure l'enfant ne suffit bientôt plus à son activité intellectuelle; son imagination lui ouvre des horizons enchantés; il veut voir... de loin....

« Lis, étudie », lui disent ses parents, ses maîtres. Et l'activité intellectuelle le conduit ainsi à l'étude, comme l'activité physique l'a conduit aux travaux manuels.

L'enfant a travaillé d'abord, *poussé par un instinct, instinct irrésistible* chez tout être bien doué.

Il a travaillé ensuite *pour ne pas s'ennuyer et pour ne pas faire de sottises* (l'éducateur qui a persuadé, à l'enfant qui s'ennuie ou qui fait des sottises, qu'ennui et sottise sont les fruits de l'oisiveté, a fait une conquête inappréciable).

Mais ces deux résultats ne sont encore que des résultats terre à terre; or vous savez qu'en éducation nous ne cherchons pas l'*utilité* seulement, que nous tendons surtout vers le bien, vers l'*idéal*.

Un jour l'enfant, devenu, par le travail, adroit de ses mains ou souple de son corps, rend service à un camarade, il lui enlève une épine du doigt ou le tire d'un pas difficile; une fillette *raccommode* un accroc fait à sa manche, épargnant ainsi à sa mère la peine de le faire, sa journée finie; un autre, garçon ou fille, fait la lecture à un des siens, retenu au lit et trop faible pour lire lui-même. Ceux-ci et ceux-là comprennent que *le travail permet aux sentiments du cœur de se traduire en actes*, que le travail est une des formes du dévouement, et le travail s'ennoblit à leurs yeux. L'éducateur leur montre alors, peu à peu, que tout ce qui a été fait de grand, de beau et de bon sur la terre résulte du travail des mains et du travail de la pensée, et l'enfant, qui aimait d'abord le travail parce qu'il était *utile*, arrive à l'aimer parce qu'il est *bon*. Ainsi, dès les premières années, l'éducation autoritaire, dans le sens que nous avons donné à ce mot, fera travailler l'enfant pour lui en donner l'habitude, et peu à peu l'éducation raisonnée le fera travailler par plaisir.

Heureux les enfants pénétrés de cette vérité : que, si l'oisiveté engendre tous les maux, le travail est le grand libérateur!

Une discipline très large, à peine sensible, permettra seule d'étudier les dispositions, de les diriger dans le but de former peu à peu les caractères. L'obéissance, le sentiment de la liberté, l'amour du travail ont des relations plus intimes avec la discipline que les autres qualités morales. Les idées d'ordre s'inculquent facilement par l'habitude donnée aux enfants de travailler à l'arrangement des choses dans l'école; ils mettront eux-mêmes à la place convenue leurs vêtements, leurs paniers; ils iront prendre eux-mêmes leurs jouets ou leur matériel scolaire; ils les remettront eux-mêmes à l'endroit où ils les auront pris. Les plus grands aideront la maîtresse dans les soins à donner aux plus petits : ce qui développera en eux, en même temps que les idées d'ordre et de propreté, un sentiment de protection affectueuse d'une part, et une tendre reconnaissance de l'autre.

Les enfants seront amenés à l'obéissance par habitude d'abord, par raisonnement ensuite, à l'amour du travail par l'attrait des occupations; mais tous les sentiments qui font la sociabilité et la camaraderie : la bonne humeur, la complaisance, la patience, ceux qui sont d'une nature plus intime et plus noble encore, la sincérité, la bonté, seront le résultat d'une discipline morale, plus délicate à régler et pour laquelle les directrices ne sauraient trop étudier l'enfant et s'étudier elles-mêmes.

Quel est le but auquel elles tendent ?

Elles veulent, — elles *doivent vouloir* — en développant les forces physiques de l'enfant, ouvrir son esprit à l'intelligence du vrai, former son cœur à l'amour et à la pratique du bien, le rendre fort et le rendre bon, bon... et beau en même temps, car la beauté est le rayonnement sur le visage des idées droites et des nobles sentiments; elles auront, pour ainsi dire, mesuré à quel degré du thermomètre moral s'élèvent ou s'abaissent les bons et les mauvais sentiments, d'où résultent les bonnes et les mauvaises habitudes. Elles auront compris que, la gourmandise ayant des effets directs sur la santé, la sobriété relève plutôt de l'hygiène physique; que, la paresse paralysant le développement de l'individu et par conséquent celui de la masse, l'amour du travail est à la fois un devoir individuel et un devoir social; que le mensonge, nous faisant perdre l'estime de nous-mêmes et l'estime des autres, est un avilissement, tandis que la sincérité, seule, élève l'individu à la hauteur morale à laquelle nous devons tous tendre. Elle distinguera bien nettement, pour que les enfants arrivent peu à peu à faire aussi la distinction, les actions qui sont punies par la *justice des choses* (la gourmandise procure l'indigestion), celles qui relèvent de l'opinion publique, — et il doit y avoir, même à l'école maternelle, une opinion publique, — et enfin celles qui n'ont affaire qu'au juge souverain toujours présent, toujours en éveil, qui apprécie à leur valeur nos intentions, nos sentiments, nos actes. Ce juge souverain — la conscience — nous paraît bien oublié, ou plutôt presque inconnu à l'école maternelle ; il semble qu'on n'ait pas le temps d'évoquer sa voix. Je voudrais que les directrices eussent fait la distinction entre les devoirs des petits et les devoirs des grands, entre ceux des enfants et ceux des hommes, pour ne pas continuer à demander à ceux-là ce que ceux-ci seulement peuvent donner. Je voudrais aussi qu'elles comprissent bien que certains devoirs des enfants ne sont qu'une conséquence des nôtres, et que de nos sentiments et de nos actes dépendent par conséquent leurs sentiments et leurs actes à eux. L'amour filial (l'amour pour ses instituteurs est une sorte d'amour filial) est inspiré par l'amour et le dévouement paternels et maternels; l'obéissance, par l'amour; la confiance naît peu à peu de la pratique même de l'obéissance : l'enfant comprend que c'est pour son bien qu'on lui a ordonné telle chose et défendu telle autre. La confiance fait naître la sincérité, le respect, la vénération, — ce doux respect mêlé de tendresse, — et ce souvenir du cœur, souvenir exquis entre tous, qu'on appelle la reconnaissance. Je voudrais enfin que la directrice développât dans les enfants le sentiment de la justice, et en même temps celui de sa charmante sœur, dont elle ne doit jamais être séparée, la *bonté*.

Oh ! ce n'est pas instantanément qu'on devient éducateur. Il faut avoir, de longue date, contracté des habitudes de *descente* en soi-même; il faut savoir s'étudier, se creuser, se fouiller pour ainsi dire; il faut arriver à faire la différence entre la morale égoïste et utilitaire, qui ne mérite pas le nom de morale, et la morale qui, du cœur où elle a germé et qu'elle épure, rayonne au dehors, élargit de plus en plus son cercle, éclaire, soutient, réconforte; il faut connaître la « morale », en un mot.

L'individu qui a fait cette étude sur lui-même sait quel chemin il a parcouru, quelles étapes il a faites; il pourrait raconter l'histoire du développement de ses facultés morales comme il raconte l'histoire du développement de ses facultés intellectuelles; il saurait dire, par exemple, comment peu à peu il a compris, d'abord l'utilité du travail au point de vue matériel, puis son utilité au point de vue moral, comment il s'est convaincu peu à peu que le travail de chacun concourt au bien-être et au perfectionnement de tous; il saurait le dire comme il sait dire les évolutions intellectuelles qu'il a faites pour voir clair sur tel ou tel point de la science, autrefois absolument obscur pour lui.

Cette connaissance de l'être moral, nécessaire à tout le monde et indispensable à l'éducateur, n'a pas eu, jusqu'à maintenant, dans la préparation des futures institutrices, la place d'honneur à laquelle elle a droit. C'est faute de se souvenir des étapes successives de leur vie intellectuelle qu'elles sont, en général, portées à demander à l'enfant des choses notoirement trop fortes pour son intelligence. Quant aux possibilités morales des enfants, la question est à peine posée; d'une part, la discipline empêche l'élève de se révéler ce qu'il est véritablement; d'autre part, il est presque toujours mis en présence de leçons de morale qui passent si haut, si haut au-dessus de sa tête, qu'il n'en a pas la moindre perception. C'est toujours et toujours de l'alimentation prématurée. De même que l'enfant passe trop tôt du lait à la viande, il subit trop tôt un enseignement au-dessus de ses forces. De même qu'on prétend le faire lire avant qu'il sache parler, on s'adresse à des sentiments non encore éveillés; demain, peut-être, il aurait été ému, il aurait souri ou il aurait pleuré...; aujourd'hui, il reste froid, et, si chaque jour on persiste, si l'enseignement continue à ne pas toucher juste, il est à craindre que l'enfant ne soit et ne reste figé.

Mais, pour toucher juste, il faut avoir étudié l'enfant; il faut l'aimer et le respecter assez pour ne lui donner que le plus pur de soi-même, le plus pur de soi-même approprié à son âge. Il faut avoir *ses idées* en morale comme on a *ses idées* en dessin, en calcul; il faut avoir réfléchi aux procédés à employer.

Comme procédé, à l'école maternelle ou dans la famille, je ne vois pas autre chose que l'exemple d'abord, les histoires ensuite.

L'exemple, d'abord :

Je ne suis pas, je l'avoue, de ceux qui croient que l'enfant naît « désespérément malin par-dessus toutes choses », mais je sais qu'il tombe le plus souvent soit dans un milieu réellement mauvais, soit dans un milieu indifférent en matière d'éducation, soit enfin dans un milieu où le système d'éducation est défectueux. Or la conscience du petit enfant n'est pas faite, pas plus que son œil, pas plus que son goût, et bien moins encore, puisque la conscience fait partie de son être moral, tandis que l'œil et l'oreille appartiennent à son être physique. L'enfant est comme un terrain où tout peut se semer et où tout peut germer. Or, pendant la période de formation où la conscience s'ignore elle-même, où le raisonnement n'a pas encore de prise, l'exemple est le *seul* éducateur. En général (il est évident que les exceptions sont nombreuses), en général, un enfant élevé dans un milieu où chacun s'oublie soi-même devient généreux sans s'en douter; celui qui vit dans un milieu où les relations sont empreintes de bienveillance, de courtoisie, de douceur, de bonté, ne sera pas brutal ; celui qui aura vu pratiquer le respect de la vie, la pitié pour la souffrance, même des animaux, et des animaux les plus infimes, cet enfant ne sera pas cruel.

Je connais des enfants qui n'ont jamais tué par plaisir; qui n'ont jamais tracassé les animaux; qui ont eu pour eux des délicatesses à faire croire qu'ils voyaient presque en chacun une *personnalité*. Un charretier brutalisant son cheval, un chasseur *corrigeant* son chien avec dureté, les indignait; la maladie d'un oiseau les rendait malades, et une rixe dans la rue ou une simple dispute les faisait pâlir. Ces mêmes enfants couraient la maison sans lumière, s'endormaient tout seuls, se baignaient à la mer sans sourciller et, par les orages les plus violents, prenaient plaisir à regarder les éclairs et à entendre gronder la foudre.

Au contraire, dans des familles où l'on ne s'est pas

dit que l'éducation est une chose sérieuse, réclamant pour les parents une étude persévérante d'eux-mêmes; dans celles où l'on confiait le plus souvent les enfants aux bonnes, dans celles où on les laissait jouer avec les premiers venus, j'ai vu des enfants nés cependant de parents honnêtes et bons (bons de la bonté vulgaire, qui court les rues), j'ai vu des enfants commettre des actes de cruauté révoltante; j'ai vu une petite fille de douze ans, élève d'une école primaire supérieure, — circonstance aggravante — attrapant des mouches pour son frère âgé de trois ans, et leur arrachant les ailes afin que l'enfant pût s'en faire un jouet, et cela sous les yeux de la mère, pis encore, d'après le conseil de la mère!

Le petit enfant de trois ans n'avait pas inventé cela. La famille le lui avait enseigné. Ah! la famille et la société enseignent bien des choses douloureuses, contre lesquelles l'école *doit* réagir.

Non! ce n'est pas respecter l'enfant que de lui donner un mauvais exemple! ce n'est pas le respecter que de lui montrer des choses coupables; ce n'est pas le respecter non plus que de supposer qu'il peut être coupable lui-même : paresseux, vindicatif, voleur, cruel, menteur!

Dites-vous à un petit enfant en bonne santé que la méningite, la fièvre typhoïde, le croup peuvent fondre sur lui? Lui décrivez-vous les symptômes de ces maladies, les souffrances qu'il endurerait s'il en était atteint? Le conduisez-vous *voir* les maladies contagieuses?

Or les défauts, les vices sont des maladies contagieuses. L'enfant *doit* les ignorer. Les qualités, les vertus sont contagieuses aussi ; il faut, pour les lui inculquer, les lui montrer agissantes autant que possible.

La conscience à peine formée de l'enfant, mise constamment en présence des choses mauvaises, ne les juge plus ; elle les a toujours côtoyées, elle les croit naturelles. Il faut avoir le jugement formé pour se moraliser à la vue de certains spectacles répulsifs. C'est pour cela que les Lacédémoniens faisaient, à mon avis, fausse route, en montrant aux enfants les ilotes ivres. D'ailleurs il y a si longtemps de cela, qu'il nous est permis de douter de la légende.

Quelques individus pourront être dégoûtés de l'ivrognerie en voyant tituber un ivrogne, et de la brutalité en voyant la force abuser de la faiblesse. Cependant nous ne pouvons pas dire que la publicité des affaires de cours d'assises, pas plus que le spectacle de la guillotine, ait moralisé les futurs assassins.

Quant aux récits, qui devraient être, à l'école comme dans la famille, un des meilleurs éléments éducatifs, ils sont presque toujours impuissants ou dangereux, impuissants parce qu'ils visent trop haut, parce que, pour être compris, ils exigeraient de l'enfant des qualités d'homme : parfois, ils visent même si haut, qu'ils dépassent ce que j'appellerai le sentiment humain. On les dirait inventés pour des individus vivant au-dessus de notre sphère. Quand, par exemple, on parle de générosité aux enfants, il n'est pas question de la générosité qui partage, mais de celle qui se dépouille ; ce n'est plus de la générosité, c'est du renoncement, vertu presque extrahumaine. Un enfant qui n'a qu'un gâteau ne le donne pas spontanément tout entier, pas plus qu'un homme généreux ne donne tout ce qu'il possède, ce qui ne ferait d'ailleurs que déplacer la question. Si l'enfant donne tout son gâteau, c'est qu'il y a été contraint; il éprouve alors un sentiment de regret et de dépit; un ferment d'égoïsme se lève et apparaîtra à la prochaine occasion; quant aux petits auditeurs, ils sont beaucoup plus émus en entendant parler d'un enfant qui a *partagé* son gâteau; ils comprennent mieux qu'en entendant parler de celui qui a donné tout son gâteau; et cependant presque toutes les histoires racontent de ces renoncements si peu naturels à la nature humaine.

Voici le canevas d'une de ces histoires :

Deux enfants, le frère et la sœur, ayant été bien sages, leurs parents leur promirent de les conduire au cirque, et ce fut une joie dans la maison. Comme ils allaient partir, une voisine vient et raconte l'état de dénûment dans lequel se trouve une pauvre famille logée non loin de là; la mère propose à ses deux enfants, qui ont quatre et six ans, de renoncer au cirque; ils le font avec enthousiasme (ce qui me paraît d'autant plus excessif que l'enfant ne comprend que la misère qu'il souffre). Le lendemain, pour récompenser de leur générosité le frère et la sœur, leur père les emmène à la pêche. Le poisson mord, la friture sera excellente, les enfants s'en lèchent déjà les lèvres.... Mais voilà que la mère propose de vendre les poissons et de donner l'argent à la malheureuse famille. Nouvel enthousiasme des petits héros.... Mais pas de ceux qui écoutent l'histoire, car ils restent inertes. « N'est-ce pas, dit alors la directrice, que vous auriez fait comme les autres enfants? n'est-ce pas que vous n'auriez pas voulu aller au cirque? n'est-ce pas que vous auriez vendu, vous aussi, les poissons? » Et les enfants répondent ce qu'on veut qu'ils répondent, parce que c'est toujours ainsi lorsqu'ils ne sont pas convaincus.

Non seulement les récits sont souvent impuissants, mais ils sont souvent dangereux. Ils sont presque une école de vice. J'explique ma pensée. Le héros est un enfant menteur, un désobéissant, un voleur, un joueur; et, comme aggravation, les détails enseignent aux petits auditeurs comment on ment, comment on désobéit, comment on vole, comment on joue.

« La maman d'un petit garçon lui donnait chaque jour pour son goûter une tartine beurrée. L'enfant raclait soigneusement le beurre, qu'il mangeait d'abord, et il allait dire à sa grand'mère ou à la bonne qu'on avait oublié de lui beurrer sa tartine. »

Ce petit gourmand, qui ajoute le mensonge à la gourmandise, pourra faire école,... ce n'est pas plus difficile que cela.

« Un petit garçon avait chaque jour un sou que lui donnait sa mère. Un jour, en passant sur la place, il rencontre des gamins installés à jouer. Il joue et perd son sou. Le lendemain, il joue de nouveau, et le surlendemain encore. Bientôt un sou ne lui suffit plus, il joue l'argent qu'on lui donne pour acheter des cahiers, celui qu'on lui confie pour faire des commissions, il joue son chapeau, ses vêtements. »

Les moralistes s'élèvent en ce moment, et avec raison, contre les feuilletons des journaux, qui suscitent des crimes en enseignant par le menu les moyens de les commettre; il ne faut pas que nos petits récits enfantins aident aussi à la démoralisation.

Si les enfants n'entendaient jamais parler que du beau et du bien; s'ils ne voyaient jamais que le beau et le bien; s'ils vivaient au milieu du beau et du bien, le premier contact avec le laid et le mal leur causerait une douloureuse impression. La vie à laquelle ils sont mêlés les initie trop tôt, hélas! à ce qu'ils devraient toujours ignorer; mais l'école est là pour réagir. Si malheureusement, dans la rue, dans la maison paternelle même, ils rencontrent trop souvent la laideur morale, c'est à l'école de ne leur montrer que la beauté morale.

Je raconterais, moi, l'histoire d'un enfant qui, ayant cassé un verre, déchiré son vêtement, perdu en route les sous que sa mère lui avait donnés pour faire une commission, vient à elle et lui dit : « J'ai cassé un verre »; « en jouant, j'ai déchiré ma blouse ou ma robe »; « je suis tombé, mes sous ont roulé, et je n'ai pu les retrouver »; celle d'un enfant qui, ayant bien envie d'un jouet ou d'un livre, d'un gâteau ou d'une pièce de monnaie, qui, désirant aller chez un petit ami, ou à la promenade ou au cirque, le raconte naïvement à sa mère en la regardant droit dans les yeux; celle d'un enfant qui, à cette question : « Qui a fait cette maladresse, ou cette sottise », ou même pis, répond : « C'est moi ». Et je raconterais ces histoires de telle sorte que les enfants comprendraient que la franchise, la sincérité, l'amour de la vérité est la plus précieuse qualité des enfants et des hommes. Ils sentiraient que ce qui paralyse la franchise, c'est la peur, c'est la lâcheté, tandis que la franchise, c'est du courage, et ils voudraient être courageux. Le héros d'une de mes histoires ayant partagé avec un camarade ses billes, ses cerises, ses bonbons, aurait été si heureux de sa générosité, ses petits yeux auraient reflété tant de choses charmantes, que tout mon petit auditoire se sentirait devenir généreux à son tour.

Et puis mes histoires se passeraient dans des jardins plus beaux encore que nature, si l'on pouvait rêver quelque chose de plus admirable que les perles liquides du ruisseau qui le rafraîchit, de plus ravissant que les roses veloutées qui le parent, de plus gracieux que les papillons qui entrent dans le calice des fleurs, de plus élégant et de plus superbe que le grand arbre sous lequel l'enfant, plus séduisant encore que tout cela, — la perle de cette belle nature — jouait à l'abri d'un brillant soleil. Je ne dédaignerais pas les belles dames généreuses vêtues de robes couleur du temps, et les oiseaux merveilleux qui donnent en gazouillant de bonnes leçons aux petits cœurs ; je me rappellerais aussi que, si le rire est le propre de l'homme, il est un des besoins absolus de l'enfant.

Je voudrais enfin inspirer l'horreur du mal par la contemplation du bien, l'horreur du laid par la contemplation du beau ; je voudrais aussi faire la part, la grande part de l'imagination, que l'on chasse du logis sous prétexte qu'elle en est la « Folle », alors qu'elle en est le charme ; je voudrais de la joie à l'école, parce que la joie est saine et morale.

Me voici naturellement amenée à traiter la question des punitions et des récompenses à l'école maternelle. « Traiter » est prétentieux de ma part ; je ne puis qu'effleurer ce sujet, parce que... je n'ai pas encore *trouvé.*

Les enfants qui fréquentent l'école maternelle ont de deux ans à sept ans ; le plus grand nombre sont entre trois et six ans. Peut-on punir des enfants de cet âge ? *Non*, dans le sens rigide de ce mot.

La directrice doit empêcher le petit, le tout petit, de faire ce qui serait nuisible à lui et aux autres ; elle doit l'en empêcher, sans se lasser, autant de fois qu'il recommence l'acte répréhensible. Grâce à cette persévérance, l'enfant perdra la mauvaise habitude et prendra la bonne. L'enfant gênant, le brutal sera mis à l'écart ; le boudeur, laissé à lui-même, reviendra quand il en aura assez de sa solitude maussade ; il sera bon d'encourager ses premiers pas, de le bien accueillir ; le paresseux ne sera admis à partager les jeux en commun que quand il aura partagé aussi le travail en commun ; l'égoïste, qui n'aura pas voulu faire la part de ses camarades, pourra être mis en dehors des partages.

En tout cas, si la directrice est la maman que nous rêvons pour chaque école maternelle, son attitude avec les enfants sera le moyen disciplinaire le plus irrésistible. Un regard grave, attristé, la privation d'une caresse, ordinairement aussi vite reçue que désirée, feront grand effet sur le petit coupable, au moment même de la faute, car à cet âge les impressions ne laissent pas plus de trace sur l'esprit que les ailes de l'hirondelle sur l'eau transparente. S'il est trop tard, il ne comprend plus. La directricemaman se gardera de décourager ceux dont le tempérament moral est moins précoce ou moins solide que celui de leurs camarades; car, s'il y a des enfants qui nous payent de prime saut et tout en or fin, il y en a, au contraire, qui nous paraissent insolvables. *Il faut* savoir faire crédit à ces derniers; il faut leur répéter qu'ils peuvent, pour les aider à pouvoir; il faut faire appel au plus léger indice d'énergie, il faut enfin, au lieu de leur prêcher l'impuissance morale et de les faire descendre à l'humilité, il faut élever ces petites consciences au sentiment de la fierté, de la dignité humaine.

Et les récompenses, maintenant?

En bonne et saine morale, en morale pure, la récompense consiste dans le sentiment de bien-être intérieur qu'éprouve celui qui a fait pour le mieux. Ajouter à ce sentiment l'appât d'un objet matériel, c'est le rabaisser. Aussi suis-je personnellement hostile aux récompenses matérielles. Dans l'école tell que je la rêve, il n'y aura ni bons points ni distributions de prix. Pas de croix d'honneur surtout.

Mais je n'oublie pas que nous sommes dans une période de transition, — si j'étais tentée de l'oublier, trop de faits plus ou moins brutaux se chargeraient de me rafraîchir la mémoire. — Quelle que soit l'intelligente bonne volonté des maîtres et des éducateurs, certaines qualités, certaines connaissances sont difficiles à acquérir, et l'enfant, privé de sa liberté matérielle, soumis à un régime intellectuel sévère, se dit qu'il a droit à quelques dédommagements. Puis les parents, qui ont derrière eux des siècles d'ignorance, tiennent aux témoignages de satisfaction qui sautent aux yeux de tous. C'est pour eux une question d'orgueil, pis encore, hélas! de vanité.

Les concessions étant nécessaires, nous admettons les récompenses, les distributions de prix à l'école primaire. Mais l'école maternelle ne devrait pas être une école; ce devrait être un centre d'éclosion où l'enfant se développerait sans s'en douter, où chaque exercice serait si bien approprié à ses aptitudes, à ses goûts, à sa nature enfin, que l'exercice lui-même serait sa récompense, et alors je ne vois plus de place pour ces distributions de bons points, de médailles et de croix d'honneur dont on fait un abus si ridicule.

On m'objectera peut-être que les concessions sont nécessaires aussi à l'école maternelle, à peine entrée dans nos mœurs. Cherchons alors. Un enfant a réussi un tissage, un tressage, un pliage : l'objet lui appartient; il peut l'offrir à sa mère. Une fois par semaine, le dessin sera fait au crayon sur du papier : même convention. Toute feuille attestant un progrès, mais surtout le bon vouloir, sera la propriété du petit travailleur. Le bon point illustré sera donné à l'enfant qui, dans un langage clair et précis, — approprié à son âge — en aura fait la description.

Quant à l'effort intime, je voudrais qu'il fût récompensé par des joies intimes : c'est-à-dire que l'enfant obéissant, sociable, affectueux, sincère, fût amené à comprendre que c'est *bon* d'être obéissant, sociable, affectueux, puisqu'on recueille la bonne camaraderie, la tendresse, la confiance, et que ce qu'il y a de plus adorable à semer autour de soi, c'est la joie, puisque, semblable à la semence de la parabole, un grain en rapporte trente, un autre soixante, et un autre cent.

DEUXIÈME PARTIE

LA SECTION DES PETITS

CHAPITRE VIII

ÉLÉMENTS ÉDUCATIFS DONT DISPOSE L'ÉCOLE MATERNELLE

L'école maternelle n'est pas une école. — Les directrices ne sont pas des professeurs. — Difficulté que ces idées ont à pénétrer dans les esprits. — Au lycée, à l'école primaire, à l'école maternelle, l'intelligence est surmenée. — Revue à vol d'oiseau de la salle d'asile-garderie à l'école maternelle. — Le nouveau programme se réclame de la famille. — Ce que fait l'enfant dans la famille. — Comment on doit interpréter le nouveau programme. — Règlement du 2 août 1881. — Programme.

La première partie de ce travail a appelé spécialement l'attention des directrices d'école maternelle sur le double but philanthropique et éducatif des établissements qui leur sont confiés. Je désire maintenant mettre sous leurs yeux le décret de réorganisation des écoles maternelles et étudier avec elles les éléments éducatifs qu'il met à leur disposition, tout en les ramenant sans cesse vers les idées qui doivent se dégager de ce volume : *L'école maternelle n'est pas une école, c'est un établissement où l'enfant doit s'épanouir en santé physique et en santé morale, en force, en grâce, en intelligence, en esprit de conduite. Les directrices sont des éducatrices et non des professeurs ; l'école doit désormais être faite pour l'enfant et non l'enfant pour l'école.*

Hélas ! ces idées sont lentes à pénétrer dans les esprits !

Depuis quelques années, ceux qui aiment vraiment les enfants sont hantés par une inquiétude qui s'augmente chaque jour. Cette inquiétude est provoquée par le travail prématuré et disproportionné auquel sont soumises les jeunes intelligences. Au lycée, à l'école normale, à l'école primaire, à l'école maternelle même, les enfants sont surmenés. Chaque année, les programmes se compliquent. Ce qu'autrefois on mettait toute une vie à apprendre, il faut que la génération actuelle le sache à dix-huit ans ; une même intelligence doit s'assimiler les sciences et les lettres, se distinguer dans les langues vivantes et dans les langues mortes ; on demande à nos enfants d'être des hommes, et des hommes universels.

Dans tous les ordres d'enseignement, l'espace à parcourir est si étendu et le temps est si limité que le voyage se fait à toute vapeur ; on effleure et l'on ne creuse pas ; on a des aperçus et pas de lumières. A peine hors des classes, l'élève se débarrasse d'un bagage qui n'était qu'un fardeau. A l'essoufflement de l'étude succède la lassitude, puis l'oubli. C'est cette instruction superficielle qui fait les déclassés. Pendant les longues années d'école, la population des campagnes se déshabitue du travail manuel ; elle n'acquiert pas une instruction suffisante pour les carrières libérales, et elle encombre les villes, au grand détriment de l'agriculture.

A ce régime, le corps ne s'étiole pas moins que l'intelligence ; on ne passe pas impunément du grand air à l'atmosphère des classes, de la vie active à la vie sédentaire ; dans la lutte que nous avons engagée contre la nature, un grand nombre succombent.

Les intentions sont évidemment excellentes. On veut former une génération forte au physique comme au moral (la preuve, c'est que la gymnastique est maintenant inscrite dans tous les programmes) ; on veut que les ouvriers des villes et les travailleurs des champs aient l'intelligence ouverte à toute idée de progrès ; on les veut aptes à comprendre les questions qui intéressent tout le monde dans un pays de suffrage universel. Mais ce système ne nous paraît pas conduire au but.

Pour ne parler que de l'école primaire, j'aimerais un programme très restreint, mais de base solide : la facilité de s'exprimer et d'écrire, j'entends de dire simplement, naturellement et correctement des choses justes sur les sujets de la vie ordinaire ; la connaissance et surtout la compréhension des principaux faits de l'histoire de France, la curiosité intellectuelle éveillée et le goût de la lecture. Cela acquis, tout le reste serait donné peu à peu, par surcroît. Tandis que, pour vouloir trop embrasser, on étreint mal.

Notre inquiétude augmente dès que nous pensons à l'école maternelle, vers laquelle convergent cependant tant de bonnes volontés. Là aussi on fait mal,... pour vouloir trop bien faire.

Prenons les choses au commencement, c'est-à-dire revenons à la salle d'asile-garderie.

Les enfants du peuple empêchaient leurs mères de gagner leur vie, ou bien ils erraient dans les rues ou sur les chemins, en butte à mille dangers.

La philanthropie s'émut, on ouvrit des asiles à ces pauvres petits; des femmes dévouées se chargèrent de les garder; ils furent désormais à l'abri des intempéries, des accidents et des mauvais exemples. Mais le budget de ces établissements était fort restreint. Considérant que l'on peut, au besoin, rester toujours dans une chambre, tandis qu'il est souvent impossible de rester dehors, les fondateurs des asiles-garderies se préoccupèrent d'avoir des salles suffisamment grandes; quant à des cours, on en avait quand on pouvait; le jardin ombragé, fleuri, parfumé, riant, fut considéré comme un luxe presque coupable.

Garder quelques enfants dans une chambre n'est pas toujours facile, même pour les riches, qui peuvent réunir dans la « nursery » tout ce qui peut intéresser, amuser, développer leurs bébés. Et cependant frères et sœurs ont souvent une certaine harmonie de goûts et d'aptitudes qui facilitent leur vie en commun. Mais si, de quelques enfants d'une même famille, nous passons à vingt, à cinquante, à cent, à plusieurs centaines d'enfants réunis dans un même local, — ce qui est fréquent dans les asiles-garderies — la difficulté devient une quasi-impossibilité. En présence du petit nombre d'enfants dont nous parlions tout à l'heure, l'éducation a cru devoir laisser à chacun son initiative, elle a fourni à chacun le moyen de se développer librement; en présence, au contraire, de tout un peuple de marmots, on s'est préoccupé d'abord de la discipline, on a enrégimenté tout ce petit monde; de là les chaînes d'enfants soudés par les épaules, les ascensions anormales au gradin, l'invention du claquoir, toute cette discipline, en un mot, qui englobe chaque enfant dans le nombre et ne permet à aucun d'exercer son initiative, cette discipline pour la discipline, cette discipline qui a dégénéré en dressage.

On n'avait oublié qu'une vérité fondamentale : c'est que l'enfant occupé se garde tout seul, et qu'il devient possible de garder un grand nombre d'enfants quand ils sont occupés et intéressés.

On s'en est aperçu cependant, — et c'est là une seconde étape de nos asiles-garderies.

Les mouvements en commun qui constituaient la discipline ou le dressage ne prenaient pas toutes les heures de la journée. « Comment employer le temps de ces petits, pour avoir la paix? »

Il semble qu'à ce moment-là il aurait fallu ouvrir les yeux, regarder ce que faisaient les enfants qui restaient auprès de leur mère, et essayer de transporter la vie de famille à la garderie; mais cette idée, qui nous semble aujourd'hui si naturelle, n'est pas venue d'abord à l'esprit, et la preuve, c'est que, lorsqu'on a vu que le dressage physique ne suffisait pas, on a acheté des tableaux de lecture, on a essayé d'enseigner à lire à des enfants qui ne savaient pas parler, on a chargé leur mémoire de catéchisme et d'histoire sainte, on a étouffé sous la routine et l'ennui les germes intellectuels et moraux qui demandaient à éclore, et l'on n'a pas donné aux enfants la part de bonheur à laquelle ils ont droit.

Le jour où les tableaux de lecture, les cahiers et les leçons « serinées », puis répétées par cœur ont fait apparition dans la garderie, ce que l'on a appelé l'*école d'asile* était établi. C'était l'école primaire avec tous ses inconvénients et *aucun* de ses avantages, car il ne peut y avoir aucun avantage à recevoir un enseignement prématuré.

Cette institution, déplorable intellectuellement parlant, de l'*école d'asile* existe encore dans mainte commune, et elle est d'autant plus difficile à déraciner qu'elle a l'assentiment des parents illettrés, c'est-à-dire de la masse. Ils ne comprennent une école, les malheureux, qu'avec tout un attirail de livres et de cahiers. Le résultat est lamentable. Que leur importe? pourvu que leurs enfants « fassent quelque chose ».

On a cependant essayé d'atténuer le mal. Puisque les enfants apprenaient à lire, on a cherché des procédés moins abstraits, pour leur rendre la chose moins rebutante. Cela n'a fait, il faut l'avouer, qu'aggraver la situation. On a mis les enfants plus tôt encore devant les tableaux de lecture. Puisqu'ils apprenaient le calcul, la géographie, l'histoire naturelle, on a tâché de mettre ces sciences à leur portée dans des livres faits exprès pour eux; mais, comme ils ne réussissaient pas à les lire, il a fallu faire des leçons à l'usage des maîtresses : c'est l'origine des *Manuels*.

Avant d'aller plus loin dans cette revue à vol d'oiseau du chemin parcouru depuis la création des abris pour les enfants, il faut bien jeter un coup d'œil sur le personnel chargé de les diriger.

A ce personnel on n'avait d'abord demandé que

de la patience et du dévouement ; on lui avait demandé toutes ses forces physiques et tout son cœur ; mais, comme on n'avait pensé qu'incidemment à l'éducation des enfants, on ne lui avait demandé aucune culture. Certes, beaucoup de directrices joignaient les qualités intellectuelles aux qualités morales ; mais c'était regardé comme un luxe, cela aussi. Du jour au lendemain, on mit les Manuels entre les mains de toutes les directrices, et toutes celles qui jusque-là avaient fait de la routine avec les anciens procédés, firent de la routine avec les nouveaux. Les enfants de deux ans furent mis en présence de nouveaux tableaux de lecture, ils apprirent des règles de grammaire, des définitions d'histoire naturelle : c'était une nouvelle manière d'atrophier leur intelligence, d'enrayer leur libre développement, et sans aucun profit pour leur bonheur.

Quant au dressage matériel, inventé dès le début, il faut croire qu'il avait pris racine, puisque beaucoup des procédés d'autrefois sont encore en honneur aujourd'hui, puisque dans un grand nombre d'écoles les enfants montent encore au gradin avec le cérémonial d'il y a vingt ans, puisqu'ils sont encore soudés les uns aux autres pour le bon ordre, puisqu'ils marchent, se lèvent et s'assoient au claquoir, et puisqu'on n'a pas encore essayé de faire appel à leur initiative personnelle.

Certes il y a des progrès et des progrès sensibles de l'école-garderie à la salle d'asile peu à peu transformée ; mais ce sont des progrès de détail ; certains procédés surannés ont fait place à des procédés nouveaux, mais le fond est resté le même, puisque l'intelligence de l'enfant y est encore opprimée par un enseignement prématuré.

Aussi a-t-on cherché, creusé, fouillé encore cette question si délicate, et les dernières études ont amené la réorganisation de la salle d'asile sur de nouvelles bases. Un nouveau programme a été élaboré ; il débute ainsi :

« L'école maternelle n'est pas une école. Elle doit imiter le plus possible les procédés d'une mère intelligente et dévouée. La méthode doit être essentiellement familière, toujours ouverte à de nouveaux progrès, toujours susceptible de se compléter, de se réformer. »

Autant d'idées, autant de perles fines, pour qui saura apprécier ces nouvelles bases de l'école maternelle. Enfin ! l'école maternelle va s'inspirer du seul modèle qui puisse lui être utile ! Ses auteurs ont dit : « Puisque l'école maternelle doit remplacer la famille, demandons à la famille comment elle procède ».

Et ainsi nous touchons au but.

Oui.... Nous toucherions au but si les directrices s'inspiraient bien plus des idées générales du programme que du programme spécial annexé à la circulaire, si elles en prenaient tout l'esprit et en laissaient la lettre autant que possible. C'est qu'en effet si, d'une part, l'*esprit* veut que l'école maternelle soit la famille agrandie, d'autre part la *lettre* du programme spécial en fait une école presque scientifique, qui peut être excellente ou déplorable suivant le degré de culture, le tact, le sens pédagogique de la directrice.

Encore une fois, — et ce ne sera sans doute pas la

dernière, — jetons un coup d'œil sur une famille dans des conditions normales, c'est-à-dire une famille dont le chef est ce que l'on appelle le « ministre de l'extérieur », occupé hors de chez lui tout le jour, tandis que la mère, « ministre de l'intérieur », s'occupe de l'administration du ménage et de l'éducation des enfants.

L'enfant bouge et s'occupe. Il s'occupe à jouer. Le jeu, c'est le travail des enfants. Tous les éducateurs dignes de ce nom l'ont affirmé. C'est le titre de gloire de Frœbel.

Pour s'occuper, il faut que l'enfant ait à sa disposition des objets matériels. Celui qui marche à peine pousse devant lui une chaise qui le soutient; son aîné fait de la sienne un cheval improvisé; puis il y a les jouets, les vrais, depuis le hochet à grelots du bébé que l'on porte sur les bras, jusqu'au jeu de dominos avec lequel le doyen de cinq ans apprend à compter jusqu'à douze. Non seulement il y a les jouets des chambres, mais il y a ceux des jardins. *Les jouets, les ustensiles du ménage, c'est le matériel scolaire de la mère de famille*. Ils doivent composer aussi le matériel scolaire des petits à l'école maternelle. Et c'est en effet un matériel éducatif, puisque chacun des objets qui le composent sert au développement physique et intellectuel de l'enfant qui l'a à sa portée. Le petit qui s'appuie sur la chaise comprend que sans elle il roulerait par terre; celui qui a fait un cheval de la sienne a exercé d'abord sa faculté de comparaison, puis sa faculté d'imitation. Les quatre pieds de la chaise lui rappellent les quatre jambes du cheval, et, s'il se met dessus à califourchon, au lieu de s'asseoir, c'est pour faire comme les cavaliers qu'il a remarqués dans la rue ou sur la route. Il parle à ce cheval, comme la petite fille parle au morceau de chiffon qui lui sert de poupée, et la mère intervient dans cette conversation.

Au jardin, avec les billes, les quilles, les ballons, le sable, que de facultés sont en jeu! Quelle leçon bonne et saine et profitable dans un mot dit *à propos*! Nous soulignons cette expression « à propos », car la leçon ne *porte* que quand elle entre dans les vues du petit enfant, quand elle arrive au bon moment, quand elle est opportune. Appeler sur un arbre l'attention d'un enfant qui joue au cheval, c'est du temps perdu; on lui parle branches et feuilles, il répond jambes et queue. L'enseignement, pour être fécond, ne doit pas transporter l'élève dans un ordre d'idées qui lui est étranger, il ne doit lui causer aucune fatigue intellectuelle. Le jeu, le jeu surveillé, le jeu guidé, est un travail suffisant pour l'enfant de la deuxième section de l'école maternelle.

Cependant... le programme officiel porte : 1° *les premiers principes d'éducation morale*. C'est vrai; mais, lorsque la directrice lavera l'enfant malpropre et qu'elle lui suggérera par cela même l'idée de la propreté; quand elle l'amènera à rendre un jouet arraché à un petit camarade; quand elle stimulera son activité; quand elle lui inspirera un sentiment de tendresse ou de confiance, *elle aura fait de l'éducation morale.*

A l'article 2 du programme nous trouvons les *exercices de langage*. Et en effet vous faites dire à l'enfant : « la bille », « le cheval », « le ballon », « le sable ». Puis, « la bille est ronde »; « le cheval a quatre jambes, une queue »; « je lance le ballon »; « la fourmi est toute petite »; « le sable est fin »; « le sable est sec »; « le sable est mouillé ».

Peu à peu les propositions s'enchaînent en phrases, les phrases se lient en périodes : l'enfant pense et parle.

A l'article 3, les *leçons de choses* : un des exercices les moins compris. La leçon de choses, pour l'enfant, c'est le nom de l'objet qu'il a dans la main : « la bille »; c'est sa couleur : « rouge, bleue ou blanche »; c'est sa forme : « ronde »; c'est l'usage qu'on en fait : « on la fait rouler ».

Mais ces leçons doivent naître spontanément, au lieu d'être réglementées. C'est horriblement difficile! dira-t-on. Oui, si l'école maternelle ne fait pas absolument *peau neuve*, si les directrices n'oublient pas qu'elles se sont crues des professeurs, alors qu'elles étaient des mamans.

Pourquoi avoir fait un règlement alors?

C'est qu'il faut donner un corps aux idées; c'est qu'on ne fonde rien avec des abstractions. Ce règlement précise; il permet de passer de la théorie dans la pratique; il dit aux directrices : « Vous devez être des mamans; l'enfant qui joue travaille; en jouant seul, il développe son corps, son intelligence; en jouant avec des camarades, il développe son corps, son intelligence, son cœur. Il devient sociable. Or la *sociabilité* prise de haut, c'est de la *morale*; la sociabilité implique la *parole*; c'est l'exercice de *langue maternelle*. L'enfant qui trace des lignes sur le sable ou sur l'ardoise *dessine*; le dessin mène à l'*écriture*, l'écriture à la *lecture*. En comptant les cailloux qui servent de limite à son jardinet, les cubes qui lui servent à construire une maison, l'enfant fait du *calcul*; en faisant des hauteurs et des creux dans le sable, il fait de la *géographie*; en regardant une fleur, de la *botanique*; en montrant ses deux mains, ses deux yeux, sa bouche et ses cheveux, de la *zoologie*. C'est sa science à lui; ce sont ses études à lui; il n'en doit pas connaître d'autre. »

RÈGLEMENT DES ÉCOLES MATERNELLES

(2 août 1881.)

Le Président de la République française,

Sur le rapport du Président du Conseil, ministre de l'Instruction publique et des Beaux-Arts,

Vu l'article 57 de la loi du 15 mars 1850 ;

Vu la loi du 27 février 1880, relative au Conseil supérieur de l'instruction publique ;

Vu les articles 1, 6 et 7 de la loi du 16 juin 1881, relative à la gratuité de l'enseignement primaire ;

Vu l'article 2 de la loi du 16 juin 1881, relative aux titres de capacité pour l'enseignement primaire,

Décrète :

TITRE PREMIER

Dispositions communes aux écoles maternelles publiques et libres (organisation, surveillance et inspection).

Article premier. — Les écoles maternelles (salles d'asile), publiques et libres, sont des établissements d'éducation où les enfants des deux sexes reçoivent les soins que réclame leur développement physique, intellectuel et moral.

Les enfants peuvent y être admis dès l'âge de deux ans accomplis et y rester jusqu'à ce qu'ils aient atteint l'âge de sept ans.........

TITRE II

Écoles maternelles publiques.

Art. 12. — Dans les écoles maternelles publiques, les enfants seront divisés en deux sections, suivant leur âge et le développement de leur intelligence.

Art. 13. — Les premiers principes d'éducation morale seront donnés dans les écoles maternelles publiques, non sous forme de leçons distinctes et suivies, mais par des entretiens familiers, des questions, des récits, des chants destinés à inspirer aux enfants le sentiment de leurs devoirs envers la famille, envers la patrie, envers Dieu. Ces premiers principes devront être indépendants de tout enseignement confessionnel.

Art. 14. — Les connaissances sur les objets usuels comportent des explications très élémentaires sur le vêtement, l'habitation et l'alimentation, sur les couleurs et les formes, sur la division du temps, les saisons, etc.

Art. 15. — Les exercices de langage ont pour but d'habituer les enfants à parler et à rendre compte de ce qu'ils ont vu et compris.

Les morceaux de poésie qu'on leur fait apprendre seront courts et simples.

Art. 16. — L'enseignement du dessin comprend :

1° Des combinaisons de lignes au moyen de lattes, bâtonnets, etc. ;

2° La représentation sur l'ardoise de ces combinaisons et de dessins faciles faits par la maîtresse au tableau quadrillé ;

3° La reproduction sur l'ardoise des objets usuels les plus simples.

Art. 17. — La lecture et l'écriture seront, autant que possible, enseignées simultanément.

Les exercices doivent toujours être collectifs.

Art. 18. — L'enseignement du calcul comprend :

1° L'étude de la formation des nombres de 1 à 10 ;

2° L'étude de la formation des dizaines de 10 à 100 ;

3° Les quatre opérations, sous la forme la plus élémentaire, appliquées d'abord à la première dizaine ;

4° La représentation des nombres par les chiffres ;

5° Des applications très simples du système métrique (mètre, litre, monnaie).

Cet enseignement sera donné au moyen d'objets mis entre les mains des enfants, tels que lattes, bâtonnets, cubes, etc.

Les enfants seront exercés au calcul mental sur toutes les combinaisons de nombres qu'ils auront faites.

ART. 19. — Les éléments d'histoire naturelle comprennent la désignation des parties principales du corps humain, des notions sur les animaux les plus connus, les végétaux et les minéraux usuels.

Cet enseignement est donné à l'aide d'objets réels et de collections formées autant que possible par les enfants et les maîtresses.

ART. 20. — L'enseignement de la géographie est descriptif; il s'appuie sur l'observation des lieux où vit l'enfant.

Il comprend :

1° L'orientation (points cardinaux) ;

2° Des notions sur la terre et les eaux;

3° Quelques indications sur les fleuves, les montagnes et les principales villes de France.

ART. 21. — Les récits porteront principalement :

1° Sur les grands faits de l'histoire nationale ;

2° Sur des leçons de choses.

ART. 22. — Les exercices manuels consisteront en tressage, tissage, pliage, petits ouvrages de tricot.

Les travaux de couture et tous autres travaux de nature à fatiguer les enfants sont interdits.

ART. 23. — L'enseignement du chant comprend :

Les exercices d'intonation et de mesure les plus simples, les chants à l'unisson et à deux parties qui accompagnent les jeux gymnastiques et les évolutions. Les chants sont appropriés à l'étendue de la voix des enfants. Pour ces exercices, les directrices se serviront du diapason.

ART. 24. — Les exercices gymnastiques seront gradués de manière à favoriser le développement physique de l'enfant. Ils se composeront de mouvements, de marches, d'évolutions et de jeux, dirigés par la maîtresse.

ART. 25. — Les leçons ne devront jamais durer plus d'un quart d'heure ou vingt minutes ; elles seront toujours séparées par des chants, des exercices gymnastiques, des marches ou des évolutions.

ART. 26. — Les conditions dans lesquelles doivent être établies les écoles maternelles publiques, tant au point de vue des bâtiments que de l'ameublement, seront l'objet d'un règlement spécial.

ART. 27. — Le matériel d'enseignement de l'école maternelle comprend nécessairement les objets suivants :

Un claquoir, un sifflet ;

Un ou plusieurs tableaux noirs, dont un au moins sera quadrillé ;

Une méthode de lecture en tableaux et plusieurs collections d'images ;

Un nécessaire métrique ;

Un globe terrestre et une carte murale de la France ;

Un boulier ;

Des collections de bûchettes ou bâtonnets, des lattes, des cubes, etc. ;

Une collection de jouets ;

Des ardoises, quadrillées d'un côté et unies de l'autre ;

Un diapason.

. . . .

PROGRAMME SPÉCIAL ANNEXÉ AU RÈGLEMENT

SECTION DES PETITS ENFANTS ENFANTS DE 2 A 5 ANS	SECTION DES ENFANTS DE 5 A 7 ANS OU CLASSE ENFANTINE

Premiers principes d'éducation morale. (Art. 13 du décret.)

Soins donnés aux enfants en vue de leur faire prendre de bonnes habitudes, de gagner leur affection et de maintenir entre eux l'harmonie. — Premières notions du bien et du mal.	Causeries très simples, mêlées à tous les exercices de la classe et de la récréation. Petites poésies expliquées et apprises par cœur. — Historiettes morales racontées et suivies de questions propres à en faire ressortir le sens et à vérifier si les enfants l'ont compris. — Petits chants. Soins particuliers de la maîtresse à l'égard des enfants chez lesquels elle a observé quelque défaut ou quelque vice naissant.

SECTION DES PETITS ENFANTS ENFANTS DE 2 A 5 ANS	SECTION DES ENFANTS DE 5 A 7 ANS OU CLASSE ENFANTINE

Exercices de langage. (Art. 15 du décret.)

Exercices de prononciation........
Exercices en vue d'augmenter le vocabulaire de l'enfant; petits exercices de mémoire (chants, fables, récits); questions.

Exercices combinés de langage, de lecture et d'écriture préparant à l'orthographe.

1° Exercices oraux. — Questions très familières ayant pour objet d'apprendre aux enfants à s'exprimer nettement; corriger les défauts de prononciation ou d'accent local.

2° Exercices de mémoire. — Récitation de très courtes poésies.

3° Exercices écrits. — Premières dictées d'un mot, puis de deux ou trois, puis de très petites phrases.

4° Lectures très brèves faites par la maîtresse, écoutées et racontées par les enfants.

Leçons de choses. Connaissances sur les objets usuels. Premières notions d'histoire naturelle. (Art. 14 et 19 du décret.)

Noms des principales parties du corps humain; des principaux animaux de la contrée; des plantes servant à l'alimentation ou les plus visibles pour l'enfant (arbres de la cour, de la route, fleurs familières, etc.).
Nom et usage des objets qui sont sous les yeux de l'enfant (objets servant au vêtement, à l'habitation, à l'alimentation, au travail).
Etude des couleurs et des formes par des jeux.
Notions sur le jour et la nuit.
Observations sur la durée (heure, jour, semaine).
Le nom du jour, la veille, le lendemain.
Age de l'enfant.
L'attention des enfants est appelée sur les différences du chaud, du froid, de la pluie, du beau temps.
Observations sur la saison, ses travaux, ses productions.

Notions très élémentaires sur le corps humain; hygiène (petits conseils); petite étude comparée des animaux que l'enfant connaît, des plantes, des pierres, des métaux; quelques plantes alimentaires et industrielles; pierres et métaux d'usage ordinaire.
L'air, l'eau (vapeur, nuage, neige, glace).
Petites leçons de choses, toujours avec les objets mis sous les yeux et dans les mains des enfants.
Exercices et entretiens familiers ayant pour but de faire acquérir aux enfants les premiers éléments des connaissances usuelles (la droite et la gauche; — noms des jours et des mois; — distinction d'animaux, de végétaux, de minéraux; — les saisons) et, surtout, de les amener à regarder, à observer, à comparer, à questionner et à retenir.
Pour l'ordre à suivre dans ces leçons,

SECTION DES PETITS ENFANTS

ENFANTS DE 2 A 5 ANS

Première éducation des sens par de petits exercices; faire discerner et comparer par l'enfant des couleurs, des nuances, des formes, des longueurs, des poids, des températures, des sons, des odeurs, des saveurs.

SECTION DES ENFANTS DE 5 A 7 ANS

OU CLASSE ENFANTINE

on essayera de combiner, toutes les fois qu'on le pourra, en les rattachant à un même objet, la leçon de choses, le dessin, la leçon morale, les jeux et les chants, de manière que l'unité d'impression de ces diverses formes d'enseignement laisse une trace plus durable dans l'esprit et le cœur des enfants. On s'efforcera de régler, autant que possible, l'ordre des leçons par l'ordre des saisons, afin que la nature fournisse les objets de ces leçons et que l'enfant contracte ainsi l'habitude d'observer, de comparer et de juger. Les indications ci-dessous pourront guider la maîtresse dans le choix des sujets de leçons :

OCTOBRE [1]

LEÇONS DE CHOSES

(Récits, causeries, questions, autant que possible avec les objets montrés aux enfants.)

La vendange. — Vigne, raisin, vin. — Cuve, tonneau, bouteille, verre, bouchons, litre. — Pommes, cidre. — Houblon, bière.

DESSIN

(Dessins au trait faits au tableau noir par la maîtresse; on ne fera reproduire par les élèves que ceux de ces dessins qui seraient assez simples et assez faciles pour trouver place dans le petit cours de dessin tel que le règle le programme : grappe de raisin, feuille de vigne, pressoir, cuve, tonneau, bouteille, verre, entonnoir, litre.)

1. Ce programme, en majeure partie emprunté à un travail de M. l'inspecteur général Cadet, a été adopté par le Conseil supérieur de l'instruction publique, *à titre d'indication utile aux maîtresses.*

SECTION DES PETITS ENFANTS ENFANTS DE 2 A 5 ANS	SECTION DES ENFANTS DE 5 A 7 ANS OU CLASSE ENFANTINE

CHANTS ET JEUX

(à faire exécuter par les enfants)

L'Automne. (Delbrück.)
Le Tonnelier.

NOVEMBRE

LEÇONS DE CHOSES

Le labourage. — Charrue, herse.
L'éclairage. — Chandelle, bougie, lampes, gaz. — Phare.

DESSIN

Soc de charrue, herse.
Chandelier, bougeoir, lampe, bec de gaz, phare.

CHANTS ET JEUX

Le Labour. — Les semailles. (Mme Pape-Carpantier.)

DÉCEMBRE

LEÇONS DE CHOSES

Le chauffage. — Froid, neige, glace, avalanches; Suisse, Alpes; patins, traineaux. — Thermomètre; poêle, cheminée. — Bois, charbon, allumettes. — Engelures, rhume. — Le foyer, la famille.

DESSIN

Patin, traîneau, thermomètre, poêle, cheminée, soufflet, pelle, pincettes, pompe à incendie.

CHANTS ET JEUX

Le Petit Ramoneur. (Mme Pape-Carpantier.)
Le Feu. (Delbrück.)

JANVIER

LEÇONS DE CHOSES

La nouvelle année. — Mouvement de la terre autour du soleil.
Compliments, étrennes; charité.
Oranges, marrons.
L'habillement. — Fourrures, couvertures, édredon, laine, coton, drap,

SECTION DES PETITS ENFANTS ENFANTS DE 2 A 5 ANS	SECTION DES ENFANTS DE 5 A 7 ANS OU CLASSE ENFANTINE

flanelle, tissage, filage, teinture, épingles, aiguilles.

DESSIN

Sphère, oranges, marrons, tirelire, ciseaux, mètre à ruban.

CHANTS ET JEUX

L'Hiver. Souhaits de bonne année. (Delbrück.)
Les Petites Tricoteuses. (Delcasso.)

FÉVRIER

LEÇONS DE CHOSES

Le corps humain. — Principaux organes des sens.
L'alimentation. — Mets et boissons; boulanger, boucher, fruitier, épicier; faim, appétit, indigestion.

DESSIN

OEil, oreille, nez, main.
Fourneau, casserole, poêle, chaudron, marmite, bouilloire, gril.

CHANTS ET JEUX

La Gymnastique. (Lainé.)
Le Pain. (Delbrück.)

MARS

LEÇONS DE CHOSES

L'habitation. — Bois, pierre, fer, briques; ardoise, plâtre, chaux; tuile, chaume. — Diverses industries du bâtiment.
Les abeilles. — Ruches, cellules, cire, miel.

DESSIN

Maison, fenêtre, porte; table, lit, chaise, armoire, commode; mur, rangées de pierres de taille, de briques; plan d'une maison, charpente; marteau, scie, tenailles; équerre, compas, fil à plomb, auge, truelle.

SECTION DES PETITS ENFANTS

ENFANTS DE 2 A 5 ANS

SECTION DES ENFANTS DE 5 A 7 ANS

OU CLASSE ENFANTINE

CHANTS ET JEUX

Les Petits Ouvriers. — La Ronde des abeilles. (Mme Pape-Carpantier.)

AVRIL

LEÇONS DE CHOSES

La végétation. — Graines, racines, tige, fleurs, etc.

Les nids d'oiseaux. — Services que nous rendent les oiseaux, hirondelles; chenilles, insectes, hannetons; vers à soie.

DESSIN

Fleurs, feuilles, haricots, pois, pommes de terre.

CHANTS ET JEUX

Le Printemps. (Delbrück.)
Le Ver à soie. (Mme Pape-Carpantier.)

MAI

LEÇONS DE CHOSES

L'eau. — Ruisseau, rivière, fleuve, mer, marée, bains froids, natation.

La pêche. — Poissons de mer et poissons d'eau douce.

Le blanchissage. — Savon, propreté.

DESSIN

Baignoire.
Bateau, hameçon, filet, ligne, poisson.
Baquet, pompe, fontaine, puits, battoir.

CHANTS ET JEUX

Vive l'eau! (Delbrück.)
Les Bourgeois de Provence (ronde).

JUIN

LEÇONS DE CHOSES

La ferme. — La fenaison; cheval, âne, chien de berger, loup, mouton, porc; dindon, poule, oie, canard, pigeon; laiterie, lait, beurre fromage.

SECTION DES PETITS ENFANTS ENFANTS DE 2 A 5 ANS	SECTION DES ENFANTS DE 5 A 7 ANS OU CLASSE ENFANTINE

DESSIN

Terrine, baratte, boite au lait, litre.

CHANTS ET JEUX

Le Petit Berger. La Fenaison. (Delcasso.)

JUILLET

LEÇONS DE CHOSES

L'orage. — Éclair, tonnerre, grêle, vent, paratonnerre, arc-en-ciel.

Les fruits. — Cerises, fraises, abricots, poires, pommes, prunes.

DESSIN

Maison, paratonnerre, arc-en-ciel; parapluie. Bouquet de cerises; abricots, poires, pommes, prunes.

CHANTS ET JEUX

L'Été. La Marchande de fruits. (Delbrück.)

AOÛT

LEÇONS DE CHOSES

La moisson. — Blé, orge, avoine, farine, pain, pâte, four, boulanger, pâtissier.

Les voyages. — Routes, chemins de fer, bateaux à vapeur; cartes, points cardinaux, boussole, aimant; Christophe Colomb; races d'hommes, la patrie, le monde.

DESSIN

Gerbe, épi de blé; faux, faucille; moulin à vent, paire de meules balance, poids.

Locomotive, rails, bateau à voile, à vapeur, rames, gouvernail, boussole.

CHANTS ET JEUX

Le Jeu du blé. (Mme Pape-Carpantier.)
La Ronde du tour du monde.

SEPTEMBRE

LEÇONS DE CHOSES

La chasse. — Chevreuil, cerf, sanglier, loup, renard, lièvre, lapin, perdrix, alouette, caille; fusil.

SECTION DES PETITS ENFANTS ENFANTS DE 2 A 5 ANS	SECTION DES ENFANTS DE 5 A 7 ANS OU CLASSE ENFANTINE
	La fête du village. — Foire, boutique, feu d'artifice, poudre ; guerre, commerce, monnaie. DESSIN Cor de chasse, carnassière, fusil ; monnaies. CHANTS ET JEUX Le Renard. (Delcasso.)

Dessin, Écriture, Lecture. (Art. 16 et 17 du décret.)

Jeux de cubes, de balles, de lattes, etc. Mosaïques. Explication d'images très simples (animaux, objets usuels). Petites combinaisons de lignes au moyen de bâtonnets. Représentation sur l'ardoise de ces combinaisons ; description d'objets usuels. Aucun exercice de lecture proprement dite.	Combinaisons de lignes ; représentation de ces combinaisons sur l'ardoise et le papier au crayon ordinaire ou en traits de couleur ; petits dessins d'invention sur papier quadrillé ; reproduction de dessins très simples faits par la maîtresse. Représentation d'objets usuels les plus simples. Premiers exercices de lecture. Premiers éléments d'écriture. Lettres, syllabes et mots.

Calcul. (Art. 18.)

Familiariser l'enfant avec les termes : un, deux, trois, quatre, cinq, moitié, demie ; l'exercer à compter jusqu'à 10. Calcul mental sur les dix premiers nombres.	Premiers éléments de la numération orale et écrite. Petits exercices de calcul mental. Addition et soustraction sur des nombres concrets et ne dépassant pas la première centaine. Étude des dix premiers nombres et des expressions : demie, moitié, tiers, quart. Les quatre opérations sur des nombres de deux chiffres. Le mètre, le franc, le litre.

Géographie. (Art. 20.)

Demeure et adresse des parents, nom de la commune. Petits exercices sur la distance ; situation relative des différentes parties de l'école. La terre et l'eau. Le soleil (le levant et le couchant).	Causeries familières et petits exercices préparatoires servant surtout à provoquer l'esprit d'observation chez les petits enfants, en leur faisant simplement remarquer les phénomènes les plus ordinaires, les principaux accidents du sol.

SECTION DES PETITS ENFANTS ENFANTS DE 2 A 5 ANS	SECTION DES ENFANTS DE 5 A 7 ANS OU CLASSE ENFANTINE
Récits, Histoire nationale. (Art. 21.)	
....	Anecdotes, récits, biographies tirées de l'histoire nationale ; contes, récits de voyages. Explication d'images.
Exercices manuels. (Art. 22.)	
Jeux .... Petits exercices de pliage, de tissage, tressage.	Pliage, tissage, tressage, combinaisons en laines de couleur sur le canevas ou le papier; petits ouvrages de tricot.
Chant. (Art. 23.)	
Chants à l'unisson, très simples.... Petits exercices.	Chants à l'unisson et à deux parties, exclusivement appris par l'audition.
Gymnastique. (Art. 24.)	
Jeux libres et marches........... Évolutions, mouvements gradués. Soins d'hygiène et de propreté.	Jeux, marches, évolutions, mouvements, exercices gradués.

CHAPITRE IX

LE SECTIONNEMENT

Le sectionnement. — Comment on sectionne. — Les petits et la femme de service. — Les petits sacrifiés. — Les locaux ne sont pas conformes au nouveau règlement. — Il faut se montrer industrieuses. — Occupations des petits. — Dessin. — Construction. — Exercices manuels. — Pliage. — Cailloux. — Piquage, tressage, parfilage. — Il faut chanter pour les petits. — Le langage maternel. — Il faut apprendre à bien penser pour apprendre à bien parler. — Les images. — Celles qu'il faut choisir. — Comment se servir de l'image. — La méthode doit être vivifiée par l'esprit. — Un des procédés qui ankylosent la pensée. — Les exercices de mémoire. — Il faut savoir parler avant d'apprendre à lire.

« Dans les écoles maternelles publiques, les enfants seront divisés en deux sections, suivant leur âge et le développement de leur intelligence. »

Les directrices ont trop souffert de la difficulté insurmontable qu'il y a à garder ensemble, à occuper, à intéresser en même temps un nombre considérable d'enfants (la dernière statistique relève une moyenne de 126 enfants par école; un nombre considérable d'écoles en ont de 200 à 350; beaucoup en ont 400; il y en a de 500, de 700! (Morlaix), de 1100 (Nice); les directrices ont, dis-je, trop souffert pour n'avoir pas applaudi à cet article du programme du 2 août 1881.

Chose étonnante! beaucoup cependant n'en ont pas profité, et un très petit nombre seulement l'ont fait d'une façon judicieuse.

Il y a des cas — je le reconnais — où c'est tout à fait impossible : c'est lorsqu'il n'y a qu'une seule maîtresse. Mais l'État, qui a décidé le sectionnement, ne peut pas vouloir que le premier article reste lettre morte, car cet article non exécuté annihile tous les autres. Quant aux municipalités, elles ont tout à gagner à mettre leurs écoles en règle. Lorsqu'elles ne le font pas, je crois que c'est plutôt par négligence que par mauvaise volonté; elles dorment encore sur l'ancienne garderie,... ce qui donnerait à penser qu'elles ont le sommeil dur.

Le plus souvent, il y a deux maîtresses dans l'école, et cependant celle-ci n'est pas sectionnée dans le sens du règlement; quelques bébés marchant à peine, ne parlant pas, restent avec la femme de service; tous les enfants et les deux maîtresses sont ensemble, se gênant mutuellement. En ce cas, les directrices objectent presque toujours leur local mal approprié. Certes! neuf fois sur dix, le local, plus ou moins conforme au règlement des salles d'asile, n'est pas conforme à celui des écoles maternelles, mais c'est le cas d'être industrieuses. Il y a des personnes qui savent se faire honneur d'une fortune modeste; il y a des femmes qui, avec quelques mètres d'une étoffe de peu de valeur, savent se faire un costume qui les pare; il y a des directrices qui savent tirer parti d'un local défectueux.

Le préau couvert — et il y en a presque toujours

un — doit servir de seconde salle, et, dans les beaux jours, la cour ou le jardin doit être utilisé pour le plus grand bien des enfants.

Mais il y a une autre manière de sectionner que je trouve aussi mauvaise que celle dont j'ai parlé tout d'abord; elle est ainsi pratiquée :

1° Les tout petits qui savent à peine parler, à peine marcher;

2° Ceux de trois à quatre ou cinq ans dans la salle d'exercices, meublée de gradins et de tables, et y recevant des leçons sur toutes les parties du programme;

3° Les *grands*, ceux de cinq et six ans, dans la troisième salle, que nous appellerons la *classe*, parce que, malheureusement, c'est une classe et pas autre chose.

Donc, avec ces trois sections, nous nous trouvons en présence d'un établissement comprenant : la crèche — très mauvaise crèche, parce qu'elle n'est pas installée en crèche — et une école à deux classes.

Le cœur et la raison protestent contre cet ordre de choses, contre cette éducation de l'enfant (*élevage* eût été un mot plus juste) en dehors des conditions normales, et je me sens, chaque jour, plus invinciblement entraînée à le placer ou à le laisser dans son milieu, où il se développe, au lieu d'aider à lui créer un milieu factice où il s'étiole.

Dans les écoles maternelles non sectionnées et dans les écoles maternelles mal sectionnées, les petits sont toujours dans de mauvaises conditions d'éducation physique et morale, soit qu'ils soient mêlés dans la salle d'exercices avec leurs camarades plus âgés —

qui sont eux-mêmes placés dans des conditions plus que contestables — et associés à leurs exercices, soit qu'on les garde dans un local séparé. Dans le premier cas, en effet, ils sont soumis à une discipline absolument contraire à leur développement; dans le second cas ils sont privés des bénéfices qu'apporte aux plus petits la vie passée avec de plus grands. Il est incontestable que, dans la famille, le second enfant s'élève plus facilement que le premier, parce qu'il profite de l'acquis de celui-ci. Quel que soit le dévouement, le génie même de la mère, il y a, malgré tout, bien loin d'elle à son enfant; entre *pairs*, au contraire, l'échange est tout naturel, et l'aîné y gagne tout autant que le plus jeune.

Tous les prétextes sont bons pour tenir les pauvres petits dans des conditions mauvaises. S'il n'y a qu'une directrice, elle considère comme son devoir strict de s'occuper des plus grands, de ceux « qui peuvent apprendre »; s'il y a une adjointe, elle aide à s'occuper des grands, et les petits sont encore sacrifiés. Cependant la femme de service peut avoir toutes les qualités du monde, mais il lui en manque une indispensable pour la tâche qu'on lui impose. N'ayant pas été cultivée, elle ne peut donner ce qu'elle n'a pas reçu. Elle garde les enfants. En les gardant, elle leur parle un français... de sa façon, quand elle ne leur parle pas le patois de la région; elle les laisse manger... comme on mange dans le milieu où elle a toujours vécu; elle les nettoie... superficiellement; elle les mouche... avec leur tablier, c'est-à-dire qu'en ce cas l'école continue les traditions des familles non cultivées, avec cette aggravation que la pauvre femme, dans l'impossibilité d'occuper les enfants, et se croyant obligée de les *tenir sages*, — puisqu'on est à l'école — exige que les malheureux soient assis sur les bancs, où ils s'étiolent.

Les petits sacrifiés !... mais c'est un crime !...

Dans la famille, c'est le « petit » qui est l'objet de la sollicitude attendrie, non seulement des parents, mais de la sœur, mais du frère aîné. Si ce « petit », au lieu d'être fort et bien venant, est chétif et frêle, sa mère multiplie et affine ses soins; si son intelligence est paresseuse, elle s'efforce de l'éveiller; si son cœur paraît manquer d'expansion, elle le réchauffe par ses caresses. Une école maternelle où le « petit » est une sorte de quantité négligeable usurpe son titre.

Qui donc s'occupera de cette séduisante section des petits, dans l'école maternelle sectionnée d'après le règlement, c'est-à-dire dans celle où la première section sera composée d'enfants de 2 à 4 ou 5 ans, et la seconde d'enfants de 5 à 7 ? *L'adjointe, un jour sur deux.* Et la directrice ? J'allais dire deux jours sur un, mais on m'aurait objecté que j'ignore le pont aux ânes. La directrice et l'adjointe doivent s'en occuper chacune à son tour, soit tous les deux jours, soit l'une le matin, l'autre le soir.

Et voici pourquoi.

L'adjointe qui donnerait tout son temps aux petits ne s'initierait qu'à la moitié de sa tâche future. Spécialisée avec les uns, elle serait tout inexpérimentée avec les autres, le jour où elle deviendrait directrice elle-même; d'autre part, comme il faut d'autant plus de culture et d'expérience à l'éducatrice que l'enfant à diriger est plus petit, la place de la directrice est auprès d'eux. Si elle ne leur donne pas, *au moins*, la moitié de son temps, elle laisse de côté la partie la plus importante de son devoir; elle se prive de la part la plus honorable de sa fonction; elle renonce à des joies de l'ordre le plus élevé.

Cela dit, tâchons d'entrer dans la pratique.

L'application du règlement, en ce qui concerne les deux sections, réclamerait tout de suite une installation nouvelle. Mais une école, c'est comme Paris, cela « ne se bâtit pas en un jour », et nous tâcherons — en attendant mieux — de nous contenter de ce que nous avons.

Du préau couvert, nous allons faire la salle des petits; la salle d'exercices actuelle deviendra celle des plus grands, avec cette restriction, que ce qu'on appelle la « classe » pour les enfants des deux sections est une invention barbare, qu'elle doit être considérée comme le « pis-aller », comme l' « accident », et que le jardin et la cour doivent être l' « habitude ».

Occupons-nous des petits. Que leur ferons-nous faire ?

Ah ! il s'agit d'abord de les laisser s'ébattre (la question du jeu libre a été traitée à l'article *Éducation*), puis de diriger leurs jeux et leurs mouvements de manière à rendre ces jeux et ces mouvements profitables au développement normal de leurs forces.

Ils feront « des exercices gymnastiques gradués, des mouvements, des marches, des évolutions et des jeux, dirigés par la maîtresse ».

Très bien! mais à une condition : c'est que, dans chacun de ces exercices, chaque enfant sera un être indépendant de son voisin, ayant sa liberté d'allures et, par conséquent, sa responsabilité, au lieu d'être l'un des rouages inconscients d'un mécanisme plus ou moins compliqué, une espèce d'automate se mouvant au bruit martelant et ininterrompu du claquoir.

Cela veut dire qu'ils ne marcheront plus soudés les uns aux autres par les épaules, que le chef de file ira droit devant lui, au lieu de marcher à reculons, qu'on ne saluera pas à chaque instant les murailles, que les enfants ne se salueront pas comme des polichinelles dont on tire la ficelle, que marcher en cadence ne sera plus synonyme de marcher lourdement, que chaque pas devra être le résultat d'un mouvement franchement accentué de la jambe en avant, et non le piétinement sur place, que chaque mouvement, en un mot, concourra à donner de la force, de l'élasticité, de la grâce aux membres.

Dans cette section des petits, les directrices donneront les ardoises tous les jours; ceci est encore une innovation pour beaucoup de localités. Jusqu'ici, en effet, on pensait toujours que l'enfant était trop petit pour qu'on lui mît entre les mains une ardoise et un crayon, — à moins que ce ne fût pour écrire des chiffres — tandis qu'on le croyait toujours assez grand pour subir un enseignement abstrait.

« Notre école maternelle » change tout cela. Elle agit en mère de famille. Or que fait une mère de famille quand son enfant oisif devient difficile à amuser, qu'il la tracasse, qu'il l'empêche de travailler elle-même ?

Elle lui donne un crayon et du papier, ou un crayon et une ardoise, et lui dit :

« Dessine et laisse-moi tranquille ! »

Donnez tous les jours des ardoises aux plus petits ; dans les premiers temps ils y feront des barbouillages informes, puis viendront des animaux monstrueux, des paysages où les moutons seront plus grands que la ferme ; mais peu à peu, si l'on fait naître et si l'on stimule en eux l'esprit d'observation, on verra les objets prendre tournure, les petits artistes s'extasier devant leurs œuvres, et nous-mêmes nous serons étonnés des résultats obtenus par ces bambins.

Il est absolument logique, d'ailleurs, que l'enfant dessine avant d'écrire. Le dessin est concret ; une maison représente vraiment une maison ; l'écriture, au contraire, est abstraite ; ce n'est que conventionnellement qu'un *a* représente un son plutôt qu'un autre.

Quand les enfants auront assez dessiné, — les directrices, comme les mères, savent que les enfants ont bientôt assez de chaque chose — ils bougeront. Quand ils auront bougé et assez bougé, quand ils se seront détendus, ils recevront des cubes et des bâtonnets. Mais il ne s'agira pas de leur parler d'« arêtes », de « surfaces rectangulaires », de « lignes parallèles », d'« angles obtus », il faudra simplement les engager à élever des colonnes, à construire des maisons, des ponts, à placer des rails de chemins de fer,... d'ailleurs ils le feront d'eux-mêmes.

Quoi encore ? Du tissage, du pliage, du parfilage, tous ces petits exercices manuels qui ont donné jusqu'ici de si bons résultats dans les écoles maternelles des pays étrangers, et que nous avons si complètement négligés, après en avoir d'abord mal expérimenté quelques-uns, et après en avoir fait servir qu[illegible]ues autres à une quasi-exploitation de l'enfant. [illegible] me n'ignore, en effet, que dans les anciennes [illegible] es, pendant que les garçons étaient oisifs, le [illegible] la base, les assises et le couronnement [illegible] des filles ; et que, dans certaines [illegible] ercent des industries spéciales aux te[illegible] broderie, filet, dentelle, les enfants des [illegible] d'asile étaient astreints toute la journée au travail manuel, machinal, et devaient fournir quotidiennement une tâche rémunératrice pour leurs parents, voire même pour la directrice, dans des cas très exceptionnels, j'aime à le penser.

En présence de cette exagération ou de cette exploitation immorale et inhumaine de l'enfant, et de la difficulté de constater les délits, les amis de l'enfance avaient demandé la suppression des « travaux » manuels.

C'était se priver d'un élément précieux d'éducation et de discipline.

L'enfant naît actif ; nous devons fournir des aliments à son activité. L'enfant naît maladroit, n'ayant ni la rectitude de l'œil qui permet de calculer les distances, ni la sûreté de mouvement qui dirige sans hésitation vers les objets, ni l'agilité des doigts, conquête de l'habitude. Remarquez un bébé à qui l'on demande — cela arrive tous les jours — un morceau du bonbon qu'il mange. Ce n'est qu'après plusieurs essais infructueux, ce n'est que parce qu'on l'y aide, qu'il arrive à l'approcher des lèvres de celui qui le lui a demandé.

La rectitude de l'œil, la sûreté des mouvements,

l'agilité des doigts, l'esprit d'arrangement, le goût s'acquièrent par l'éducation. L'éçole maternelle a le devoir de les éveiller, de les développer. Pour cela, elle a des procédés : le dessin et les exercices manuels. Nous avons déjà parlé du premier, — sur lequel nous aurons certainement à revenir; — occupons-nous maintenant des seconds.

Mais, parmi les travaux manuels, encore faut-il choisir. Les uns sont pratiques pour les tout petits, les autres ne le sont pas (la couture et le tricot, par exemple; on les avait même proscrits de la section des grands, où ils seront de nouveau accueillis, je l'espère...).

En inscrivant les exercices manuels au programme, la commission a entendu qu'ils n'auraient pas un but exclusif, mais qu'ils devaient concourir à la culture générale. De même que l'enseignement intellectuel se propose d'aider à l'éclosion des bons germes, et non de charger les enfants d'un bagage scientifique trop lourd pour eux, de même les exercices manuels ont pour but, non pas de faire ourler des mouchoirs et de faire tricoter des bas, mais de faire l'éducation de l'œil et des doigts, l'éducation du goût, et d'amener progressivement l'enfant de la *copie* à l'*invention.*

Les garçons ont, comme les filles, droit à cette éducation. On doit la leur donner en commun à l'école maternelle. Les petits doigts que l'on y exerce deviennent adroits pour attacher les bottines, pour nouer une cravate, pour boutonner des manches; ils réussissent à recouvrir un livre, à attacher à un tuteur la plante que son poids courbait vers la terre, à tailler un crayon, toutes choses également utiles aux enfants des deux sexes. Plus tard, chacun utilisera l'habileté de ses doigts pour ses occupations spéciales.

LE PLIAGE [1]

Le pliage est un élément éducatif trop méconnu, regardé comme un jeu sans valeur, et par conséquent fort peu employé dans une trop grande quantité de nos écoles maternelles. Il favorise cependant le développement intellectuel, et il occupe et intéresse l'enfant en lui mettant dans les doigts une chose qu'il transforme lui-même.

Tout le monde devrait connaître la manière de procéder. L'enfant, ayant entre les mains un carré de papier, le plie en deux. Ah! le carré n'est plus carré, c'est un *rectangle* ou carré long. Beaucoup de choses autour de lui ont la forme rectangulaire, de même que beaucoup sont carrées. Il y a, par exemple, son mouchoir de poche et son ardoise. Il comparera. Plié en deux, le rectangle redeviendra carré; les coins abaissés de ce carré donneront des triangles: c'est de la géométrie *palpable*.

Mais, je vous en prie, mes chères lectrices, ne vous attardez pas à la géométrie! Le morceau de papier carré intéressera surtout l'enfant quand il représentera son mouchoir de poche; le rectangulaire, son ardoise; le triangulaire, le pignon de la maison. Faites-lui faire des cornets qui ne s'appelleront *cônes* qu'accidentellement; et exercez-le à faire des pochettes, des salières, des bateaux, des cocotes qui seront des *po-*

1. Voir les figures à la fin du volume.

chettes, des *salières*, des *bateaux*, des *cocotes*. L'invasion de la géométrie et de la philosophie, l'invasion de la synthèse et de l'analyse, l'invasion de la méthode qui, *techniquement*, part du concret pour arriver à l'abstrait, l'invasion de l'esprit allemand, en un mot, dans nos écoles maternelles, m'effraye et me désole. Il y a peu de jours, je montrais à un enfant un seau, très bien dessiné par la directrice sur un tableau noir, et je voulus lui faire nommer l'*anse* de ce seau. « C'est une ligne courbe », me répondit-il, et je n'ai jamais pu lui faire nommer l'*anse*. J'ai fait cette expérience deux fois dans la même journée, dans deux écoles différentes, et deux fois j'ai obtenu le même résultat. Représentez-vous ces mêmes enfants jouant au sable, et disant à un camarade : Prends le seau par la ligne courbe. Comme cela est ridicule !

Quoi ! l'intelligence claire et vivante de nos petiots, leur facilité d'assimilation et d'appropriation, leur imagination brillante, toute cette charmante poésie naturelle à l'enfance seraient condamnées à passer sous la toise géométrique, à s'emboîter sans rémission dans le rail horizontal ! Un bambin appellerait un mât de cocagne une ligne verticale, et un tambour un « cylindre » ! Devant une montagne neigeuse, au lieu d'être saisi, ému par la grandeur du spectacle, charmé tout au moins par les jeux de la lumière sur la neige, il serait surtout frappé par la forme et s'écrierait : « Oh ! le beau cône tronqué ! » En présence de la mer écumeuse, il verrait seulement le sens horizontal des vagues ! Oh ! ne commettons pas un crime de lèse-patriotisme qui serait en même temps un crime de lèse-humanité ! Restons Français !

La pratique de ce modeste pliage est, j'en conviens, plus difficile qu'on ne le pense, et je ne suis pas étonnée, pour ma part, que beaucoup de directrices se soient laissé décourager.

Ceux qui en ont fait un article du règlement se souvenaient d'avoir confectionné dans leur enfance des bateaux et des porte-monnaie en papier; des souvenirs plus récents leur rappelaient leurs enfants faisant aussi des porte-monnaie et des bateaux, et ils ne doutaient pas que ce qu'ils avaient fait eux-mêmes, ce que leurs enfants avaient fait, ne pût être obtenu dans les écoles maternelles. Ils n'oubliaient qu'une chose, — on oublie souvent bien des choses quand on fait de la pédagogie en chambre, et je suis du nombre des oublieurs : — c'est que la quantité d'enfants réunis dans les écoles maternelles centuple toutes les difficultés.

Est-ce à dire qu'il faut renoncer au pliage? Non, certes! mais pour le pliage il faut procéder, comme pour tous les autres articles du règlement, avec méthode; il faut aller du simple au composé, du plus facile au moins facile. Essayer de prime abord de faire faire des bateaux, des porte-monnaie, des cocotes, c'est commencer la construction par la charpente, c'est se créer des difficultés presque insurmontables et toujours décourageantes.

Commençons donc par le commencement.

La directrice a-t-elle le matériel approprié? Il consiste, vous le savez, en carrés de papier un peu fort, de diverses couleurs, dont le cent se vend 50 centimes. Mais admettons que la municipalité ait reculé devant cette petite dépense; la directrice préparera elle-même des carrés de papier. Rien de plus simple. Une feuille de papier quelconque représente en général un rectangle ou carré long. En abaissant le petit côté sur le grand côté, on obtient :

1° Un triangle rectangle;

2° Un nouveau rectangle ou carré long plus étroit que le premier.

On détache ce petit rectangle, en suivant bien exactement la base horizontale du triangle; on dédouble le triangle, et l'on a un carré parfait.

Ce carré obtenu, la première leçon consistera à en faire compter les quatre côtés, à faire constater qu'ils sont bien tous les quatre de même grandeur — ce qui se fait en appliquant successivement chacun des quatre côtés sur l'un d'entre eux — et à faire comparer ce carré à tout ce qu'il y a de carré dans la classe.

Le mouchoir de poche de l'enfant — disons, en passant, qu'il faut que l'enfant ait un mouchoir dans sa poche — sera un excellent point de comparaison.

Ce carré de papier posé sur l'ardoise pourra être reproduit au crayon par l'enfant, qui en suivra les contours.

C'est assez pour une fois. Je suis même persuadée que le quart d'heure réglementaire aura été dépassé. A ce sujet, je voudrais persuader aux directrices qu'elles doivent avoir de l'initiative et que, sans se laisser aller à des infractions graves contre le règlement, elles ont plutôt à l'interpréter qu'à le suivre à la minute et à la seconde. Qu'elles écourtent la leçon qui, sensiblement, fatigue les élèves; qu'elles s'attardent un peu à celle qui les captive. A changer trop souvent et trop brusquement d'exercices et d'ordres d'idées, les enfants s'énervent; ils me font, parfois, l'effet de ces pauvres écureuils enfermés dans des cages tournantes : ils tournent, tournent sans cesse. L'essoufflement intellectuel est dangereux.

J'en reviens à mon carré de papier. La seconde leçon consistera à le faire plier en *deux parties égales*. Ce n'est pas si facile qu'on pourrait le croire, et il faudra y revenir plusieurs fois pour les mains inexpérimentées, prendre les enfants par groupes, ne pas permettre qu'il y en ait un dans le nombre pour lequel le temps ait été perdu.

Ce carré plié en deux parties égales est-il resté carré? Comptons les côtés : il y en a encore quatre. Mesurons ces quatre côtés. Ah! ils ne sont plus de même grandeur; il y en a deux grands et deux petits vis-à-vis l'un de l'autre. A présent le morceau de papier est plus long que large, ou plus large que long. C'est un *carré long*. Les savants l'appellent un *rectangle*.

Reprenez votre exercice de comparaison. Le mouchoir de poche est-il aussi un rectangle? Non; mais la porte, mais la classe elle-même, mais la table, mais l'ardoise sont des carrés longs.

N'est-ce pas assez pour la seconde leçon, peut-être même pour la troisième, car, en somme, que s'agit-il d'obtenir? C'est que les enfants arrivent à plier leur morceau de papier en deux parties rigoureusement égales, qu'ils le fassent sans difficulté, peu à peu, même avec grâce. C'est charmant, les petites mains adroites!

Mais ce carré long, produit par un carré plié en deux et qui a la même forme que l'ardoise, que la porte, que la classe, etc., tout le temps que les deux moitiés du carré sont appliquées l'une sur l'autre, ne pourra-t-il nous donner, en le dépliant un peu, quelques figures intéressantes?

Écartez les deux côtés du carré long et dressez-le sur la table; voici la *niche* du chien, ou une *tente* de soldat, ou la *toiture* de la maison.

Mais oui, la toiture : la preuve, c'est que voici la cheminée! et la directrice, armée d'une paire de ciseaux, fait, en partant de la ligne de faîte du toit, une entaille verticale, puis une horizontale à angle droit, puis une troisième entaille parallèle à la première entaille; elle relève le rectangle ainsi obtenu... C'est bien le *tuyau de la cheminée*, et les enfants sont joyeux!

Ce carré, ce carré long, nous fourniront une masse d'objets.

Pliez d'abord votre morceau de papier en deux, comme tout à l'heure; pliez ensuite en deux chacune des moitiés ainsi obtenues, non pas l'une sur l'autre, mais l'une opposée à l'autre, de façon que leurs bords se rejoignent; écartez les feuillets formés par les plis, dressez votre papier sur la table : c'est un *paravent* à quatre feuilles.

Autre chose, avec le carré ou avec le carré long :

1° Pli au milieu dans le sens de la longueur;

2° Chacun des bords rabattus sur le pli du milieu (pas l'un sur l'autre, mais, comme tout à l'heure, de façon qu'ils viennent se rejoindre vis-à-vis);

3° Redressez les deux parties abaissées de chaque

côté, effacez le plus possible le pli du milieu, et vous avez la *table du réfectoire.*

En attendant mieux, mettons sur la table la serviette roulée et maintenue par son rouleau. La serviette, c'est encore un carré ou un rectangle. Le rouleau, c'est un rectangle plus étroit, dont les deux petits côtés ont été fixés ensemble par un pli double, comme pour un ourlet.

Voulez-vous le banc qui doit être à côté?

Prenez un rectangle de même longueur que celui qui a fourni la table, mais moins large de moitié, faites les mêmes plis que ci-dessus.

Mais ce banc n'est pas réglementaire : il nous faut un *banc à dossier.*

Reprenons le rectangle. Il faudrait le plier en cinq parties égales, ce qui est trop difficile pour les enfants; c'est alors qu'il faut appeler le *procédé* à notre aide. Plions-le en six, supprimons la sixième partie, et dressons ainsi notre petite machine.

1er feuillet, pied du banc;

2e, siège;

3e, dossier;

4e et 5e, appui du petit meuble.

La même combinaison du rectangle partagé en cinq parties (par le procédé empirique de tout à l'heure) donnera la guérite du soldat : le feuillet du milieu donne le fond; de chaque côté du fond, les deux panneaux ou murailles, puis la porte ouverte à deux battants. Un carré de papier placé au-dessus forme toiture.

Je pourrais multiplier les exemples. Mais je voulais seulement donner aux directrices quelques indications. Il me reste à leur montrer maintenant le parti que l'on peut tirer du pliage.

C'était dans une école maternelle située au sommet d'une ville pittoresque, comme il y en a tant dans notre « doux pays de France »; les maisons ont escaladé la colline et se cachent dans la verdure, leurs fenêtres sont grandes ouvertes sur la vallée charmante où la rivière déroule, entre deux rangées de saules et de peupliers, son ruban d'argent moiré par la brise.

Il faisait chaud; les enfants manquaient d'entrain.

« Si nous les faisions chanter pour les réveiller un peu? »

La directrice donne le signal, et voilà tout le petit monde chantant :

Au bivouac où tout sommeille
Le clairon va retentir, etc.

Le chant fini, on se rassied, et, fidèle à mes habitudes d'investigation intellectuelle, je demande si les enfants ont bien compris ce qu'ils ont chanté....

Hélas! « ce bivouac où tout sommeille » ne leur avait rien dit du tout,... oh! mais... du tout.

Que faire? Le temps s'alourdissait de plus en plus; une leçon abstraite risquait de transformer l'école maternelle en un « bivouac où tout sommeille »....

« Si nous faisions du pliage? »

Le pliage était, il faut l'avouer, peu en honneur dans cette école, quoiqu'elle fût pourvue — luxe inusité — d'une provision de carrés de papier.

« Que ceux qui veulent jouer avec moi s'approchent! » dis-je; et, sans attendre de réponse effective, bien sûre d'ailleurs qu'on viendrait peu à peu (ce qui arriva en effet), je pliai en trois parties égales un carré de papier, et je dressai devant moi la table ainsi obtenue. La moitié d'un autre carré de papier, également pliée en trois parties égales, me donna un banc, que je plaçai auprès de ma table. Tout en causant avec mon petit monde, qui peu à peu se pressait autour de moi, je découpai avec mes ongles un plat rond, que je plaçai sur la table, et je le remplis de boulettes de papier, chargées de représenter les pommes de terre.

On tira au doigt mouillé qui serait le maître et la maîtresse de maison; la bonne fut elle-même désignée par le sort, puis la première série d'invités, et l'on procéda au partage des pommes de terre.

« Si les autres faisaient de la musique, pendant ce temps? »

Aussitôt les enfants entonnent :

> **Au bivouac où tout sommeille**
> **Le clairon va retentir, etc.**

Instinctivement je prends un carré de papier, je le plie en deux parties égales, puis, écartant les deux extrémités restées libres, je campe la *tente* sur la table.

« Voyez-vous ceci? c'est une maison de soldat; une *tente*. Cette tente est en papier; les vraies sont en toile. Ces maisons-là sont faciles à transporter. Quand les militaires vont en voyage, ils les roulent, les emportent, et, quand ils veulent se reposer, se mettre à l'abri, ils les dressent dans la campagne.

« Faisons une deuxième tente, une troisième, etc.

— Mais les soldats, où sont-ils?

— En voici un.

« Mon soldat, c'est tout simplement un rectangle de papier que je plie en deux parties égales dans le sens de la longueur, ce qui me donne un nouveau rectangle de même longueur, mais plus étroit.

« Faites la même opération que moi, et mettez des lettres, A, B dans le sens de la longueur (côté du pli), C, D encore dans le sens de la longueur du côté opposé.

« A peu près au tiers de la longueur (côté du pli) placez une cinquième lettre, E.

« Partant de E et vous dirigeant vers C, faites une déchirure oblique, que vous arrêtez un peu avant d'arriver au bord.

« Cela vous donne une espèce de triangle en papier; relevez-le, vous avez le capuchon de la capote militaire. » (C'est absolument le procédé qui donne les *capucins* de cartes.)

Vous savez l'amour des enfants pour les « semblants », vous comprenez leur joie.

« D'autres soldats! d'autres soldats! »

Et je faisais d'autres soldats, en effet, lorsqu'un petit raffiné dit d'un air tant soit peu dédaigneux : « Ils n'ont pas seulement de fusils! »

C'est vrai pourtant, qu'ils n'avaient pas de fusils! Mais, quand on est bien lancé, on ne s'arrête pas pour si peu. Je coupai une petite bande de papier, je la roulai entre le pouce et l'index, j'assujettis mon rouleau (mon allumette) par un pli à l'un de ses bouts, puis, prenant un de mes « soldats », je fis avec mon ongle deux petites entailles, l'une au-dessus de l'autre, près du bord de la capote, à droite; je fis entrer un bout de mon rouleau par l'entaille supérieure et le fis ressortir par l'entaille inférieure : le fusil se dressa tout fier....

Mon soldat était au complet.

Quand tous les soldats furent armés et placés en ligne, on cria : « En avant !... Arche !... »

Mais ils se fatiguent, les soldats. La journée est finie, ils ont sommeil,... où dormir? Vite, les maisons de toile, les tentes. Elles sont dressées en un clin d'œil. C'est le campement des soldats, leur *bivouac*.

Nous enlevons aux soldats leurs fusils, leurs armes, nous les *désarmons*. Après avoir vainement essayé de placer les fusils en *faisceaux*, nous les mettons en ordre le long des tentes, nous couchons nos soldats, qui tombent de sommeil, et les enfants chantent tout doucement — pour ne pas les réveiller — des paroles que maintenant ils comprennent :

> Au bivouac où tout sommeille
> Le clairon va retentir....

Les autres exercices manuels (piquage, tressage, etc.) mériteraient, eux aussi, des chapitres spéciaux; si j'ai donné la préférence au pliage, c'est d'abord parce qu'il est dédaigné, ensuite parce qu'il est, de tous les exercices manuels, le plus propre à faire naître et à alimenter la causerie.

Une fois sur la piste, il n'y a qu'à vouloir; chaque jour amène une découverte.

Je me trouvais dans un des départements les plus

pittoresques, mais aussi les plus pauvres de France. L'école maternelle — pas pittoresque du tout — était misérable. Une seule salle, basse, sombre, carrelée, humide ; un corridor étroit, froid et noir ; une cour suspendue à la montagne, battue par le vent du nord.

Les enfants étaient assis dans la classe, le long du mur ; je touchai la main à tous : ils étaient glacés. Que pourrions-nous bien faire pour réchauffer ces pauvres petits ? Sauf les tableaux de lecture et quelques ardoises, il n'y avait *rien*.

La pauvreté rend ingénieux ; j'envoyai la femme de service et quelques-uns des enfants chercher des cailloux sur la route. « Apportez-en beaucoup, leur dis-je... un plein panier. »

Quand ils revinrent avec une ample provision, je fis vider le panier au milieu de la classe ; j'appelai tout mon petit monde.... « Il faut trier les cailloux ; nous mettrons les gros dans ce coin, les tout petits dans celui-ci, et les moyens dans celui-là. En voici un que j'appelle *gros*, un autre que j'appelle *petit*, et un troisième que j'appelle *moyen* ; il est plus petit que les gros et plus gros que les petits. » Ce n'était pas « malin », comme on dit vulgairement, aussi le travail se fit-il vite et bien. Quelques bébés mirent bien un peu de désordre dans le triage, mais notre exercice y gagna en frais éclats de rire.

Le triage achevé, je partageai mon monde en deux groupes : « Nous allons maintenant placer nos cailloux, les *gros*, les uns à côté des autres, pour faire une ligne aussi droite que possible. Puisqu'il y a deux groupes, cela fera deux lignes droites ; chacun à son tour placera son caillou,... même les bébés ;

s'ils travaillent mal, les grands répareront leurs fautes. » Vous voyez d'ici les deux lignes censées parallèles qui bientôt traversèrent la salle, toujours sombre, mais où les enfants, agissants et heureux, n'avaient plus froid.

Le même exercice fut renouvelé avec les petits cailloux, puis avec les moyens.

Mes deux lignes, c'était le tracé du chemin de fer. Il y en a un dans la contrée ; les enfants comprenaient.

Alors nous avons placé nos cailloux *trois* par *trois*, trois petits, trois moyens, trois gros ; puis plusieurs groupes de chacun ; puis chaque groupe de trois s'est composé : 1° d'un petit, d'un gros et d'un moyen ; 2° d'un petit et de deux gros ; 3° de deux petits et d'un gros ; 4° de deux petits et d'un moyen ; 5° d'un petit et de deux moyens, etc.

Le temps passe vite quand on travaille et qu'on s'amuse ; les parents arrivaient pour chercher leurs enfants ; j'ai promis de revenir dans l'après-midi ; je voulais montrer à la directrice, sinon *tout* le parti qu'elle pourrait tirer de ce matériel scolaire inattendu (car les cailloux peuvent donner lieu à une quantité considérable d'exercices), mais au moins quelques combinaisons nouvelles.

L'après-midi, nous avons fait de jolis festons avec nos cailloux ; il fallait encore un peu compter pour cela. Par exemple : 5 cailloux en ligne oblique de gauche à droite en descendant (le cinquième en bas, destiné à former la pointe du feston), et 4 cailloux en oblique de gauche à droite encore, en remontant.

Le feston obtenu, nous avons passé au dessin grec : 5 cailloux horizontaux, 4 verticaux formant l'angle droit, 4 parallèles aux verticaux, 4 horizontaux, etc.

Feston et dessin grec peuvent et doivent servir à apprendre méthodiquement les nombres : *deux, trois, quatre, cinq*, etc., puis à l'addition, puis à la soustraction, puis à la multiplication, puis à la division. Ainsi notre premier dessin nous donne $5 + 4 + 4$. Si nous retranchons une des branches du feston, nous avons $13 - 4 = 9$. Si nous en retranchons une seconde, nous avons $9 - 4 = 5$.

Notre feston se compose de 3 fois 4 cailloux plus $1 = 3 \times 4 = 12 + 1 = 13$ cailloux.

Si nous partageons notre feston en trois parties, il y aura 4 cailloux pour chaque part, plus 1.

Nous avons fait des ronds aussi, puis des carrés, et puis la façade d'une maison; nous avons terminé par un « bonhomme ».

En cherchant bien, nous finirions par nous passer des municipalités qui nous refusent le matériel scolaire; et puis, qui sait? elles comprendront peut-être que nos efforts nous donnent droit à un matériel moins rudimentaire.

Les municipalités ont, il est vrai, une circonstance atténuante : elles ne sont pas tenues d'être pédagogues. Souvent les choses que nous leur demandons leur paraissent puériles. Il faudrait les persuader.

J'avais, il y a cinq ans, demandé des cubes au maire d'une grande ville du Midi. Des cubes, et beaucoup d'autres choses en même temps. Et le maire m'avait promis : c'est si difficile de refuser!

L'année suivante, en repassant dans la même ville, je constatai avec regret que la promesse était restée à l'état de promesse.

Je réitérai ma demande. Le maire me promit de nouveau.

Mon arrivée est signalée une troisième fois. — Encore moi! — Or rien n'a été donné de ce qui m'a été promis; il faut bien faire quelque chose cependant, ne fût-ce que pour me faire patienter.... Le maire commande des cubes, et, chose merveilleuse, il en commande beaucoup.

Ces cubes ont été reçus à l'école, juste au moment où j'y arrivais. Le maire m'accompagnait. Il a vu d'abord les enfants se précipiter en désordre sur les morceaux de bois, que j'avais fait déposer dans le préau; puis il les a vus se grouper selon leurs goûts et se servir des cubes selon leurs aptitudes : ceux-ci faisant un escalier, ceux-là élevant des colonnes, d'autres alignant des rails de chemin de fer; et, les larmes aux yeux, il m'a dit : « Si j'avais su le parti qu'on pouvait tirer de ces morceaux de bois, il y a longtemps qu'ils seraient ici ».

LE CHANT

Le nouveau règlement, qui parle du *chant*, ne dit pas que les enfants de la première section doivent être exercés à chanter, et nous croyons qu'il a raison. Des enfants de trois ans peuvent-ils apprendre des chants? y en a-t-il dans le registre de leurs voix? y a-t-il des paroles qu'ils puissent apprendre?

Il est vraiment difficile de l'admettre.

Cela veut-il dire que la petite section doive être privée de chant?

Oh! non, certes! Qu'avons-nous dit dès le début? Que la directrice était la mère d'un grand nombre d'enfants. Eh bien, elle fera pour ce grand nombre d'enfants — permettez-moi de me citer ici en exemple — comme je faisais autrefois pour les miens quand ils étaient petits. Le plus jeune grimpait sur mes genoux, l'aîné s'asseyait à mes pieds, et ils me disaient : « Mère, chante-nous! » Et je leur chantais tout mon répertoire, et ils étaient heureux!

Aujourd'hui les rôles sont renversés; quand je suis bien fatiguée, je leur dis : « Chantez-moi! » Et ils chantent pour moi!

Les enfants de la seconde section chanteront pour la directrice, qui aura chanté pour eux quand ils étaient dans la première, et ils chanteront aussi pour les tout petits, qui ne peuvent pas encore chanter.

LE LANGAGE MATERNEL

Que mettrons-nous encore au programme des tout petits? Eh! mon Dieu, la chose par laquelle il aurait fallu commencer, ou au moins ce qui est inséparable de tout ce qui précède : la *langue maternelle*, le *français*. Car il est de toute évidence que, pour que les directrices puissent se mettre vraiment en communication avec leur petit personnel, il faut qu'il les comprenne, il faut qu'il leur parle.

Faire parler les plus petits! *faire parler ceux qui ne savent pas parler!* C'est une œuvre si difficile qu'il faut n'y avoir jamais réfléchi pour oser l'entreprendre sans études préalables. On n'a cependant pas l'air de se douter de cette difficulté; et la preuve, c'est que dans nos écoles maternelles, même dans les meilleures, dans celles où, grâce à un nombre suffisant de maîtresses, les enfants ne sont pas confiés à la femme de service, dans ces meilleures écoles, c'est toujours la maîtresse la plus inexpérimentée qui est exclusivement chargée de la section des petits. La pauvre enfant serait, sans doute, capable de faire faire aux plus grands les exercices que nous avons indiqués plus haut; mais a-t-elle *étudié* les petits? S'est-elle rendu compte des possibilités intellectuelles de ces êtres balbutiants? Connaît-elle la mobilité invraisemblable de leurs impressions? L'idée qui traverse l'esprit de l'enfant n'y laisse pas plus de traces que la nuée qui traverse le ciel n'en laisse sur l'eau mouvante. Qui saura jamais le chemin parcouru par l'imagination enfantine dans le lumineux pays des mirages, pendant que nous nous évertuons à faire reconnaître à ces pauvres petits des choses qu'ils n'ont jamais vues ou qu'ils n'ont jamais regardées, parce qu'elles n'ont *encore* aucun intérêt pour eux. Nous leur montrons les cornes *recourbées* d'une vache, ses pieds *fendus*, tandis qu'eux suivent du regard la mouche qui vole, la vapeur légère qui monte dans l'éther!

La parole étant l'expression de la pensée, pour parler il faut d'abord penser. Nous enseignerons aux enfants à *bien penser*, pour qu'ils arrivent à *bien parler*.

Peut-être croit-on que l'enfant pense naturellement. Eh oui! il pense naturellement, comme il parle naturellement,... pourvu qu'on le mette en état de penser, comme on le met en état de parler en lui faisant entendre les sons et les paroles qu'il devra peu à peu prononcer. L'ouïe le met en possession du langage.

Mais supposons une chose impossible, — impossible, parce qu'elle serait monstrueuse : — un petit enfant que l'on tiendrait immobile dans une chambre noire et que l'on amènerait par le procédé habituel, c'est-à-dire en lui parlant, à reproduire des mots et des phrases. Pourrait-on dire de lui que la parole est l'expression de sa pensée? Son intelligence irait-elle au delà de ce qu'il aurait entendu, puis reproduit? Non certainement, car la pensée est faite de ce que l'on voit comme de ce que l'on entend; elle est faite de ce que l'on touche, de ce que l'on sent, de ce que l'on goûte; elle est faite surtout de ce dont on jouit et de ce dont on souffre, elle est faite de pleurs et de sourires.... Pour penser, il faut vivre.

Si nous voulons apprendre à penser à l'enfant, il faut donc le mettre dans un milieu favorable au développement de son être tout entier; il faut le mettre en état de penser. Il ne saurait être question ici de leçon spéciale de pensée, de même qu'il ne devrait pas être question, non plus, de leçon spéciale de langage à un moment déterminé de la journée; cette *leçon de pensée*, non inscrite sur le programme, doit planer au-dessus, l'entourer, l'envelopper, s'infiltrer au dedans. On ne donnera pas plus à l'école maternelle de leçon de pensée que de leçon de vie; mais on aidera l'enfant à penser comme on l'aide à vivre, et cela durera... toute la journée, tous les jours.

En ce moment nous sommes donc loin du *procédé*; nous parlons méthode, nous généralisons, nous élevons. Le procédé, c'est-à-dire la mise en œuvre de la méthode, viendra en son temps. Eh bien, notre méthode consiste tout simplement à mettre les enfants dans des conditions telles, qu'ils puissent faire leur métier d'enfants et qu'ils soient heureux. Ceci n'est pas ce qu'on pourrait appeler de la « phrase », de la « littérature ». C'est de la pédagogie. Voyez plutôt.

Entrons dans une de ces écoles maternelles comme il y en a encore trop en France. Nous voici dans le grand préau, nu et triste. Les enfants arrivent, s'assoient; ils sont là *pour être sages, pour être silencieux et immobiles.* Ils ont l'air ennuyé, somnolent; beaucoup même s'endorment. Parmi eux, un grand nombre ne savent pas encore parler : apprennent-ils, au moins, pendant ces longues séances d'oisiveté? Et pourquoi ne parlent-ils pas? Ils ne parlent pas parce qu'ils ne le peuvent pas, parce qu'ils sont dans des conditions antipathiques à leur nature,... parce qu'ils ne vivent pas. Tant qu'ils resteront dans ces conditions-là, il sera impossible à la directrice la mieux intentionnée de leur donner l'éducation normale à laquelle ils ont droit.

Transportons-nous maintenant dans une école maternelle telle que nous la rêvons. Le préau s'appelle la *salle de jeux*; on n'y voit pas les enfants assis les uns contre les autres, sans mouvements possibles, oisifs, ennuyés, « sages »; ils sont groupés selon leurs goûts et leurs aptitudes; ils font du bruit, ils vivent. Notre *méthode de bonheur* est mise en œuvre; les enfants sont heureux. Ils vont penser et parler.

Vous donnez une balle à un bébé de deux ans, et vous lui dites : « C'est une *balle* ». Il répète : « Balle! balle! » Il s'en sert à sa manière, ne sachant pas encore la lancer; mais il l'aime, sa balle, il la défendra contre ses camarades. C'est sa propriété. Chaque fois qu'elle lui échappe, elle roule; il la suit des yeux, puis s'élance vers elle; impossible, pour lui, de rester en place tant qu'il jouera avec sa balle.

Or, à quelques pas de lui, d'autres enfants jouent avec des cubes, ou des lattes, ou des dominos, et ces objets restent où on les pose. Notre bébé s'aperçoit bientôt que certains objets *roulent*, et que d'autres *ne roulent pas*; il lui serait impossible, d'abord, de formuler cette vérité; mais cela viendra.

Maintenant, si, au lieu de lui mettre la balle dans les mains, vous la faites rouler jusqu'à lui; si, au lieu de lui donner la pomme qui est dans son panier, vous employez le même procédé, l'enfant associe tout naturellement l'action de rouler à la forme ronde, et il dit : *la balle roule, la pomme roule, la bille roule*, etc. Le caoutchouc de la balle fléchit sous la pression du doigt; la pomme cuite s'écrase; la bille, la boule des quilles résistent.... Il doit y avoir des mots pour exprimer cela. « La balle de caoutchouc est molle », « la pomme cuite est molle »; « la bille est dure », « la boule des quilles est dure ».

Dans le jardin, les roses épanouissent leurs corolles fières et élégantes; les volubilis escaladent les murs qu'ils ornent de leurs cornets de gaze délicate; les dahlias attirent le regard par leur grosseur et l'éclat de leurs nuances. C'est charmant, les fleurs! L'enfant veut les saisir. Faites-lui sentir une rose :

elle a un parfum suave; un volubilis : il est sans parfum; un dahlia : il a une odeur presque désagréable. L'enfant qui désire une nouvelle jouissance de l'odorat revient à la rose; il a comparé, il a jugé et arrive facilement à dire : « La rose sent bon; la rose a une bonne odeur; le dahlia ne sent pas bon, le dahlia a une mauvaise odeur », etc.

L'éducation des sens est donc la base du développement de l'être. L'enfant voit, il touche, il goûte, il sent, il entend, et, comme il veut se mettre en rapport avec ceux qui l'entourent, car c'est un être sociable, il apprend peu à peu à nommer ce qu'il voit : la flamme; ce qu'il touche : la balle; ce qu'il goûte : le fruit; ce qu'il sent : l'odeur de la rose; ce qu'il entend : le bruit de la cloche. Peu à peu, aussi, il associe à chaque nom de chose l'expression de sa qualité, de sa manière d'être, de sa fonction : « la flamme est rouge, la flamme brûle »; « la balle est ronde, elle roule »; « le fruit est mûr, le fruit est sucré »; « la rose est jolie, la rose embaume »; « la cloche est en haut, la cloche sonne ».

Vous le voyez, chères lectrices, l'organe du sens agit, la pensée naît, la parole est le résultat.

Mais l'enfant, de même que l'homme, n'est pas tout *sensation*, il est aussi sentiment; le sentiment ne tarde pas à naître de l'éducation telle que je viens de la décrire, et l'expression du sentiment devient peu à peu familière à celui qui l'éprouve. Si l'enfant qui, s'approchant du feu en hiver, ressent du bien-être matériel, dit : « *Je me réchauffe* », celui que la directrice prend dans ses bras et dorlote avec les mots charmants que l'enfance nous inspire, celui-là ressent du bien-être moral, et il dit : « *Je suis content; je t'aime* ».

C'est bien entendu. Pour que l'enfant parle, il faut qu'il pense; pour qu'il pense, il faut qu'il vive; or, quand nous parlons de faire vivre l'enfant, nous n'avons qu'une manière de comprendre cette expression; nous voulons dire : *le rendre heureux*.

Les images sont encore ce que nous avons de meilleur pour amener l'enfant à parler (je ne dis pas *pour le faire parler*). Qui n'a entendu l'accent persuasif avec lequel le petit enfant demande à sa mère le livre d'images? Qui n'a vu sa joie quand il a été en possession du livre désiré? Qui n'a entendu les explications qu'il se donne à lui-même dans son patois adorable? Vingt fois, cent fois, il répète « le dada, le dada » en montrant le cheval, et le « oua-oua » en montrant le chien; vingt fois, cent fois, il frappe le chat qui a enlevé une côtelette et s'écrie : « vilain minet ». Vingt fois, cent fois, il passe sa douce menotte sur la figure de la « dame » qui lui rappelle sa maman, et il fait les gros yeux et un geste de menace au bébé qui a cassé une assiette.

Pour l'enfant plus développé, pour celui à qui l'on raconte ou pour celui qui lit, le livre illustré a un charme incomparable. Ce que le récit, ce que la lecture lui auraient fait seulement pressentir, il le voit; la scène illustrée reste gravée dans sa mémoire; chacun des héros du petit roman prend corps; il a sa physionomie, sa grandeur, ses ridicules. Dans les rues, l'enfant trouve des ressemblances. « Tiens! un tel » (c'est-à-dire quelqu'un ressemblant à un de ses personnages favoris).

En présence du parti inappréciable que la mère de famille tire des images, il y a lieu de s'étonner que cet élément éducatif soit si souvent dédaigné, si souvent mal utilisé, si souvent inefficace dans les écoles maternelles.

Il est vrai que nos écoles sont bien pauvres d'images. Que possèdent-elles pour la plupart? La série des *animaux domestiques* et des *animaux sauvages*, quelques scènes de la vie des champs, quelques portraits et quelques faits historiques. Il y en a beaucoup dans le nombre qui ne sont pas appropriées aux petits.

Le bébé n'a jamais vu d'éléphant, d'hippopotame, de girafe; il ne peut donc les reconnaître; l'image ne lui dit rien, et il ne dit rien de l'image. Mais il connaît et reconnaît les poules, les chiens, les chats, les lapins; il connaît surtout les bébés et leurs papas et leurs mamans. Il y a le bébé qui fait dodo, celui qui mange sa soupe, celui qui grimpe à cheval sur les genoux de son père, celui qui pleure quand on le lave; il y a les petits camarades qui jouent à la toupie ou qui sautent à la corde, ceux qui lancent la balle et ceux qui dansent en rond; il y a la *vie* en un mot, et tout ce qui représente des scènes vivantes attire le regard de l'enfant et captive son esprit. Il nous faut ces images vivantes. Si nous les avons, il faut apprendre à nous en servir.

Nous posons d'abord en principe que les images doivent servir aux deux sections. Or, sauf dans les écoles maternelles pourvues d'un matériel complet, — écoles presque idéales encore, hélas! — les images sont dans une des salles, et elles y restent. Il y en a qui, accrochées au mur, sont difficiles à déplacer;

d'autres qui, attachées au compendium, semblent y être fixées; d'autres encore « se détérioreraient si on les faisait passer d'une salle dans l'autre », et puis, pour tout dire, on croit que le matériel est là pour les grands exclusivement. Les petits sont dans une pénurie absolue; quelques tableaux de lecture, un boulier-compteur sont en général toute leur fortune.

Certes, s'il nous était prouvé qu'il est impossible d'établir l'équilibre, de partager ou plutôt de constituer une espèce de roulement entre les deux sections, nous demanderions que les images, les cubes, les lattes fussent la propriété des petits; mais ce serait encore une transaction douloureuse, à laquelle nous ne serons pas condamnées, car rien n'empêche d'établir cet équilibre, d'effectuer ce roulement, en attendant l'époque fortunée où chaque section aura son matériel à elle en toute propriété.

Dans la section des petits, nous n'élèverons plus l'image sur un porte-tableau, et nous ne nous armerons plus d'une baguette; nous n'essayerons plus de détailler, de disséquer la scène que nous mettrons devant les yeux de l'enfant, parce que nous ne voudrons plus le *faire* regarder pour le *faire* parler. Notre expérience nous a convaincus que, pour que l'enfant *voie* une image, il faut qu'elle soit à sa portée; il faut qu'il la palpe, qu'il la tourne et la retourne; il faut qu'elle se révèle à lui, pour ainsi dire. Est-il d'abord frappé par l'ensemble? est-il au contraire arrêté sur un détail infime? est-ce de détail infime en détail infime qu'il arrive à constituer le tout? Je m'interroge moi-même, je tâtonne; les philosophes affirment, je le sais bien, que l'esprit de l'enfant va du simple au composé ; mais, comme pas un de ces petits ne m'a expliqué sa manière de procéder, j'hésite, j'ai des scrupules. Je me dis que nous tous, éducateurs, nous faisons irruption dans l'esprit et dans le cœur des enfants comme des chiens dans des jeux de quilles, renversant, écrasant brutalement ce qu'ils avaient travaillé à y édifier. Nous devrions marcher sur la pointe du pied, retenir notre haleine, être pénétrés d'une sorte d'appréhension religieuse, et nous nous établissons en sauvages dans le pays que nous croyons avoir conquis, alors que nous ne l'avons qu'asservi. Cette idée me fait passer un frisson. Nous immiscer dans ces âmes délicates sans les avoir étudiées, comprises, c'est un sacrilège.

Cette étude de l'âme enfantine, entreprise sur un groupe nombreux d'enfants, nous donnera, sans doute, une base générale de méthode ; mais elle nous fera découvrir aussi tant de variétés que nous nous sentirons forcées de varier nos procédés.

Pour le moment, le point de départ, c'est de mettre les images entre les mains de l'enfant. Mais nous sommes arrêtés avant de nous mettre en route.... Il n'y a pas d'images dans les écoles maternelles. Je dis qu'il n'y en a pas, parce qu'il n'y en a pas assez, parce qu'elles sont trop grandes pour que le petit enfant en fasse sa chose, et enfin parce que, pour la plupart, elles ne répondent pas aux besoins actuels du tout petit. Mais ces images que nous n'avons pas aujourd'hui, nous les aurons demain.

L'image pénètre partout aujourd'hui : dans les écoles, comme récompenses ; dans nos maisons, comme réclames des grands magasins. Elle est distribuée dans la rue.... Il n'y a pas un enfant, si pauvre qu'il soit, qui n'en ait entre les mains. Ces images — même les bons points — se perdent. Il faut les collectionner. Engagez vos petits élèves à vous les remettre, découpez-en quelques-unes, faites découper les autres par les plus grands, ou plutôt par les plus habiles, et faites-les fixer avec de la colle sur des morceaux de calicot, ou mieux encore sur des morceaux de toile grise de la dimension d'une page d'album. Ce petit travail, fait sous vos yeux, sera un exercice excellent pour les doigts, pour le goût, pour l'intelligence. Chaque feuille illustrée passera entre les mains des petits; les albums se constitueront peu à peu. Les enfants, si j'en crois mon expérience, n'en comprendront d'abord qu'un seul sujet sur un feuillet; moins encore : un détail d'un des sujets; mais ils y reviendront constamment, répétant à satiété ce qui les aura frappés; puis peu à peu le cercle s'élargira, toute l'image, puis toutes les images seront autant de connaissances, autant d'amies fêtées; d'abord l'enfant les saluait d'un geste, puis est venu le mot, bientôt ce seront les phrases, la conversation.... Il parle.

Mais en attendant ces albums, et même parallèlement avec eux, apprenons à tirer un meilleur parti de nos grandes images trop petites pour de *grandes* images *qui seront toujours nécessaires pour l'enseignement collectif des plus grands et pour certains exercices en commun des petits;* nous en prenons une, le cheval, si vous voulez; nous la portons dans la section des petits et nous la plaçons de manière que les enfants la voient. *Nous leur laissons le temps de la regarder*, et je serais bien étonnée que l'un d'entre eux ne s'écriât pas : « un cheval! » — C'est un cheval, en effet; il est beau; il est grand; il a... combien de jambes? et combien d'yeux? les voit-on tous les deux? Voyons si les petits enfants pourraient se placer, eux aussi, de telle sorte que nous ne vissions qu'un de leurs yeux? Moi, la maîtresse, je me mets ainsi; et vous ne voyez que mon œil droit (ou gauche). Le cheval a deux oreilles, tous les chevaux ont deux oreilles. Les enfants aussi ont deux oreilles. A-t-il des bras, ce cheval? Non, il n'en a pas; mais les enfants en ont. Il a une longue queue et de grands cheveux au cou, — une crinière; — il a aussi des poils courts sur tout le corps; sa queue, sa crinière, tous les poils de son corps sont gris. Il a une bouche, des naseaux.

Qu'a-t-on mis sur ce cheval? Une couverture. Quand il galopera, il aura chaud, et on fera pour lui ce que votre maman fait pour vous quand vous avez bien couru : elle vous couvre, pour que vous ne preniez pas froid. Les animaux deviennent malades, ils souffrent comme les enfants et les hommes; il faut les soigner. Ceux qui font ou laissent souffrir les animaux ont mauvais cœur.

Est-ce qu'il galope en ce moment, le cheval? Non, il est au repos, sur ses quatre jambes. Celui-ci ne peut pas galoper; il n'est pas en vie; ce n'est que le portrait d'un cheval. Mais les enfants peuvent galoper; ils peuvent faire semblant d'être des chevaux. Voulez-vous aller un peu au galop? (dans le préau ou dans la cour) : une, deux, trois.... Halte! vous vous fatigueriez trop, mes petits, si vous alliez longtemps de ce train-là. Prenez le trot.... C'est bien. Mais voici une côte (un semblant) : allons au pas; puis rentrons à l'écurie.

Laissez alors les enfants libres pendant quelques minutes; peut-être quelques-uns parleront-ils du cheval, tandis que d'autres préféreront le regarder sans rien dire.

Une image d'histoire de France, maintenant. Ah! c'est difficile; je préférerais autre chose. Mais en ce moment nous sommes en train de nous montrer industrieuses, nous nous servons de ce que nous avons. La première image qui me tombe sous les yeux, c'est celle qui représente François Ier près du lit de Léonard de Vinci (non seulement elle me tombe sous les yeux, mais j'ai souvent vu des directrices s'en servir). J'ai fait mes réserves, n'est-ce pas? j'aimerais cent fois mieux une image représentant un groupe d'enfants jouant aux quilles, ou des enfants cueillant des fleurs; mais, encore une fois, je me sers de ce que j'ai.

Que voyez-vous, mes petits? Comme tout à l'heure, nous leur laissons le temps de se rendre compte; le travail intellectuel est plus lent pour eux que pour nous. Ce qu'ils verront d'abord, c'est un homme dans son lit. Il est au lit, parce qu'il est malade, comme la maman de Charlot, ou le grand-papa de Marthe, ou encore comme le petit Jacques.

Cet homme étant malade, ses amis sont venus le voir. Il en a beaucoup. Combien? Il y a des hommes et des femmes. Sont-ils bien habillés? comment? Cet homme a un chapeau à plumes blanches.... Et vous faites détailler les costumes, en cherchant, autant que possible, des points de comparaison.

« Si nous jouions au malade, maintenant? » Et vite, un enfant étendu, le médecin tâtant le pouls, les amis venant faire une visite.

Pourvu que rien ne soit dicté ni imposé aux enfants, pourvu qu'ils parlent et agissent d'eux-mêmes, tout ira bien.

Prenons les mêmes images et faisons-les passer aux grands.

« Voici un cheval; de quelle couleur est-il? Les chevaux d'un tel sont-ils de la même couleur? Non. Celui-ci est tout gris : *tête, cou, jambes, croupe*, etc. Les longs cheveux (*poils, crins*) de sa *crinière* sont gris aussi. Voyons ses pieds. A chaque pied il y a un seul doigt, terminé par un ongle énorme : c'est le *sabot*. Si le cheval usait son sabot, il ne pourrait plus marcher sans souffrance. Pour l'empêcher de l'user, on y cloue un fer : le *fer à cheval*.

« Y a-t-il des dents dans la bouche du cheval? Oui, des dents toutes plates, comme nos dents du fond; elles écrasent la nourriture du cheval, comme les meules du moulin écrasent le grain en le réduisant en farine. La nourriture du cheval, c'est l'herbe, l'avoine.

« Pendant qu'il est en vie, le cheval nous est bien utile : il nous porte; il traîne les charrues, les charrettes, les voitures. La femelle s'appelle *jument*, elle donne à téter à son petit, le *poulain*. Avec les crins du cheval on fait des brosses; sa peau tannée devient du cuir très épais et très résistant; sa chair est bonne à manger. »

Il y a bien d'autres choses à dire du cheval, et la directrice a le champ libre; on lui recommande surtout la vérité, la précision, la simplicité.

Voyons maintenant les adieux de François Ier à Léonard de Vinci, qui nous tirent l'œil dans un si grand nombre d'écoles.

Les enfants ayant détaillé l'image comme je l'ai indiqué, la directrice peut dire que le mourant est un peintre qui a fait des tableaux admirables. « Ces tableaux, on les conserve comme des trésors dans les musées des grandes villes : à Paris, à Londres, à Rome. Ce peintre était un Italien; il s'appelait Léonard de Vinci. L'homme au chapeau à plumes blanches, c'est un roi de France : François Ier, qui vivait il y a bien longtemps, il y a trois cent cinquante ans. Trois cent cinquante ans, c'est beaucoup d'années; il y a des arbres qui ont cet âge, mais les hommes ne l'atteignent jamais. Personne dans votre village n'a connu François Ier; les grands-pères de vos grands-pères même ne l'ont pas connu.

François Ier aimait les belles choses : les belles étoffes, les beaux bijoux, les beaux palais, les statues, les tableaux, et il faisait le possible pour faire venir en France les artistes (c'est-à-dire ceux qui faisaient ces belles choses). Il avait attiré dans notre pays Léonard de Vinci, dont il aimait beaucoup les tableaux, et, quand ce peintre mourut, il vint près de son lit pour lui faire une dernière visite. »

Il semble qu'il n'y ait vraiment qu'à vouloir pour que tout redevienne simple, pour que tout redevienne humain! et cependant que de routine encore! que de mort intellectuelle! Plus je vois d'écoles maternelles, plus je vois surtout d'écoles relativement bien dirigées : plus je suis convaincue que nous sommes encore bien loin de la vérité, plus je me promets de chercher encore, plus je cherche.

Bien souvent je crois avoir trouvé. Cela m'arrive quand je cause avec des enfants, quand je vois leur regard s'allumer, quand leur curiosité s'éveille, quand leur rire éclate, quand je les sens vibrer, quand je les vois vivre. Mais, dès qu'il faut écrire ce que je leur ai dit, pour que cela serve à d'autres, les formules prennent, malgré moi, la forme dogmatique; il semble que la sève s'arrête. Ma pensée, exprimée par une autre qui n'a pas pensé *cela* ou qui l'a pensé d'*une autre manière*, est moins mouvementée, le défaut de mouvement s'accentue de l'une à l'autre, la paralysie gagne. Ici c'était la vie, à quelque distance c'est la mort. Pourquoi? Parce que j'ai pris dans mon cœur ce que d'autres prennent dans le livre.

L'enfant arrive à l'école parlant à peine, soit parce qu'il est encore trop jeune, soit parce que, grâce aux différents patois que l'on parle dans les trois quarts de la France, le langage qu'il a entendu jusqu'alors et qu'il entend encore soir et matin diffère de celui de la maîtresse. Il s'agit de lui enseigner sa langue maternelle. Dans la famille, cela se fait tout naturellement : l'enfant écoute plus qu'on ne le croit, il pense, et les expressions lui arrivent chaque jour plus nombreuses et plus justes. A l'école, c'est terriblement difficile, et les résultats sont lents, parce que la causerie est bel et bien une *leçon* sur un sujet qui n'intéresse pas l'enfant, ou sur un sujet qui l'intéresserait pour peu que l'on voulût entrer dans ses vues, tandis qu'il le laisse froid, parce qu'on veut le forcer, lui, à entrer dans les vues d'autrui.

Pendant des années, les enfants des salles d'asile

ont répondu par monosyllabes à une question directe, ou tous ont récité des phrases toutes faites que leur mémoire avait retenues.

« Ce n'est pas cela, avons-nous dit aux directrices. L'enfant doit penser avant de parler, puisque la parole est l'expression de la pensée; ne lui dictez pas ses réponses; la phrase qu'il aura faite lui-même vous prouvera seule qu'il a une idée nette, une idée à lui. Un seul mot, sujet ou complément, n'exprime pas une pensée; ne vous contentez pas d'un seul mot. »

Nous avons été compris et obéis... servilement. Nos conseils, pris au pied de la lettre, tuent toute initiative intellectuelle chez les enfants. J'en ai des preuves récentes.

J'étais dernièrement dans une école maternelle que je dirais excellente si je ne la jugeais que sur le dévouement absolu de la directrice, qui, jour après jour, y épuise ses forces. Livrée à ses propres inspirations, cette brave et intelligente fille aurait sans doute trouvé des procédés pour développer ses petits élèves; mais elle a dû obéir à la *méthode* autoritaire, implacable,... puis les parents veulent des résultats immédiats,... puis elle soutient une concurrence aussi implacable que la méthode. Bref, son école, qui devrait être une bonne école maternelle, est une mauvaise école primaire.

« Voulez-vous faire causer les enfants? » demandai-je à Mlle X..., pour faire cesser une dictée au tableau noir qui me désespérait.

Elle fit lever une petite fille de cinq à six ans (disons en passant que ce seul fait d'être obligé de se lever paralyse presque toujours la spontanéité de l'enfant; je voudrais qu'à l'école maternelle on renonçât à cette habitude).

« Comment s'appelle ta petite sœur?

— Julia, répondit l'enfant, en levant vers nous de jolis yeux bleus qui souriaient aussi gracieusement que ses lèvres.

— Est-ce ainsi que l'on doit répondre? tu sais bien que je ne vous permets jamais de répondre par un seul mot. Fais une phrase. »

Le front de l'enfant se rembrunit. Elle resta muette.

« Voyons, ma chérie; dis comme moi : Ma petite sœur s'appelle Julia.

— Ma petite sœur s'appelle Julia, récita l'enfant.

— C'est très bien. Et quel âge a-t-elle, ta petite sœur?

— Trois ans.

— Encore! Tu sais très bien qu'il faut répondre : Ma petite sœur a trois ans. »

Ce fut fini. La petite sœur de Julia ne répondit rien; elle s'assit; ni ses yeux bleus ni sa bouche ne souriaient plus.

Et c'est tout naturel. Si j'avais demandé à la directrice comment elle se nommait, elle m'aurait dit tout simplement son nom, au lieu de le faire précéder de la formule sacramentelle : Madame, je me nomme X ou Y ou Z.

« Et toi, dis-je à un petit voisin de l'enfant interloquée, comment te nommes-tu? — François. — Aimes-tu bien les gâteaux? — Oui. — Lesquels aimes-tu? — Les babas. — Les babas! Comment sont-ils? — Il y a du rhum. — Et encore? — Et du raisin. — Pourquoi aimes-tu les babas? — Parce qu'ils sont bons. — Mais les autres gâteaux, aussi, sont bons; pourquoi choisis-tu de préférence les babas?... Aidez-le tous. Que ceux qui aiment les babas lèvent la main. » Toutes les mains se levèrent, mais personne n'osait dire pourquoi le baba obtenait ainsi tous les suffrages; on ne me connaissait pas encore assez pour se permettre une telle sincérité. — « Eh bien! dis-je, moi, je les préfère parce qu'ils sont plus gros... »

Oh! c'était bien cela pour tout le monde.

Les éléments de la leçon de langue maternelle étant désormais rassemblés, rien de plus facile que de les mettre en œuvre, et les enfants s'y prêtent de fort bonne grâce. « J'aime les gâteaux. » « Les babas sont les gâteaux que je préfère », ou mieux encore : « J'aime les gâteaux, surtout les babas ». « Dans les babas il y a du rhum et du raisin de Corinthe. » « Je choisis les babas parce qu'ils sont plus gros. »

De là à composer une petite histoire comme celle qui suit, il n'y a qu'un pas.

« La maman de François lui a donné deux sous. Il est allé chez le pâtissier, et il a acheté un baba, un gros baba avec du raisin de Corinthe et du rhum. Comme il allait mordre dedans, sa petite cousine Julia est arrivée. « En veux-tu, du gâteau? lui a dit François. — Oh! oui », a répondu la fillette, avec des yeux brillants de joie. François a fait deux parts de son gâteau, et, comme les babas sont gros, il a eu le plaisir de donner une grosse part à sa cousine. »

Mais, vraiment! peut-on faire imprimer de telles leçons? Prises au moment même, *sur le vif*, elles sont évidemment bonnes; mais parler aux enfants comme dans les livres ou dans les journaux, les faire parler comme des livres ou des journaux, exiger des réponses dans une forme déterminée, c'est tuer leur spontanéité. Des enfants qui récitent et qui écrivent des phrases sous la dictée ressemblent aussi peu aux enfants qui s'ébattent et babillent, que les oiseaux alignés aux devantures des empailleurs ressemblent peu à ceux qui font leur nid dans les buissons fleuris.

Un autre procédé est en train d'ankyloser davantage l'enseignement de la langue maternelle. C'est celui qui consiste à écrire sur le tableau noir (c'est la maîtresse qui s'en charge), et ensuite sur les ardoises, chaque phrase construite par les enfants.

La leçon débute ainsi : « Qu'est-ce que je tiens à la main? — Une boîte » (c'est en effet souvent une boîte). La directrice écrit au tableau noir le mot *boîte* et le fait lire aux enfants. « Quelle est la forme de cette boîte? — Ronde. » La directrice écrit le mot *ronde*. Les enfants le lisent. « Est-elle ouverte ou fermée? — Fermée. » Le mot *fermée* s'ajoute sur le tableau aux mots déjà inscrits. La directrice ouvre la boîte. « Que contient-elle ? — Des plumes » (ou tout autre objet).

Faisons maintenant une phrase : *La boîte est ronde; elle est fermée; quand on l'ouvre, on voit des plumes*. Cette phrase est écrite tout entière au tableau noir; les enfants prennent leur ardoise et la reproduisent. Ils sont vingt; ils sont trente; ils sont quarante.... Ils sont quarante très souvent. Quand la phrase a été écrite par les plus habiles, il y a une bonne demi-heure, non, une *grosse* demi-heure, que l'exercice dure. Il faut cesser.

Montre en main, j'ai assisté à beaucoup d'exercices de ce genre. Voici un de mes souvenirs les plus récents. Les enfants ayant lu le mot *arbre*, la directrice leur demande : « Qu'est-ce qu'un arbre? Où y a-t-il des arbres? » On arrive, par le procédé cité plus haut, à cette phrase : *Il y a des arbres dans la cour*. La phrase est écrite au tableau noir, puis sur l'ardoise; total : vingt minutes. Est-ce du langage maternel? Est-ce de l'exercice d'invention? C'est l'un et l'autre, puisqu'il y a eu les éléments de la phrase, puis la composition de la phrase; mais c'est surtout un exercice d'écriture, puisque, sur les vingt minutes qu'a duré la leçon de langage maternel, quinze minutes ont été consacrées à la transcription sur l'ardoise. En somme, les enfants n'ont pas parlé.

Comment donc procéder?

Revenons à notre arbre. C'est une plante.

« De quoi se compose l'arbre? — D'une racine. — Et encore? — D'une grosse tige qui s'appelle le tronc. — Et encore? — De branches, de feuilles. — Et encore? — De fleurs, de fruits. » Composons maintenant notre phrase : *L'arbre a une racine, un tronc, des branches, des feuilles, des fleurs, des fruits.*

« Où y a-t-il des arbres? — Dans la cour,... dans les jardins,... le long des avenues,... dans les bosquets,... dans les bois,... dans les forêts,... dans les vergers,... le long des rivières, etc. »

La phrase se trouve toute faite : *Il y a des arbres dans la cour, dans les jardins, le long des avenues, dans les bosquets, dans les bois, dans les forêts, dans les vergers, au bord de l'eau.*

« Quels sont les arbres que vous voyez dans la

cour (ou dans le jardin, ou le long es avenues)? — Des acacias, un platane. — A quoi reconnaissez-vous l'acacia? — A ses feuilles. — Comment sont-elles disposées? — Il y a une tige, puis une feuille au bout, puis des feuilles de chaque côté de la tige. — Sont-elles découpées, dentelées? — Non. — A quoi reconnaissez-vous les platanes? — A leurs feuilles, qui ont trois grands festons pointus. — Et encore? — A l'écorce. — Qu'avez-vous remarqué à l'écorce du platane? — Elle s'enlève par morceaux. *Il y a dans la cour des acacias et un platane; nous les reconnaissons à leurs feuilles et à leur écorce.*

« Comment appelle-t-on les arbres qui nous donnent des fruits bons à manger? — Des arbres fruitiers. — Où sont, en général, les arbres fruitiers? — Dans le verger. — Nommez-moi des arbres fruitiers. — Les cerisiers, les poiriers, les pruniers, les pêchers. — Quels sont ceux qui nous donnent d'abord leurs fruits? — Les cerisiers. — Pourquoi? — Parce que les cerises ont besoin pour mûrir de moins de chaleur que les autres fruits. *Les arbres fruitiers sont dans le verger. Les cerises mûrissent les premières.* »

Les questions peuvent être multipliées, et les phrases peuvent s'ajouter aux phrases. Nous ne voyons de limites à cet exercice que le temps, ou plutôt l'élasticité d'esprit des enfants; au premier indice de lassitude, il faut s'arrêter. Alors la directrice écrira au tableau noir une ou plusieurs des phrases que les enfants ont composées, et, après un chant et des évolutions ou une course dans le jardin, cette phrase ou ces phrases seront reproduites sur l'ardoise.

L'enfant qui sait parler — mais celui-là seulement

— doit apprendre des poésies : pour exercer sa mémoire d'abord — la mémoire est une faculté merveilleuse qu'il ne faut pas laisser s'atrophier — et aussi pour que la vérité morale que l'éducateur veut inculquer à son petit élève soit, comme une perle fine, enchâssée dans une élégante et riche monture. La poésie, c'est le « Bon » revêtu du « Beau ».

Mais c'est très délicat, de leur faire apprendre des poésies! non pas à cause d'eux-mêmes, mais parce qu'il n'y a, pour ainsi dire, pas de poésies enfantines. Notre grand La Fontaine serait bien étonné d'apprendre qu'il a composé ses fables pour les enfants des écoles maternelles.

On puise beaucoup dans les fables, et l'on a raison; une fable bien appropriée est un des meilleurs morceaux qu'on puisse choisir. Le drame est pris sur le vif, dans la nature même; il est question d'hommes, mais surtout d'animaux et de plantes qui parlent, comme dans les contes de fées. Le vers fait tableau, et puis il chante aussi, pour peu qu'on le fasse chanter. Mais on choisit mal! Les plus belles fables, *le Chêne et le Roseau*, *les Animaux malades de la peste*, etc., échappent aux enfants, non seulement à cause de la moralité, mais aussi à cause de la majesté avec laquelle elles sont écrites. La conclusion de la fable *le Corbeau et le Renard* :

> Apprenez que tout flatteur
> Vit aux dépens de celui qui l'écoute,

est absolument inintelligible pour eux. Il y a, à ce sujet, une étude très intéressante à faire et qui doit tenter les directrices des écoles maternelles. Dans La Fontaine, je choisirais *le Loup et l'Agneau*, en supprimant les deux premiers vers, *le Rat de ville et le Rat des champs*, *le Loup et la Cigogne*, *le Coche et la Mouche*, *la Cigale et la Fourmi* (pourvu qu'on fasse sentir à l'enfant le révoltant égoïsme de la cigale).

Dans Florian, plus accessible aux jeunes intelligences, je prendrais *l'Aveugle et le Paralytique*, *l'Enfant et le Miroir*, *la Carpe et les Carpillons*, *la Guenon, le Singe et la Noix* et un certain nombre d'autres. Et après? Après il y a quelques fables de Lachambaudie, et puis les *Enfantines* de Ratisbonne, dont *un très petit nombre* sont accessibles aux enfants du peuple (sauf à Paris), peut-être, et puis, il faut chercher, ouvrir vingt recueils.

En tout cas, ce qui est indispensable, c'est que l'enfant comprenne. Un travail préparatoire très soigné doit précéder l'exercice de mémoire. Le morceau sera raconté en prose, *raconté* et même *joué* si c'est possible.

Je prends pour exemple *la Guenon, le Singe et la Noix*. Les enfants feront d'abord connaissance avec les héros de la fable; ils verront leur portrait et puis recevront les notions d'histoire naturelle qui les concernent. Ensuite, quoi de plus simple que de leur faire faire un jeu, le jeu de la guenon, du singe et de la noix? Après le jeu, la directrice lira la fable; elle fera remarquer à son petit auditoire que l'idée est toujours la même, en vers et en prose, que l'expression seule diffère, que c'est plus joli ainsi, plus facile à retenir.

Toutes les poésies ne peuvent pas être ainsi « mises à la scène », mais la leçon doit toujours précéder; en voici une, un peu longue peut-être, mais que j'ai choisie parce qu'elle me paraît être bien dans le ton. Elle peut, d'ailleurs, être partagée en trois parties indépendantes les unes des autres : première partie, les quatre premières strophes, auxquelles on ajoutera les deux dernières, qui renferment la leçon de morale; deuxième partie, les quatre strophes à partir de la cinquième, en ajoutant encore les deux dernières; troisième partie, les six dernières strophes.

Le ton en est simple; il y a peu d'inversions, peu de figures difficiles à saisir; presque toutes les expressions font partie du vocabulaire des enfants; il faudra d'ailleurs s'en assurer. Rien de plus facile : il s'agira de leur faire rendre compte des idées contenues dans chaque strophe.

TRAVAILLONS

Mes enfants, il faut qu'on travaille;
Il faut tous, dans le droit chemin,
Faire un métier vaille que vaille
Ou de l'esprit ou de la main.

La fleur travaille sur la branche;
Le lis, dans toute sa splendeur,
Travaille à sa tunique blanche;
L'oranger, à sa douce odeur.

Voyez cet oiseau qui voltige
Vers ces brebis, sur ces buissons,
N'a-t-il rien qu'un joyeux vertige?
Ne songe-t-il qu'à ses chansons?

Il songe aux petits qui vont naître
Et leur prépare un nid bien doux;

Il travaille, il souffre peut-être,
Comme un père l'a fait pour vous.

Ce bon cheval qui vous ramène
Sur les sentiers grimpants des bois,
Croyez-vous qu'il n'ait point de peine
A vous porter quatre à la fois?

Et pourtant c'est comme une fête
Lorsqu'il vous sent tous sur son dos;
Les autres jours, la pauvre bête
Traîne de bien plus lourds fardeaux.

Entendez crier la charrue
Tout près de vous, là dans ce champ;
Voici l'attelage qui sue
Et qui fume au soleil couchant.

Ils y vont de toutes leurs forces,
Et de la tête et du poitrail,
Ces deux grands bœufs aux jambes torses..
Certes c'est là du bon travail!

Là-bas le chien court, il aboie
Et poursuit brebis et béliers....
Croyez-vous que c'est de la joie,
Qu'il folâtre sous les halliers?

Il va, grondé, battu peut-être,
De l'un à l'autre en s'essoufflant;
Il va, sur un signe du maître,
Rassembler le troupeau bêlant.

Mais qui bourdonne à nos oreilles?
Regardez bien : vous pouvez voir
Nos chères petites abeilles
Qui butinent dans le blé noir.

C'est pour vous que ces ouvrières
Travaillent de tous les côtés
Sur les jasmins, sur les bruyères.
Elles vont cueillir vos goûters.

Il n'est point de peine perdue
Et point d'inutile devoir;
La récompense nous est due,
Et nous savons bien la vouloir.

Le moindre effort l'accroît sans cesse,
Surtout s'il a fallu souffrir.
Travaillez donc, et sans faiblesse :
Ne plus travailler, c'est mourir.

V. DE LAPRADE.

L'exercice de mémoire sera précédé d'une petite leçon dans ce genre.

Il pleut au dehors; le vent souffle et courbe les arbres; à l'abri dans l'école, nous plaignons ceux qui luttent contre la tempête.

A qui devons-nous cet abri?

Nous le devons au *travail* des ouvriers carriers, qui ont creusé le sol et en ont extrait la pierre; au *travail* des maçons, qui l'ont taillée; au *travail* des bûcherons, qui ont coupé les arbres dans la forêt; au *travail* des menuisiers, qui ont scié, raboté le bois; au *travail* des mineurs, qui ont extrait le fer de la terre; au *travail* des fondeurs, des forgerons; au *travail* des charpentiers, des couvreurs, des vitriers, des peintres.

Quand vous rentrerez chez vous à midi, la soupe fumante sera sur la table. A qui la devrez-vous, cette soupe réconfortante?

Au *travail* du cultivateur, qui a préparé la terre, semé, soigné et récolté le blé et les légumes; au *travail* du boulanger, qui a fait le pain; au *travail* du bûcheron, du charbonnier; au *travail* du saunier, qui a recueilli le sel dans les marais salants; au *travail* des marins, qui ont traversé l'Océan pour aller chercher le fruit du poivrier; au *travail* de votre mère, qui a épluché, lavé les légumes, surveillé la cuisson....

Ce matin, des musiciens ont traversé la ville. Arrivés sur la place, ils ont joué du violon, de la harpe; les sons de ces instruments vous ont mis en joie; vous vous êtes groupés, vous avez dansé.

Ce plaisir, vous le devez au travail du luthier, qui a fait les violons et les harpes; au *travail* du compositeur de musique, qui a inventé les airs; au *travail* des musiciens, qui les ont appris, comme on apprend une leçon dans les livres, et qui ont rendu leurs doigts souples à force de leur faire faire la gymnastique.

Vous aimez à recevoir votre petit journal chaque mois. Les grands le lisent pour eux-mêmes et puis pour les petits; ils racontent ensuite les histoires à leurs parents.

Ce journal, à qui le devez-vous? Vous le devez au *travail* encore, au travail toujours : au *travail* du papetier et de l'imprimeur; au *travail* des écrivains, qui inventent, puis écrivent les histoires; au *travail* des dessinateurs; au *travail* de l'*éditeur*, qui a réuni dessinateurs, écrivains et imprimeurs et les a aidés de ses conseils et de son argent, comme le chef d'une administration dirige et paye ceux qu'il emploie. Vous le devez enfin au travail des employés de la poste, du facteur.

Les produits de la terre, votre nourriture, votre logement, votre vêtement, presque toutes vos jouissances, vous les devez au travail.

Il y a des hommes qui ne travaillent pas. Ils s'ennuient, ils ne savent que faire d'eux-mêmes, ils sont mécontents de tout et finissent par faire des choses coupables. Quand vous entendez parler d'un querelleur, d'un ivrogne, d'un voleur, vous pouvez presque toujours dire que cet homme est un paresseux.

Pour qu'un homme aime le travail, il faut qu'il l'ait aimé étant enfant, que, tout jeune, il ait compris que le paresseux est inutile à lui-même et aux autres, et qu'il est malheureux.

L'enfant doit travailler dans la maison pour rendre service à son père, à sa mère, à ses frères et sœurs plus jeunes. A l'école il doit travailler pour apprendre les belles et bonnes choses qui embellissent la vie.

L'enfant laborieux deviendra un bon ouvrier et un honnête homme.

Les animaux travaillent, eux aussi. L'oiseau fait son nid avec les brins de paille, la mousse et les feuilles qu'il a recueillis lui-même; quand ses petits sont trop jeunes pour manger tout seuls, il leur donne la becquée.

La fourmi fait pendant l'été ses provisions d'hiver. Le ver à soie tisse le cocon dans lequel il s'endort et se transforme....

Il y a des animaux que nous faisons travailler pour nous.

Le cheval nous porte, ou il porte nos fardeaux, ou il traîne nos voitures.

Les bœufs tirent la charrue.

Le chien garde la maison, va à la chasse, veille sur le troupeau.

L'abeille dépose, dans les ruches que nous avons préparées, la cire et le miel qu'elle fait avec le pollen et le suc des fleurs.

Tout travaille! les arbres grandissent, se parent

de bourgeons et de feuilles au printemps, de fleurs et de fruits en été et en automne ; les vapeurs de la terre montent vers le ciel et retombent en pluie ; la terre tourne....

Mes petits enfants, aimons le travail.

Je crois avoir passé en revue tous les éléments éducatifs dont nous disposons à l'école maternelle pour les enfants de la première section. Dans cette section de l'école maternelle, il faut seulement de l'*hygiène*, de l'*éducation*, du *bonheur*. Mais, dira-t-on, la lecture ?

Pour les petits il ne saurait être question de lecture, parce qu'il n'est pas admissible qu'on enseigne à lire à un enfant qui ne sait pas parler. Ce fait invraisemblable existe cependant, il existe *partout*.

Je sais que les directrices des écoles maternelles ont fort affaire pour contenter à la fois les personnes ayant qualité pour leur donner une direction pédagogique, et les parents de leurs petits élèves, qui, manquant de notions justes sur l'hygiène intellectuelle, se figurent que leurs enfants n'apprennent rien et perdent leur temps s'ils n'apprennent pas à lire. Mais il est évident que l'appréciation de ces derniers ne peut entrer ici en ligne de compte. Les programmes d'enseignement, élaborés par des personnes compétentes et autorisées, approuvés, après discussion, par le Conseil supérieur de l'instruction publique, ne doivent, en aucun cas, être modifiés au gré des parents, pas plus à l'école maternelle qu'à l'école primaire, pas plus à l'école primaire que dans les lycées.

Le résultat est, d'ailleurs, tout opposé à l'impatience

des parents quant à la lecture. Quelque peu experts qu'ils soient, je ne puis croire que ce soit au point de vue strict de l'emploi des heures qu'ils y tiennent. C'est pour que leur enfant sache lire de bonne heure. C'est pour qu'il entre lisant couramment à l'école primaire, et ils ont raison en ce point. Mais leur désir est loin d'être réalisé.

Depuis six ans je note avec soin le nombre d'enfants de six à sept ans sachant lire dans les écoles maternelles, et je puis affirmer que je n'en ai pas encore rencontré *cinq* sur *cent* lisant couramment et avec intelligence, c'est-à-dire assez familiarisés avec les combinaisons de lettres pour pouvoir penser à ce qu'ils lisent, au lieu de penser à déchiffrer les mots, et que je n'en ai pas noté *dix* sur *cent* — toujours de six à sept ans — sachant lire matériellement.

D'où je conclus que les enfants des écoles maternelles perdent une moyenne de trois ans sur leurs tableaux et leurs livres; et malheureusement ce temps perdu pour la lecture n'est gagné ni au point de vue physique, ni au point de vue intellectuel, ni au point de vue moral.

On ne pèche pas impunément contre la logique; or il est absolument contraire à la logique de forcer l'intelligence à accepter une nourriture qu'elle ne peut s'assimiler; il est absolument contraire à la logique d'enseigner à lire à des enfants qui ne savent pas parler. L'école maternelle n'est pas une école : c'est un établissement d'éducation et non d'instruction. Qu'est-ce qui élèvera à la dignité d'éducatrices, de mamans, les directrices qui s'obstinent à rester maîtresses d'école? Je ne vois qu'une force capable d'opérer cette transformation. Cette force, c'est l'amour. L'amour pour l'enfant, l'amour intelligent, actif, expansif, dévoué, l'amour enthousiaste, mêlé de respect pour cet être à la fois si frêle et si exquis : c'est là le fondement de la pédagogie à l'école maternelle, le fondement, le corps de l'édifice et la charpente.

TROISIÈME PARTIE

SECTION DES GRANDS

ENFANTS DE CINQ A SEPT ANS

CHAPITRE X

ENCORE ET TOUJOURS L'ÉCOLE MATERNELLE ÉDUCATRICE

Ce qu'il faut dans la section des grands. — Ce que c'est qu'un enfant de cinq ans. — Ce qu'on faisait naguère dans la section des grands. — Il faut étudier non seulement l'*enfance*, mais *chaque enfant*. — Le programme officiel, c'est la *partie de la directrice*. — Il faut élaguer. — Une excellente circulaire ministérielle. — Les préjugés des parents ont une excuse. — Les devoirs du soir. — Les directrices flattent l'ignorance des parents. — Les distributions de prix et les expositions scolaires. — Le courage moral est nécessaire aux directrices. — Les plus grands ne vont pas à l'école maternelle pour s'instruire.

Dans la section des petits, ai-je dit plus haut, il s'agit de faire exclusivement de l'hygiène, de l'éducation, du bonheur.

Dans la section des grands il s'agit encore de faire de l'hygiène, de l'éducation, du bonheur.

Mais alors pourquoi sectionner? C'est que la culture intellectuelle prendra un peu plus de place dans la section des grands, comme élément éducatif.

Ces grands, ils ont cinq ans (dans la plupart de nos écoles ils en ont à peine quatre), ils ont six ans, c'est-à-dire l'âge où ils ont encore presque tout à faire pour leur développement physique et où leur intelligence ne saurait être traitée avec trop de précaution.

Un enfant de quatre à cinq ans, mais on peut dire encore qu'il sautille et qu'il ne marche pas, qu'il babille et qu'il ne parle pas, qu'il entend et qu'il n'écoute pas. Il a des impressions et pas de sentiments, des intuitions et des divinations et pas — à prendre le mot dans son sens rigoureux — de véritable intelligence.

Tout ce que nous avons dit de la nécessité absolue du développement physique chez les plus petits est donc de nécessité tout aussi absolue chez les plus grands. En même temps, la question d'éducation et d'instruction entre, pour ainsi dire, dans une phase nouvelle.

Quand l'enfant arrive dans la section des grands, le champ de ses idées est encore restreint à ce qui l'entoure; il s'agit d'en élargir graduellement, méthodiquement le cercle, en prenant garde de rien froisser. Je ne puis m'empêcher de vous faire part d'une comparaison qui naît sous ma plume.

Jetez un objet dans l'eau : il se produit un cercle qui se multiplie en s'élargissant toujours. Venons au cerveau : de l'enfant l'idée première est lancée par la mère, par la directrice de l'école maternelle, par le premier venu; elle est le résultat d'un des mille incidents fortuits de la vie quotidienne,... puis le travail intellectuel ne s'arrête plus.

Livrée à ses propres forces, l'intelligence irait lentement, payant sans doute très cher chacune de ses conquêtes, mais elle irait sûrement. Le rôle de l'éducation est seulement un rôle d'*aide*. Elle doit d'abord étudier les manifestations spontanées de cette intelligence naissante, pour la suivre dans la voie où elle vient d'entrer, puis, une fois que l'intelligence est en route, la soutenir, la redresser délicatement, respectant toujours la personnalité latente, qui a le droit de se produire et de se développer.

Encore une comparaison.

Voici un rosier, à la fois parfumé et charmant. Interrogez l'horticulteur qui lui a donné ses soins. Lui a-t-il distribué la même quantité d'eau en toute saison et par toute température? a-t-il forcé toutes les branches à prendre absolument la même direction, tous les boutons à éclore le même jour, toutes les corolles à s'épanouir de la même manière? Non! il a proportionné la nourriture aux besoins de chaque heure : si une branche prenait une direction contraire à son développement normal ou à l'harmonie de la forme de l'arbuste, il plaçait auprès de lui un tuteur, et puis il laissait la nature faire son œuvre, œuvre aujourd'hui d'autant plus parfaite que l'harmonie est née de la variété.

Combien plus délicate encore est la plante qui est confiée à la directrice de l'école maternelle! Parfois, hélas! les familles ne s'en doutent pas; c'est aux directrices de ne jamais l'oublier.

Nous allons donc procéder par le respect de la personnalité intellectuelle et morale de l'enfant. Nous nous demanderons d'abord quelles sont les facultés auxquelles s'adressait, naguère, la salle d'asile, et ensuite s'il n'est pas urgent d'adopter à l'école maternelle un ordre plus logique.

Entrons dans la *salle d'asile* en même temps que les enfants. Nous assisterons d'abord à un *exercice de lecture*. Chaque caractère de l'alphabet étant un signe conventionnel, une abstraction qui n'a pour l'enfant aucun rapport avec une idée quelconque, à quoi s'adresse ce premier exercice, sinon à la *mémoire*?

Montons au gradin. Nous y entendrons une leçon sur la *division du temps* en siècle, année, mois, jour, heure, etc. Quelle opération intellectuelle fait le petit élève pour retenir cette énumération? C'est une opération de la *mémoire*, de la mémoire encore!

Choisirons-nous le moment où l'on récitera les divisions de la terre, celles de l'Europe, celles de la France? ou bien celui où la leçon de choses sera faite, souvent sans préparation sérieuse, sans musée méthodiquement rassemblé, sans expériences pratiques destinées à frapper les sens?

N'est-ce pas de la *mémoire* encore, de la mémoire toujours?

Mais, la mémoire, elle reçoit justement, pour les conserver, les *idées toutes faites*; placée au début, elle exclut par conséquent toutes les autres opérations de l'esprit, les plus élevées, les plus nobles : l'observation, la comparaison, la réflexion, le jugement; elle exclut aussi l'imagination.

La mémoire, c'est, j'oserais presque le dire, la partie matérielle de l'intelligence; c'est un outil, un outil merveilleux, qu'il faut exercer, de crainte qu'il ne se rouille; mais c'est par elle qu'il faut finir, parce qu'elle n'est que la *trésorière* de l'intelligence; les facultés intellectuelles dont nous parlions tout à l'heure *amassent*, la mémoire *garde*.

Or ce que la mémoire de l'enfant doit garder, ce sont les notions qu'il aura acquises et non celles que nous lui aurons imposées. L'enfant est un être pensant; c'est une lourde faute de penser pour lui, car penser pour lui équivaut à l'empêcher de penser.

Mais l'instruction, entrant dans l'école maternelle comme élément éducatif, est extrêmement difficile à donner, et ce qu'il y a de triste, c'est qu'on n'a pas l'air de s'en douter. Comment procéder pour ne pas dépasser la mesure, pour ne rien gêner, froisser, étioler, étouffer; pour ne rien surexciter non plus dans ce petit monde de germes d'une si exquise délicatesse? Tout est dans la *mesure*; mais, pour mesurer l'enseignement à l'aptitude, il faut connaître, et, pour connaître, il faut étudier. Il faut étudier l'enfant.

L'étude générale de l'enfance ne suffit pas, car les règles sont faites d'exceptions. Les enfants, tout en se ressemblant tous au fond, sont si différents les uns des autres, et parfois si différents d'eux-mêmes, qu'il faut sans cesse, dans la pratique, modifier la règle qui avait d'abord paru s'adapter à la plupart des cas.

C'est ce qui rend si délicate la tâche de ceux qui réglementent et de ceux qui conseillent. C'est ce qui fait que telle décision, excellente en elle-même, est parfois contestable dans l'application; c'est ce qui rend absolument nécessaire l'intelligente initiative des personnes chargées d'exécuter les règlements, de suivre les conseils.

Ces idées me sont suggérées non seulement par le programme du 2 août 1881, mais aussi par les journaux qui le commentent et qui insèrent des leçons à la mesure de son cadre.

Plus j'étudie ces programmes, plus je lis les journaux, plus je me tiens au courant de leurs leçons, plus j'en fais moi-même, plus je suis convaincue qu'il faut agir avec la plus grande circonspection. Programme officiel, commentaires, leçons — quelque élémentaires qu'elles soient — doivent toujours être considérés *comme la partie des directrices*, partie dont elles ne doivent donner aux enfants que ce qu'ils en peuvent prendre. Ce sont autant de sujets sur lesquels ils questionneront très probablement un jour ou l'autre, et il faut que les directrices soient armées pour répondre; mais de là à faire des leçons spéciales sur des sujets notoirement difficiles, la distance est grande.

Un jour de tempête, un jour d'orage, un enfant curieux de savoir demandera : « Pourquoi y a-t-il du vent? Qu'est-ce que le tonnerre? » Il est indispensable que la directrice soit assez cultivée pour faire une réponse très simple. Mais il faut qu'elle se garde de dire : « Aujourd'hui nous allons faire une leçon sur le vent, une leçon sur le tonnerre ». Il n'y a pas à l'école maternelle de *leçons* dans le sens strict du mot. Les enfants s'occupent, et de leurs occupations naissent les prétextes à la culture intellectuelle. En choisissant et en surveillant les occupations, la directrice trouvera toujours un sujet d'enseignement.

Un de mes amis, qu'en toute sincérité je considère comme l'un des premiers instituteurs de notre pays, et dont l'école est fréquentée par des enfants qui sont tous fils de lettrés et d'artistes, ce qui implique une culture native, de plus tous Parisiens, ce qui est une présomption de développement précoce ; cet ami me disait : « Voilà dix ans que, chaque année, je simplifie mon programme, et que je prends pour devise « élaguer ». Et, à l'appui de sa thèse, il me montra son programme de leçons de choses *pour l'avenir*. Ce programme est absolument simple : quelques animaux et quelques fleurs, les vêtements de l'enfant et puis son habitation. Le petit élève n'est appelé à s'occuper que des choses qui lui sont à peu près familières ; aussi en parle-t-il avec facilité ; peu à peu, sans secousse, sans fatigue d'esprit surtout, il agrandit le cercle de ses connaissances, et ce n'est que beaucoup plus tard qu'il fait ce qu'on peut appeler de la science.

Si, dans une école exceptionnelle de Paris, un éducateur sérieux procède avec cette prudence et cette délicatesse, combien doit-on être plus circonspects, plus délicats encore dans des écoles où les conditions sont loin d'être les mêmes, et quel précieux exemple donne aux directrices des écoles maternelles leur collègue de Paris !

A cet enseignement prématuré, où la mémoire seule est en jeu, les facultés les plus nobles et les plus charmantes de l'enfant s'émoussent. Habitué à ne pas comprendre, il ne cherche pas à se rendre compte de ce qu'on lui dit ; engagé sur une route monotone, lassé dès les premiers pas, il ne se sent pas porté à plonger son regard en avant; en proie à un enseignement ardu, desséchant, il végète sans ressentir ces émotions douces qui sont le plus sûr levier de la vie morale.... Intelligence, imagination, sentiment, tout s'étiole....

Oh! mes chères lectrices, ne vous rendez pas complices de ce meurtre!

L'enfant apprend-il à connaître un animal? c'est bien qu'il sache son nom et qu'il puisse le décrire; c'est bien qu'il sache quels services, mort ou vivant, cet animal rend aux hommes; mais ce qu'il importe bien plus qu'il sache, c'est que, puisque cet animal vit, il jouit et souffre; ce qui est de toute nécessité, c'est que cet enfant aime à le faire jouir et déteste de le faire souffrir.

Etudie-t-il une plante? il apprend son nom, le genre de culture qui lui convient, l'usage qu'on en fait; c'est bien encore; mais qu'il admire aussi la sveltesse de sa forme, la délicatesse de son tissu, la richesse de ses couleurs! qu'il savoure la suavité de son parfum!

Que l'étincelle qui jaillit du feu lui rappelle, grâce à la direction que l'on donnera à ses idées, l'étoile qui scintille le soir dans le ciel!

Qu'il en vienne à se figurer des pays couverts de fleurs plus belles et plus parfumées que les nôtres, des cieux aux constellations plus brillantes; qu'il rêve d'animaux bienfaisants, d'enfants sans défaut, de divinités toujours propices.

Les contes dont on a bercé notre enfance avaient du bon, et je les regrette.

L'enfant est à l'école maternelle pour développer ses facultés et non pour apprendre. Il *faut* que les directrices en soient convaincues; il *faut* que les parents en prennent leur parti.

Malheureusement, les directrices ne sont pas encore convaincues; elles ne sont pas encore imprégnées de l'esprit de la remarquable circulaire ministérielle qui accompagne le décret de réorganisation de l'école maternelle. La voici, cette circulaire :

« L'école maternelle a pour but de donner aux enfants au-dessous de l'âge scolaire « les soins que ré« clame leur développement physique, intellectuel et « moral » (décret du 2 août 1881), et de les préparer ainsi à recevoir avec fruit l'instruction primaire.

« L'école maternelle n'est pas une école au sens ordinaire du mot : elle forme le passage de la famille à l'école; elle garde la douceur affectueuse et indulgente de la famille, en même temps qu'elle initie au travail et à la régularité de l'école.

« Le succès de la directrice d'école maternelle ne se juge donc pas essentiellement par la somme des connaissances communiquées, par le niveau qu'atteint l'enseignement, par le nombre et la durée des leçons, mais plutôt par l'ensemble des bonnes influences auxquelles l'enfant est soumis, par le plaisir qu'on lui fait prendre à l'école, par les habitudes d'ordre, de propreté, de politesse, d'attention, d'obéissance, d'activité intellectuelle qu'il y doit contracter pour ainsi dire en jouant.

« En conséquence, les directrices devront se préoccuper beaucoup moins de livrer à l'école primaire des enfants déjà fort avancés dans leur instruction, que des enfants bien préparés à s'instruire. Tous les exercices de l'école maternelle seront réglés d'après ce principe général : ils doivent aider au développement des diverses facultés de l'enfant sans fatigue, sans contrainte, sans excès d'application ; ils sont destinés à lui faire aimer l'école et à lui donner de bonne heure le goût du travail, en ne lui imposant jamais un genre de travail incompatible avec la faiblesse et la mobilité du premier âge.

« Le but à atteindre, en tenant compte des diversités du tempérament, de la précocité des uns, de la lenteur des autres, ce n'est pas de les faire tous parvenir à tel ou tel degré de savoir en lecture, en écriture, en calcul ; c'est qu'ils sachent bien le peu qu'ils sauront, c'est qu'ils aiment leurs tâches, leurs jeux, leurs leçons de toute sorte ; c'est surtout qu'ils n'aient pas pris en dégoût ces premiers exercices scolaires qui seraient si vite rebutants, si la patience, l'enjouement, l'affection ingénieuse de la maîtresse ne trouvaient le moyen de les varier, de les égayer, d'en tirer ou d'y attacher quelque plaisir pour l'enfant.

« Une bonne santé ; l'ouïe, la vue, le toucher déjà exercés par une suite graduée de ces petits jeux et de ces petites expériences propres à faire l'éducation des sens ; des idées enfantines, mais nettes et claires sur les premiers éléments de ce qui sera plus tard l'instruction primaire ; un commencement d'habitudes et de dispositions sur lesquelles l'école puisse s'appuyer pour donner plus tard un enseignement régulier ; le goût de la gymnastique, du chant, du dessin, des images, des récits ; l'empressement à écouter, à voir, à observer, à imiter, à questionner, à répondre ; une certaine faculté d'attention entretenue par la docilité, la confiance et la bonne humeur ; l'intelligence éveillée enfin et l'âme ouverte à toutes les bonnes impressions morales : tels doivent être les effets et les résultats de ces premières années passées à l'école maternelle, et, si l'enfant qui en sort arrive à l'école primaire avec une telle préparation, il importe peu qu'il y joigne quelques pages de plus ou de moins du syllabaire. »

Quand les directrices auront compris, elles prendront à cœur, malgré les parents, l'intérêt des parents eux-mêmes; n'est-ce pas, en effet, travailler pour les parents que développer les enfants d'une façon rationnelle? Pour complaire aux parents, on soumet les pauvres petits à un travail prématuré qui paralyse l'essor de leurs facultés, arrête leur développement, tue leur curiosité intellectuelle et les condamne fatalement à une espèce de rachitisme moral.

Les parents, eux, ont une excuse. Ignorants presque tous, — les mères surtout, — ayant souffert, souffrant encore de ne savoir ni lire ni écrire, ayant vu ceux qui lisaient et écrivaient arriver presque toujours — s'ils avaient de la conduite — à une somme de bien-être qu'eux-mêmes étaient impuissants à atteindre, ils se sont promis — les meilleurs, ceux qui ont conscience de leurs devoirs — de ne pas laisser leurs enfants dans cette ignorance funeste.

D'autre part, comme, naguère encore, lire, — matériellement, sans intelligence et par conséquent sans attrait, — écrire — c'est-à-dire copier — et quelque peu calculer étaient regardés comme un bagage d'instruction suffisant pour les enfants du peuple, et que, dès qu'ils avaient *chargé* ce bagage, ils sortaient de l'école et étaient utilisés par leurs parents, ceux-ci avaient hâte de les voir lire, écrire et compter tant bien que mal; disons plutôt tant mal que bien; ils assiégeaient les instituteurs de leurs demandes pressantes, de leurs plaintes; l'instituteur qui mettait le plus tôt ses élèves en possession du mécanisme était réputé le meilleur; les autres restaient en butte à mille tracasseries.

Ces mêmes parents ont-ils pu se convaincre que l'instruction primaire réduite à ses limites les plus étroites n'a été une aide que pour ceux qui avaient pu se l'assimiler? Se sont-ils interrogés plus tard avec inquiétude, en voyant leurs enfants se désintéresser complètement de ce qu'ils avaient appris sans goût et péniblement à l'école? Ont-ils constaté que, malgré le sacrifice de temps qu'ils s'étaient imposé, leurs enfants n'étaient cependant ni plus habiles, ni plus zélés au travail, ni plus intelligents, ni plus moraux que ceux qui n'étaient jamais allés à l'école? Oui, ils l'ont souvent constaté; et ils ont fait le procès à l'enfant et à l'école, au lieu d'accuser leur ignorante précipitation.

Comment s'en étonner? Peut-on demander la clairvoyance à ceux qui ont vécu dans les ténèbres? Un peuple sans écoles, ou laissé libre de dédaigner un trésor qu'il ignore, peut-il être un peuple lettré? Les parents d'autrefois, ceux de naguère, la plupart, hélas! de ceux d'aujourd'hui ne peuvent être rendus responsables de leurs préjugés, et, si les difficultés que ces préjugés nous créent sont affligeantes, elles ne sont pas désespérantes, puisque le remède est là : l'instruction obligatoire et gratuite. Dans vingt ans les parents trouveront excellentes les choses qu'ils contestent aujourd'hui, à la condition pourtant que dès aujourd'hui nous préparions une génération non surchauffée, vraiment intelligente, ayant des idées et non des notions indécises, une génération ayant appris à réfléchir, à apprécier la supériorité des jouissances intellectuelles sur les plaisirs grossiers, une génération curieuse de savoir et jalouse de faire usage aux champs, à l'atelier, au régiment, dans la famille, des plus nobles facultés humaines.

Pour cela il faut avoir le courage de rompre avec les préjugés des parents; à plus forte raison faut-il lutter contre leur vanité coupable et se faire un devoir de ne pas chercher à les éblouir par des résultats de mauvais aloi.

Ce ne sont pas des mots que j'aligne ici; je n'invente pas des arguments pour une thèse imaginaire : le mal existe, je le rencontre tous les jours, j'en ai le cœur serré, et il faut que je le dise!

Ce que j'appelais tout à l'heure une « tendance à abonder dans les préjugés des parents » est, malheureusement, plus qu'une tendance : c'est un *principe. Pour contenter les parents*, non seulement on surchauffe les enfants pendant les heures de classe, mais, de plus, *ils emportent un devoir à faire chez eux le soir.* Oui! un devoir du soir à des enfants de six et sept ans, qui devraient être au lit à la nuit tombante! un devoir du soir! et dans quelles conditions aggravantes! Tout le monde connaît les installations des ménages d'ouvriers : la place est exiguë, la table et les chaises sont à hauteur d'homme et non à hauteur d'enfant, l'éclairage est défectueux.... L'enfant, non surveillé ou mal surveillé, prend des attitudes funestes, il se gâte la vue, il dort sur son cahier. De sorte que cette chose insensée : faire travailler un petit enfant le soir, devient une chose coupable.

« Les parents le veulent. »

Le devoir de la directrice est de protester contre cette volonté et, en tout cas, de repousser toute complicité : « Puisque vous le voulez et que vous êtes les maîtres, faites travailler votre enfant le soir; mais je ne verrai jamais son travail, et en aucun cas il ne lui constituera un privilège à l'école. »

Parmi les parents qui insistent pour que leurs enfants travaillent à la maison, quelques-uns sont mus par le désir insensé de « les faire arriver plus vite ». Ce désir est le résultat de leur ignorance, nous l'avons déjà dit. Mais la plupart veulent surtout être tranquilles, *avoir la paix*. Ils n'aiment pas le bruit; la mobilité du petit être les agace, ses questions incessantes les embarrassent.... Ils n'ont pas compris, les malheureux, qu'il y a, dans cette vitalité enfantine, des trésors de délassement pour celui qui est harassé par le combat pour l'existence....

« Les parents le veulent », m'a-t-on dit. Et l'on m'a dit pis encore : « Il y a une petite fille à laquelle le désespoir d'être considérée comme trop jeune ou trop frêle pour avoir des devoirs à faire chez elle a donné des attaques de nerfs! »

Érigez ceci en principe, et, pour lui épargner des attaques de nerfs ou simplement des larmes, on mettra sur les épaules de l'enfant de six ans le poids que peut à peine porter celui de quinze ans; ce même enfant de six ans mangera et boira autant que son père; pour peu qu'il le demande, il le suivra en voyage, au café, au théâtre,... cela ne souffre pas la discussion; je suis désolée d'être forcée de dire ces choses. Oh! que je voudrais faire passer dans l'esprit de ceux qui me lisent la conviction qui m'anime! que je voudrais éveiller sur ce point la conscience des éducatrices, des mères!

La même faiblesse coupable excite la vanité des parents par des travaux intellectuels et matériels, offerts au nom de l'enfant et dans lesquels celui-ci n'entre que pour une faible part. Ces travaux ont le tort grave de tromper les parents, de fatiguer l'enfant et de concentrer l'activité de la directrice auprès de quelques privilégiés, au détriment du plus grand nombre.

J'ai encore mes preuves en main, une entre autres qui m'a affligée autant qu'elle m'a doucement émue. Elle m'a émue, parce qu'elle émane d'un sentiment élevé; affligée, parce qu'elle présente les inconvénients que je signalais plus haut.

Voici la chose :

Une directrice que je voudrais nommer, parce qu'elle est soucieuse de son devoir, désireuse de le connaître chaque jour davantage pour le mieux remplir, enfin parce qu'elle a du cœur; mais une directrice que je ne puis nommer, parce qu'elle n'a pas encore compris que certains succès sont la *condamnation* du système suivi dans une école maternelle; cette directrice a joint, le 1er janvier, à une lettre charmante qu'elle m'a écrite, la lettre suivante, que je reproduis textuellement. L'original est écrit en demi-fin.

« Madame l'Inspectrice,

« Il me tardait beaucoup de voir arriver le jour de l'an, parce que mademoiselle nous avait dit que ce serait celui qui s'appliquerait le mieux qui ferait la lettre pour vous souhaiter la bonne année. J'ai fait tous mes efforts, et c'est moi qui viens vous dire combien nous vous aimons et nous vous remercions d'être venue nous voir. Quand viendrez-vous encore ? Nous prions le bon Dieu pour qu'il vous donne une bonne santé et tout ce que vous pouvez désirer. Adieu, madame l'Inspectrice ! n'oubliez pas les enfants de l'école maternelle de X***, qui vous aiment de tout leur cœur et vous présentent, avec leurs vœux, leur amour et leur respect.

Signé : « X..., âgé de six ans. »

Certes la bonne pensée de la directrice, l'effort du pauvre petit qui a copié cela très proprement, très lisiblement, sans faute, sans défaillance de bonne volonté d'un bout à l'autre, cette bonne pensée et cet effort méritent autre chose que mes critiques ; aussi j'envoie de tout mon cœur l'expression de mon affectueuse estime à la directrice et mes tendresses à l'enfant. Mais cette lettre m'a fait beaucoup de peine : d'abord elle exprime des sentiments factices ; mon petit correspondant m'a vue une fois ; j'ai sans doute excité sa curiosité pendant quelques minutes ; si je lui ai fait quelques caresses, ce dont je suis bien capable, il a eu un instant de plaisir, un peu gâté sans doute par la timidité inhérente aux enfants qui sont rarement en relation avec des étrangers ; je parierais qu'il m'a complètement oubliée ; en tout cas, il ne m'*aime* pas. Donc il n'a pas *pensé* sa lettre. L'eût-il pensée, il ne se serait pas exprimé avec cette simplicité, cette limpidité (car la lettre est remarquablement faite) ; enfin le résultat matériel implique des heures et des heures employées à la calligraphie, des leçons spéciales, individuelles ; si bien que la lettre de mon petit ami me trompe sur ses sentiments et sur son développement intellectuel, et me prouve, en outre, que l'esprit de la circulaire ministérielle que j'ai citée plus haut est absolument faussé à l'école maternelle de X***.

Si j'avais eu besoin d'être convaincue de l'impossibilité qui existe pour un enfant de six ans — élevé avec une centaine d'autres — d'écrire cette lettre irréprochable, je l'aurais été sur l'heure par la réception d'une seconde lettre d'un enfant du même âge, *élevé dans sa famille*, fils de parents très lettrés, de plus un enfant intelligent.

« Ma chère tante,

« Je te remercie bien des jolis livres *ques* tu *ma envouyés*. Je les *li* tous les jours et ils *m'amusent* beaucoup. Je te prie *Danbrasser mon oncle* et mes *cousin*, et je suis bien *pressés* de les voir. Ton neveu qui *tambrasse*....

« SAMUEL. »

« Je n'ai pas besoin de vous dire, ajoute la mère, que Samuel a écrit cela tout seul. Il est plus fort, jusqu'ici, en gymnastique qu'en littérature, et use plus de souliers que de plumes et d'encre. »

Comme résultat intellectuel, que reste-t-il de ces travaux à grand effet, de ces lettres, de ces compliments? Dans les écoles primaires, dans les écoles normales, aux diverses sessions d'examens, les devoirs de style sont, en général, d'une faiblesse désespérante. Plusieurs directeurs d'écoles supérieures nous ont raconté les difficultés qu'ils ont à vaincre pour obtenir de leurs élèves des pages écrites avec correction et surtout avec simplicité. Le mal part du début : on a voulu faire exprimer par les enfants des sentiments factices dans un langage d'hommes faits; ils n'ont pas appris à regarder en eux-mêmes et à dire simplement ce qu'ils y voyaient; ils sont à la fois paresseux d'esprit et emphatiques.

Au point de vue moral, les résultats des concessions faites aux parents, des satisfactions de vanité qu'on leur procure sont déplorables. D'une part, l'enfant, complice d'une fraude, reçoit des leçons tacites de déloyauté de ceux-là même qui ont pour mission de développer sa moralité; d'autre part, les parents exigent d'autant plus qu'on leur donne davantage (c'est logique, il faut bien faire des progrès!), si bien que les enfants sont de plus en plus entraînés, puis maintenus dans un milieu détestable pour leur corps, leur esprit et leur conscience.

Pour faire plaisir aux parents! on a méconnu et l'on méconnaît tous les jours davantage l'esprit de l'institution. Le règlement des *salles d'asile* prévoyait les distributions de vêtements aux enfants nécessiteux, et, par des raisons de haute convenance, de délicatesse, il recommandait de ne pas donner à ces distributions le caractère d'une cérémonie. Ces vêtements, en somme, c'était une aumône, et le règlement n'entendait pas que l'on humiliât les parents et que l'on habituât les enfants à recevoir la charité.

Cependant, presque partout, la cérémonie avait lieu à grand renfort de récitations, de comédies et de chants.

Aujourd'hui il y a un progrès moral. Quand l'aumône est indispensable, elle se cache; le sentiment de dignité des parents et des enfants est respecté; malheureusement, l'école maternelle est entrée dans la voie des distributions de prix, des vraies distributions de prix, avec discours enguirlandés de fleurs de rhétorique, avec listes copiées sur beau papier, — le « palmarès » des lycées. N'a-t-on pas lieu de se croire au lycée, en effet, lorsqu'on entend annoncer des *prix d'honneur*, de *lecture*, d'*écriture*, de *calcul*, de *géographie*, d'*histoire naturelle* et de *style*?

Si l'on veut donner des prix, qu'on récompense au moins toutes les bonnes dispositions dont parle la circulaire ministérielle! que l'on donne des prix de *bonnes influences*, d'*activité intellectuelle* (par exemple le prix de « pourquoi »? le seul qui eût sa raison d'être), le prix de *bonne santé*, le prix d'*oreilles*, d'*yeux*, de *mains*.... Vous voyez que nous sommes loin de la liste de tout à l'heure.

Il est impossible de méconnaître d'une manière plus déplorable les idées qui ont amené la réorganisation de nos écoles maternelles, qu'on ne les méconnaît le jour de la distribution des prix.

Admettons un instant que les enfants aient mérité les prix qu'on leur décerne. En ce cas, ils ont été surmenés, ils ont *subi*, au préjudice de leur intelligence et de leur santé, un enseignement prématuré, disproportionné. C'est de la détestable hygiène. Mais, pour charger ce bagage, quelques enfants ont accaparé le temps des maîtresses au détriment de la masse; ils constituent alors une espèce d'aristocratie, un groupe privilégié. C'est une injustice, car les maîtresses se doivent également à tous, et, si les parts devaient être inégales, il faudrait que ce fût à l'avantage des petits.

Donc, mauvaise hygiène intellectuelle et matérielle, injustice : tel est le bilan des prix, *en admettant qu'ils soient mérités.*

Mais ils ne le sont pas (la preuve, c'est que chacun en a au moins un). Tous pourraient se réduire à un seul : le *prix de mémoire*, car, dans toutes les écoles maternelles qui, oublieuses de leur but, sont devenues des écoles primaires, les enfants répètent des mots vides d'idées. On récompense donc des mérites illusoires, et l'objet donné en récompense, le livre, est, pour la plupart de ceux qui le reçoivent, du papier blanc plus ou moins maculé de noir, recouvert de carton plus ou moins doré, car on donne des livres aux enfants de deux ans, et quelquefois ces livres ne sont pas même illustrés!

Un enfant de deux ans, de quatre ans, en possession de sa couronne et de son livre, s'occupe de sa couronne d'abord; il la met sur sa tête, l'enlève, la remet; puis, comme l'ennui naît bientôt de l'uniformité, il arrache feuille après feuille, porte chacune à sa bouche, et bientôt ses lèvres, son visage, ses mains sont teints en vert. Quant au livre, il l'ouvre, le ferme, le tourne, le retourne, lui fait faire « dodo », le met sur le bout de ses bottines et tâche de le faire sauter en l'air, en fait, en un mot, un jouet, puis en arrache les pages, et, lorsqu'il y a entente entre voisins, on se fait des libéralités de fragments de livres. Avant que la séance soit levée, il n'y a plus ni volumes, ni couronnes.

Cela ne souffre pas la discussion. On doit inculquer à l'enfant le respect du livre; il ne le respecte que quand il en a compris le charme et l'utilité.

Traitons les questions à un autre point de vue.

Les distributions de prix ont lieu, en général, dans la première quinzaine d'août, c'est-à-dire à l'époque la plus chaude de l'année.

Les enfants, frisés, pomponnés, gênés par une toilette inusitée, — quelques-uns ont des gants, les malheureux! — sont assis au gradin. La salle est comble; on étouffe. Les pauvres tout petits, que la cérémonie n'intéresse pas du tout, se roulent, se battent; beaucoup tombent endormis; quelques-uns, apercevant leurs mères, veulent aller à elles, tendent leurs bras et crient (j'en ai vu une fendant péniblement la foule et venant administrer le fouet à son bébé dont la tenue ne faisait pas honneur au costume qu'elle lui avait confectionné); d'autres *veulent* les couronnes dorées des prix d'honneur et « font des scènes ». Quant aux grands, qui savent ce qu'ils doivent à la solennité, ils ruissellent de sueur.

Ce supplice dure, *au moins*, deux heures.

J'ai vu beaucoup de distributions de prix. Ma raison et mon cœur en ont été également révoltés.

« Mais les parents y tiennent! » répète-t-on en chœur. Il faut les amener à des idées sensées; les instituteurs ont autre chose à faire que d'entretenir les préjugés des ignorants.

D'ailleurs on peut tout concilier.

J'en reviens à mes jouets. A la fin de l'année, la municipalité ayant 100 fr. à dépenser pour les prix (je dis 100 fr. comme je dirais 500 fr. ou 30 fr.), la municipalité achètera des jouets solides, jusqu'à concurrence de 75 francs par exemple. A un jour déterminé, les enfants seront réunis à l'école, en toilette, si les parents y tiennent; avec leurs parents, si ceux-ci le désirent, et l'on fera la *fête des jouets neufs*. Il y aura des chariots, des seaux, des pelles, des poupées, des boîtes de constructions, des boîtes à couleurs, etc. Les deux heures employées naguère à souffrir au gradin, on les emploiera à jouer.

Le moment de cesser les jeux arrivé, on distribuera aux enfants les gâteaux achetés avec les 25 francs mis en réserve. Tout le monde sera content, et la raison sera sauve.

Les petits succès de famille ne suffisent déjà plus aux directrices d'écoles maternelles, elles recherchent maintenant les applaudissements du grand public et font travailler les enfants pour les expositions scolaires.

Certes, l'exposition scolaire a du bon (j'allais dire qu'*elle pourrait en avoir*). Que les exposants soient agriculteurs, industriels, artistes, instituteurs, toute exposition est incontestablement une cause d'émulation. Or l'émulation est féconde, dans les écoles surtout. Quels que soient les objets exposés, ils forment une collection où les intéressés viennent étudier, comparer, puiser, avec l'intuition du mieux, des idées nouvelles. Une collection de livres, de cahiers, de dessins, d'ouvrages manuels est, à ce point de vue, aussi utile qu'une collection d'instruments aratoires, de produits manufacturés.

Emulation et progrès, tels sont les précieux résultats des expositions scolaires; nous pourrions donc nous féliciter de les voir fréquentes et nombreuses. Mais ces résultats ne seront obtenus que si l'on prépare ces expositions de la manière la plus scrupuleuse; et quand je dis « on », je parle des exposants eux-mêmes, c'est-à-dire des instituteurs, des institutrices, des directrices d'école maternelle.

La première condition pour qu'une exposition scolaire donne les résultats que l'on est en droit d'en attendre, c'est que tous les élèves d'une même classe y prennent part et que les travaux exposés soient faits par eux, aussi strictement que les travaux quotidiens. Ce sont les travaux quotidiens eux-mêmes qui devraient être exposés. Il ne nous convient pas du tout, en effet, de voir ce que pourrait être une école composée d'enfants triés parmi les plus intelligents et ayant travaillé avec l'aide du maître, dans des conditions toutes particulières et impossibles à généraliser. Il ne nous intéresse pas d'étudier les prétendus résultats d'une école factice. Ce qu'il nous importe de savoir, c'est ce que peut donner, dans les conditions normales et au moment actuel, une école dirigée par des maîtres intelligents et dévoués. Nous voulons savoir que non seulement l'élève X..., dont nous avons le travail sous les yeux, a réellement fait ce travail, mais que tous ses camarades de classe peuvent en faire à peu près autant. Nous voulons, en un mot, pouvoir porter un jugement général sur le développement de tous les écoliers d'un âge déterminé. Tous nous intéressent, parce que ce sont eux tous qui vont former la génération dont le pays a besoin, que le pays attend. Pierre et Marguerite, élèves privilégiés, ne nous sont pas indifférents ; mais nous ne les suivons qu'à titre d'exception, de curiosité. Au point de vue du développement de la masse, c'est donc la moyenne de chaque école qui nous intéresse ; c'est le travail de cette moyenne qui doit être exposé.

Ce doit être, mais cela n'est pas. Dans toutes les expositions que j'ai visitées, je me suis trouvée en présence de travaux spéciaux, dans lesquels, trop souvent, la part de l'instituteur était évidente, — pour moi du moins, — ce qui enlevait à mon étude tout son intérêt.

Ces travaux spéciaux sont, en général, d'un niveau plus élevé que celui des travaux ordinaires; ils ne sont pas assimilés par l'enfant, qui s'est déchargé sur le maître de toute la partie difficile. Ce n'est pas leur seul tort. Ils encouragent, comme je l'ai déjà dit, les parents, si portés à trop exiger de leurs enfants et des maîtres, à en exiger plus encore, ce qui est détestable comme hygiène, ce qui est détestable aussi comme pédagogie. Ils ont des torts encore plus graves : ils trompent le public sur la valeur intellectuelle et sur la valeur morale de l'instituteur ; ils habituent l'enfant à accepter des éloges immérités et le rendent ainsi complice d'un mensonge. Ces travaux spéciaux faussent, en un mot, l'*esprit* de l'exposition ; ils en paralysent l'action bienfaisante, car il ne saurait y avoir émulation et progrès que s'il y a sincérité.

« Si nous n'exposions que le travail de l'enfant, nous disait une directrice, nous n'exposerions rien du tout. » Cette directrice se trompait; on trouverait dans les écoles maternelles des éléments pour des expositions de travaux enfantins, et ces expositions seraient extrêmement intéressantes.

Les seuls travaux d'école maternelle susceptibles d'être exposés, les travaux manuels ayant à peine droit de cité dans nos écoles, parce que le matériel manque et aussi parce que les directrices ne sont pas préparées, les travaux manuels figurent en petit nombre aux expositions, et encore ont-ils presque tous été faits par les maîtresses; quant aux cahiers, très nombreux, ils sont tout à fait désolants, parce qu'ils nous prouvent à quel point est méconnue dans nos écoles la méthode maternelle. L'école primaire envahit chaque jour davantage, la mauvaise école primaire! Au moment où tous les bons esprits combattent chez cette dernière l'abus des devoirs écrits, le devoir écrit s'implante chez nous. Non seulement l'ardoise ne suffit plus, mais le cahier est plein d'exercices dont nous ne voulons même pas pour des enfants de sept à treize ans!

La page d'écriture, la désespérante *page* se fait journellement; l'alphabet à satiété : ce que l'on appelait autrefois « la croix » (sans doute parce que c'était un supplice), puis les syllabes détachées, puis les mots détachés, abstraits, inintelligibles, — la plupart de ceux qui composent les tableaux de lecture; — puis des pages entières de chiffres. Après la page, la *copie*; après la copie, la *dictée*; après la dictée, l'*analyse grammaticale*; après l'analyse grammaticale, l'*exer-*

cice d'invention, exercice *écrit* par des enfants qui ne savent encore ni penser ni parler; exercice sur des sujets trop difficiles, *résumés de leçons de choses* ou descriptions d'images, ou biographie placée sous un portrait. C'est ainsi que j'ai vu tout un album avec des choses de ce genre : *Palisie è mor de fin dans sa prison; il a invanté l'émail de fleur et de poison*; et ceci encore, au-dessous du portrait de Pestalozzi : *J'éme Pestalozzi parce ci a fé du bien aux enfan de la suise; il a fé une école maternèle*. Aimer Pestalozzi à cinq ans! A quel âge permettra-t-on désormais aux enfants d'aimer leur tambour, leur cheval de bois, leur poupée?

Un enfant pense aux choses qui l'intéressent, et il en parle en termes naïfs qui nous prouvent qu'il comprend. Un petiot de cinq ans peut-il penser à Pestalozzi? à Charlemagne, à Roland, « qui a *coupé* les Pyrénées »? Est-il bon qu'il y pense? Hélas! naguère encore l'enfant récitait des choses abstraites; aujourd'hui, par aggravation, il les écrit! A ce métier, sa curiosité s'émousse, son imagination s'étouffe, son intelligence s'endort. Il ne parlait pas assez, tantôt il ne parlera plus du tout; c'est le langage écrit qui tient la corde.

Avec le langage écrit fleurissent les leçons spéciales à un petit nombre d'enfants dont on croit faire des privilégiés, en s'occupant d'eux pendant que les autres sommeillent d'esprit et de corps; on contente ainsi quelques parents qui n'ont pas conscience du véritable intérêt de leurs enfants; on méconnaît absolument, et de plus en plus, le but éducatif de l'école maternelle.

Le plus douloureux, c'est que la plupart des directrices croient ainsi rehausser l'institution et s'élever elles-mêmes! Nous ne cesserons de jeter le cri d'alarme! Il faut absolument sauver nos petits de la pédagogie du livre. A force d'y penser, avec notre cœur surtout, nous finirons bien par trouver la *méthode*, c'est-à-dire la marche à suivre pour que l'enfant, qui n'est d'abord que *germes*, arrive enfin à l'épanouissement complet de ses facultés. Cette méthode sera maternelle et non scolaire, et, croyez-le, elle y gagnera en intelligence, en élévation; elle sera une *méthode en vie*.

Ah! si les directrices voulaient faire leur examen de conscience. « Les procédés matériels, se demanderaient-elles, ont-ils toujours répondu à la méthode rationnelle? Ont-ils été sans cesse modifiés en raison de l'intelligence des enfants auxquels ils s'adressaient? Les enfants n'ont-ils pas été dressés en bloc, sans égard pour les nombreuses différences de leur tempérament physique et moral? Ne pourrions-nous pas, en assouplissant le système, individualiser davantage l'éducation? L'éducation elle-même a-t-elle tenu la place à laquelle elle a droit? N'a-t-elle pas été trop souvent traitée en accessoire? L'enfant a-t-il été assez aimé, assez respecté? a-t-on constamment vu en lui une personnalité à développer, au lieu d'une machine à faire fonctionner? S'est-on bien pénétré de cette idée, que, pour avoir des *hommes* à l'âge d'homme, il faut avoir des *enfants* à l'école maternelle? S'est-on bien convaincu de cette maxime, que, si les vérités scientifiques ne pénètrent dans l'esprit qu'à l'aide de certains procédés, qui varient d'après la nature de l'enfant, les vérités morales s'inculquent seulement par la persuasion, par la persévérance, par la douceur et la tendresse, et enfin par l'exemple? »

L'examen de conscience doit être minutieux, car le sujet en vaut la peine.

Mais l'examen de conscience n'est pas tout.

Lorsque chaque question aura eu sa réponse, lorsque les directrices se seront fait une conviction, il faudra qu'elles s'arment d'une force nouvelle, peu en honneur, il faut l'avouer : je veux parler du *courage moral*, que l'on appelle plus généralement le courage de son opinion.

L'éducateur doit avoir *sa* conviction, et, pour qu'elle produise les résultats qu'il en attend, il faut qu'il ait en même temps le courage de sa conviction.

Or la conviction fait trop souvent défaut. Elle est le prix de recherches consciencieuses, d'études personnelles, d'observations, de comparaisons, d'essais renouvelés avec persévérance. Il faut étudier l'enfant, il faut étudier les méthodes, il faut s'étudier soi-même.

On m'objectera que le temps manque pour cela. Mais le temps n'a, pour ainsi dire, rien à faire avec cette enquête morale; il n'est pas besoin de s'assigner une heure pour l'entreprendre; les études qu'elle comporte ne figurent pas sur les règlements; mais elles embrassent la journée entière. En descendant en soi-même, on s'aperçoit que l'on s'y livre; en regardant autour de soi, il semble qu'on la respire. Elle est le prix des habitudes intellectuelles et morales.

Or rien n'est long à prendre comme les habitudes de l'esprit!

Si le personnel enseignant ne s'est pas fait, autant qu'on aurait pu le désirer, la conviction qui décuple les forces, c'est qu'il ne s'est peut-être pas persuadé qu'il avait non seulement le *droit*, mais le *devoir* du contrôle. Il nous paraît avoir accepté tout d'une pièce les méthodes et les procédés, et, au lieu de les étudier avec l'esprit critique qui leur en eût révélé les qualités et les défauts, un trop grand nombre les ont pratiqués de prime saut dans leurs écoles, sans signaler à qui de droit leurs observations à mesure qu'elles se produisaient.

Les exemples se pressent sous ma plume. Il m'a été dit cent fois : « J'ai toujours été opposée à la lecture aux cercles, qui ne me donne aucun résultat ». « J'ai toujours critiqué, à part moi, la séparation des sexes au gradin, et surtout à la récréation ; le moindre désagrément que j'aie trouvé à cette séparation, c'est d'enlever à nos écoles leur caractère d'écoles maternelles. » Et cependant ces mêmes directrices pratiquaient la lecture dans les conditions mêmes qu'elles désapprouvaient, et aussi la séparation des sexes, sans avoir jamais fait part de leurs scrupules aux inspecteurs de tout ordre qui avaient visité leur école. On dirait qu'elles se croient enserrées dans le règlement comme dans un cercle de feu.

Elles avaient tout à gagner cependant à transmettre leurs doutes à l'inspection. L'inspecteur, l'inspectrice à qui elles se seraient adressées, les auraient certainement exhortées à modifier peu à peu d'elles-mêmes ce qui leur paraissait défectueux, et à les tenir au courant des résultats ainsi obtenus. Ils auraient rassuré leurs craintes en leur disant que les programmes et les procédés ne sont pas immuables, et que leurs auteurs, eux-mêmes, attendent des instituteurs qui les mettent en œuvre autre chose qu'une obéissance servile. Les instituteurs sont les meilleurs juges,... pourvu que leur jugement soit fondé sur l'étude, sur la comparaison, pourvu qu'il soit, enfin, intelligent et consciencieux.

Je ne croirai jamais, pour ma part, qu'aucun cœur de directrice n'ait protesté contre le dressage mécanique auquel les enfants ont été si longtemps soumis dans nos écoles (j'emploie, je l'avoue, le passé avec quelques scrupules). Ce dressage, elles l'ont certainement jugé et condamné dans leur for intérieur; mais elles ont eu le tort de ne pas croire à leur liberté morale. Nous leur aurions pourtant été bien reconnaissants de leur initiative.

Donc étudier, observer, comparer, arriver à la conviction, la discuter, s'il y a lieu, avec leurs guides, est un devoir pour les directrices d'écoles maternelles, comme pour tous les éducateurs; un devoir « d'au-dessus », pensera-t-on peut-être; mais ne devons-nous pas aspirer à l' « au-dessus »?

Il y a cependant des directrices qui, ayant étudié et compris, ont manqué de ce courage moral que j'appelais tout à l'heure le courage de son opinion.

Celles-là, malgré les protestations de leur conscience, laissent l'école primaire envahir l'école maternelle, alors que c'est l'école maternelle bien comprise qui doit forcer les portes de l'école primaire; elles donnent des leçons disproportionnées; elles trient dans l'école maternelle quelques sujets distingués, comme on en trie trop souvent dans les écoles primaires pour le certificat d'études, et cela non seulement au détriment de l'école entière, qui a été fatalement négligée, mais au détriment même des quelques privilégiés, qui ont été surmenés. Les petits enfants de cinq ans et demi à sept ans font, comme je le disais tout à l'heure, des pages d'écriture, pis que cela : des copies; pis encore, des analyses grammaticales; ils font enfin des résumés d'histoire! Et, quand on représente à leurs maîtresses, qui devraient remplacer leurs mères, ce qu'il y a de dangereux dans cette manière d'agir, quand on leur dit à quel point elles sont coupables envers ce groupe d'enfants et envers tous les enfants qui leur sont confiés, quand on leur répète une fois encore que l'école maternelle type sera l'école où les enfants s'épanouiront en liberté et apprendront bien plus les uns des autres et d'eux-mêmes que de la maîtresse et des livres, celles-ci répondent : « C'est bien vrai! je comprends parfaitement la justesse des observations qui me sont faites; j'y pense souvent. Mais les parents y tiennent, et puis,... dans la région, toutes les écoles en font autant; je ne veux pas être la première... la seule peut-être à faire du nouveau; j'attends...; quand toutes mes collègues s'y mettront, je m'y mettrai aussi. »

Attendre! mais attendre, c'est d'abord priver une école des progrès qui auraient pu être réalisés; c'est refuser ensuite un exemple qui eût pu être salutaire à d'autres écoles. L'état stationnaire est toujours causé par ceux qui attendent; ce sont ceux qui vont en avant qui font le progrès.

Attendre, quand on a sa conviction faite!...

Si Jeanne d'Arc avait attendu que le courage vînt au roi Charles VII, qui peut dire pendant combien d'années encore le roi d'Angleterre aurait ajouté à son titre le titre glorieux de roi de France? Si Gutenberg avait attendu, au lieu de travailler sans relâche, qui sait à quelle époque le monde aurait appris à lire et à penser? Si Christophe Colomb avait attendu, l'existence du Nouveau Monde aurait été considérée, pendant des siècles, comme le rêve d'un insensé. Et je pourrais multiplier par milliers tous ces grands exemples.

Pour ne parler que de ce qui nous concerne spécialement, si Oberlin avait attendu pour réunir les enfants qui ne pouvaient être élevés chez eux, les salles d'asile n'auraient pas été créées; si Mme Mallet et ses amies avaient attendu, l'œuvre d'Oberlin ne se serait pas étendue, généralisée.

Une fois convaincu, on n'a plus le droit d'attendre; il faut faire preuve de courage moral.

Le courage moral est nécessaire non seulement à ceux qui se trouvent en présence d'actes héroïques à accomplir, d'institutions à fonder, d'idées nouvelles à faire accepter, mais il est nécessaire aussi à tous dans la vie de tous les jours pour obéir aux instigations de la conscience. Il est nécessaire spécialement aux éducateurs pour suivre l'impulsion qui leur a été donnée, pour continuer la marche en avant imprimée par les novateurs. C'est, pour les directrices d'école maternelle, le seul moyen d'honorer la mémoire des grands cœurs qui se sont dévoués à l'œuvre de l'éducation de l'enfance.

Je ne cesserai de le dire : les enfants, même les plus

grands, ne vont pas à l'école maternelle pour s'instruire. Si en s'amusant, si en se faisant de la santé, si en développant leurs facultés morales, ils *happent* un peu d'instruction, ce sera une heureuse circonstance; mais nous ne pouvons continuer d'accepter que l'accessoire tienne la place du principal.

Il faut y réfléchir; le cas est beaucoup plus grave qu'on ne le croit; c'est presque une question de vie ou de mort pour l'institution elle-même; les plus dévoués champions de l'école maternelle ont fini par s'interroger avec anxiété et par se demander s'ils pourraient engager plus longtemps l'État à favoriser, par une instruction prématurée, l'atrophie des facultés de l'enfant; tandis qu'ils se sentent des enthousiasmes d'apôtres pour ces établissements où il vivrait heureux pendant que sa mère travaille au dehors, et pour un personnel d'éducatrices assez distinguées pour ne pas amoindrir leur rôle sous le prétexte de l'étendre et de l'élever.

Quand j'ai parlé tout à l'heure de « happer » un peu d'instruction, j'avais surtout en vue les enfants qui composent la section des petits, section qui, en général, devrait garder les enfants jusqu'à cinq ans révolus.

A cinq ans, s'il se porte bien, s'il est suffisamment développé, l'enfant peut apprendre quelque chose *pour l'apprendre*, à la condition cependant que la leçon soit donnée avec la plus grande délicatesse et à l'aide des procédés les mieux appropriés à sa nature mobile. Un enfant de cinq ans peut commencer à apprendre à lire; il doit savoir le nom des choses qu'il voit, apprendre en quoi elles sont faites et à quel usage elles servent. Il peut aussi apprendre à compter ces choses, à les grouper de différentes manières; il peut faire la différence entre la forme d'une boîte et celle d'une orange, entre la couleur des feuilles des arbres et celle de leurs fleurs. Il est en âge de distinguer la plaine de la colline, la montagne de la mer. C'est intéressant pour lui de savoir que le pain qu'il mange est fait avec de la farine, le vin qu'il boit avec du raisin, les souliers qu'il porte avec de la peau de mouton, et sa blouse avec la laine du même animal. Il lui est aussi agréable qu'utile de devenir adroit de ses mains.

Le programme des écoles maternelles répond à ces besoins de l'enfant, et, grâce à ce programme, on arriverait à développer toutes ses aptitudes. Malheureusement, il a quelque chose de trop précis, il affecte une espèce de rigueur mathématique, à laquelle les directrices se sont trompées. Tout son tort consiste à être un programme, alors que, avec des enfants aussi jeunes que ceux qui fréquentent les écoles maternelles, tout le côté instructif devrait être laissé à l'initiative des directrices.

La première année, elles ont pu s'y tromper, et, en lisant par exemple ceci : « Quelques notions sur la terre et les eaux », ou encore : « Leçons de choses », elles ont pu se croire forcées d'enseigner à ces pauvres petits que la terre est un corps formé de molécules (*sic*) et que l'eau est un liquide incolore; elles ont pu se tromper au point de raconter et de faire reproduire aux enfants les guerres d'Italie, et enfin, à propos d'éponges, de décrire les zoophytes. Mais il a été si souvent expliqué et commenté depuis quelques années, ce programme, qu'il doit être enfin compris, et que les directrices savent maintenant dans quel esprit il doit être appliqué. Elles se sont bien convaincues que l'enfant ne peut apprendre fructueusement à lire que s'il sait parler et que s'il comprend ce qu'il lit, et elles se sont promis d'éloigner des tableaux de lecture tous les mots abstraits et tous les noms de choses qu'ils n'ont jamais vues et ne pourront jamais voir; elles se sont promis, en outre, de ne pas faire lire des mots tout seuls, tout secs, et de composer toujours des groupes capables d'éveiller des idées ou de rappeler des souvenirs. Elles auront pris la résolution de restreindre leur enseignement technique aux choses les plus usuelles et d'attendre que l'enfant demande l'instruction, au lieu de la lui distribuer d'autorité; elles ont surtout substitué à la leçon... *leçon*, à la causerie convenue, artificielle, la causerie intéressante, mouvementée, vivante; elles se rappelleront enfin, pour le commenter et en tirer un enseignement précieux, le mot récent d'un de nos plus éminents pédagogues, M. Félix Pécaut : « L'enfant, avant six ans, n'est pas matière scolaire ». « Matière scolaire », non, en effet; c'est pourquoi nous ne voulons pas l'astreindre aux leçons proprement dites. Matière développable, oui, et c'est pour les aider à la développer que nous nous associons à l'œuvre des directrices.

CHAPITRE XI

LE PROGRAMME

LA LECTURE

L'enfant qui sait parler doit apprendre à lire. — La directrice doit étudier les procédés, les comparer, en choisir un en connaissance de cause. — Le procédé employé doit avoir un lien avec la méthode générale de culture. — Il faut aller du connu à l'inconnu. — Les syllabes détachées, les mots à difficultés, les phrases inintelligibles. — La lecture aux cercles. — L'enseignement simultané de l'écriture et de la lecture. — Les difficultés que ce procédé rencontre. — Un procédé plus expéditif. — Tout exercice de lecture doit être précédé d'un exercice de prononciation. — Le choix des livres.

Lorsque, à propos des petits, j'ai parlé de l'éducation physique et de l'éducation morale, des exercices manuels et de la langue maternelle, le développement logique de ma pensée m'a conduite à traiter aussi ces questions relativement aux plus grands. Il ne nous reste donc plus aujourd'hui qu'à étudier ensemble la partie du programme plus spécialement instructive, après avoir fait remarquer une fois encore que nous ne regardons l'instruction que comme *élément éducatif*.

L'enfant arrivant dans la seconde section sera seul admis à apprendre à lire. Il aura cinq ans. De quelle méthode se servira-t-on? Si je me laissais aller à ma pente, je dirais : La méthode m'importe peu; qu'on me montre des résultats, et, si je demande comment ils ont été obtenus, ce ne sera que pour mon instruction et par intérêt pour une question qui me préoccupe vivement.

Il est évident, en effet, que le procédé grâce auquel l'enfant apprendra à lire en peu de temps et sans fatigue sera un bon procédé; il est non moins évident que, le procédé étant un outil dont les directrices se servent pour enseigner à lire à leurs petits élèves, elles ont le droit de choisir leur outil, l'un pouvant leur paraître plus facile à manier que l'autre.

Mais ma manière — très libérale, on l'avouera — de traiter cette question suppose, de la part des directrices, une étude comparative préalable. Si vous entrez dans un magasin pour acheter un couteau, — vous voyez que j'en reviens à mon outil, — vous ne prendrez pas le premier venu; même si le marchand vous affirme que celui qu'il vous montre est bon, vous en examinez la lame, le manche, la virole; vous l'ouvrez, vous le fermez; vous faites de même pour plusieurs couteaux qui vous paraissent de la même qualité, et vous ne vous décidez à faire votre choix qu'en parfaite connaissance de cause.

La plupart des directrices d'école maternelle n'ont pas agi ainsi, jusqu'à présent, quant aux méthodes, faute de temps peut-être, faute d'éléments de comparaison ensuite, faute aussi de ces études raisonnées qui font naître et développent l'esprit critique.

Il est vrai que ce travail de comparaison, d'autres semblent indiqués pour le faire à leur place et pour leur apporter tout prêt le résultat de leur étude : ce sont les inspecteurs, les inspectrices, les conférenciers, les écrivains spéciaux; mais ceux-là même ne veulent pas imposer un choix, ils veulent simplement le guider. C'est ce que j'essaye de faire en ce moment, en partant de ce principe : « Les enfants qui fréquentent l'école maternelle doivent être mis à la lecture le plus tard possible, pour qu'ils sachent lire le plus tôt possible ».

Une grande partie des heures où l'enfant est en classe, et même une grande partie des heures de récréation sont employées à la lecture dans les écoles maternelles, et les résultats sont loin d'être satisfaisants. Cela vient de ce que les procédés de lecture n'ont pas de lien avec la méthode générale d'éducation. Ces procédés, plus ou moins factices, plus ou moins artificiels, plus ou moins routiniers et surannés, ne font pas *corps* avec le système éducatif. La devise si souvent mise en exergue : « Aller du connu à l'inconnu », est, sans qu'on s'en doute, mise absolument de côté, intellectuellement du moins, car je n'appelle pas « aller du connu à l'inconnu » passer de l'articulation *m* et de la voyelle *a*, qui ne rappellent et ne représentent rien à l'enfant, à la syllabe *ma*, qui ne lui rappelle, qui ne lui représente rien non plus. Pour lui, en effet, dans le mot « gâteau », ce n'est pas le *g*, puis l'*â*, qui sont ses anciennes connaissances; c'est le gâteau, saupoudré de sucre, bourré de confiture ou débordant de crème. Et cependant c'est par les sons et par les articulations qu'il a jusqu'à présent commencé son labeur intellectuel ! Pendant une période plus ou moins longue, qui varie selon sa mémoire, selon sa bonne volonté et le degré d'habileté de la directrice, il *reste* sur le tableau des voyelles, puis sur celui des consonnes; enfin il est appelé à grouper les unes avec les autres, et comme, d'après la plupart des méthodes de lecture, *la syllabe est la base*, il reste des semaines et des mois sur ces groupements sans lien entre eux : *ma la ni tu sa tu la pa.*

Il est vrai que, dans beaucoup d'écoles, l'étude de la lettre est aidée par des signes plus ou moins cabalistiques; mais l'enfant a beau fermer ses cinq doigts et faire un mouvement de haut en bas, puis, ouvrant la main, la porter à la hauteur de sa figure comme s'il était étonné et charmé, l'articulation *m* et la voyelle *a* ne lui ouvrent pas plus d'horizon pour cela. Quand il passe de la syllabe aux mots, les étapes sont encore douloureuses; il se trouve aux prises avec la difficulté pour la difficulté, avec l'abstraction, avec des mots dont il ne se servira jamais pendant son enfance — je parle des plus faciles — et avec d'autres qu'il ne prononcera jamais de sa vie : — cadi — silo — dogme — caleb — galiote — kyrielle — synthèse — thériaque — pneumonie — psoral — sbire — spirale — Ptolémée — spatule — scribe — scruté — Strabon — Galswinthe. Et les groupements de mots! « Le député fidèle sera réélu à la majorité — Le rire désarme — Le ministre Fox — Booz, père d'Obed — L'antenne de la France —

Le piqueur a détaché le métal de sa gangue — Le troubadour a joué de la guitare en l'honneur de sa royale maîtresse — La guimbarde a éreinté le sapajou.... »

Soumis à ce régime, l'enfant finit par apprendre à lire, tout le monde le concède; mais il apprend à lire comme il apprenait naguère la table de multiplication, les départements de France, les fables; comme il apprenait tout, en un mot : par la mémoire, dans une espèce de mort intellectuelle; si bien que, le jour de la grande victoire, de la victoire définitive, quand il est « parti », qu'il lit couramment, aucun rayon ne vient illuminer, vivifier les pages. Il sait lire mécaniquement; mais « lire », qu'est-ce, en somme, pour lui? C'est traduire par la parole des signes et des combinaisons de signes; ce n'est pas cueillir les pensées d'autrui pour les ajouter à son propre fonds, à son propre trésor de pensées.

Nous ne chargeons pas le tableau, puisque trop d'enfants sortent encore de l'école primaire sans avoir découvert le trésor que recèle le livre. Ce trésor inconnu reste improductif... et les cabaretiers vendent de l'absinthe et de l'eau-de-vie.

Aujourd'hui que nous ne faisons plus chanter la table de multiplication ni les départements, aujourd'hui que nous ne nous permettons de confier à la mémoire que la poésie qui a été comprise, aujourd'hui que nous avons surtout souci d'éclairer notre lanterne, nous ne pouvons laisser l'enseignement de la lecture en dehors de cette espèce de renaissance pédagogique, et nous demandons, nous recommandons une méthode rationnelle.

Nous laissons de côté la syllabe inintelligible, morte, et nous prenons pour base le *langage*; il est clair comme le jour que nous ne pouvons en avoir d'autre.

Comme entrée en matière d'enseignement, il faut faire parler le petit élève. Malheureusement, l'exercice de langage a beaucoup de peine à s'acclimater dans l'école. Est-ce parce qu'il n'y a pas encore de méthode tout d'une pièce, de livre tout fait là-dessus? Je le crains bien un peu! et pourtant ce serait si intéressant, si chaque directrice se faisait à elle-même son plan, ses exercices gradués, toujours en rapport avec le niveau intellectuel et moral de ses élèves, en rapport aussi avec leurs goûts, avec leurs habitudes, avec leur milieu! La méthode deviendrait alors si vivante et si entraînante!

Nous n'en sommes pas là; mais nous y viendrons. D'abord, nous prendrons ces petits qui ont trois ou quatre ans et que nous trouvons avec raison trop jeunes pour leur enseigner à lire, et nous leur apprendrons le nom de toutes les choses qui les entourent. « Ce sera vite fait », dites-vous. Tant mieux; mais j'en doute, attendu que, sans compter les termes spéciaux à chaque terroir, qui défigurent la langue française, nous sommes tous plus ou moins ignorants du nom propre de chaque chose. Dans la classe, dans la maison, dans la rue, au jardin, il y a des quantités d'objets pour lesquels le terme nous manque. Quels sont, par exemple, les enfants des écoles primaires qui pourraient nous nommer la flore environnante? quels sont les enfants des écoles maternelles connaissant le nom des fleurs du jardin ou du bouquet placé sur l'estrade ? Le nombre en est si restreint que nous pourrions presque dire qu'il n'y en a pas.

Cet exercice de langage est donc urgent, et rien de plus facile que de le faire avec ordre et méthode. Aujourd'hui il s'agit de la classe ; demain, de la cuisine ; après-demain, du jardin. Les images aidant, les sujets abondent.

Chaque mot doit être prononcé exactement, à haute et intelligible voix, scandé par syllabes :

« *La cham-bre, le pla-fond, l'es-ca-lier, le bureau.* »

« *Le ga-zon, le mas-sif, le ro-sier, le pla-ta-ne, le pru-nier.* »

Vous savez sans doute, mes chères lectrices, que, dans les écoles de certaines régions, l'étude du « vocabulaire » figure sur l'emploi du temps. C'est ce que nous demandons, mais un vocabulaire vivant, avec pièces à l'appui.

Après les mots viennent les groupements de mots : « *La chambre est grande. Le plafond est blanc. L'escalier est en bois. Le bureau est verni.* » Puis des propositions liées : « *La chambre est propre, mais le plafond est noirci. L'escalier de l'estrade est en bois, celui de la maison est en pierre.* »

Les mots représenteront des choses utiles aux enfants : « *Mon lit est chaud* », ou des choses qui flattent leur goût : « *La pêche est mûre* », ou des personnes qu'ils chérissent : « *Ma mère berce mon petit frère* ». C'est le « connu » pour eux ; c'est l' « apprécié » ; c'est l' « aimé ».

Ces mêmes mots qui représentent pour les enfants des idées, ces mots groupés en phrases et traduisant des pensées à eux, faisons-les-leur maintenant envisager au point de vue de la lecture, et ceci est le second exercice préparatoire, un exercice qui viendra *longtemps* après le premier, quand celui-ci sera devenu tout à fait familier aux enfants.

Tout à l'heure ils scandaient les syllabes; faites-leur maintenant détacher chaque son de l'articulation à laquelle il est lié : « *m-on... l-it... est ch-aud.* » Cette gymnastique intellectuelle plaît beaucoup aux petits esprits chercheurs, et, sans avoir vu une lettre (comprenez bien qu'il ne s'agit que du son exhalé, de l'articulation prononcée, abstraction faite de leur représentation par un signe conventionnel), sans avoir jamais vu de lettre, l'enfant décompose, épelle tous les mots qu'il a au bout de la langue.

Le laboureur qui veut ensemencer son champ le tourne, le retourne deci delà, partout, suivant l'expression du fabuliste, et ne confie le grain à la terre que lorsque celle-ci est bien préparée.

Vous avez fait comme le laboureur; votre terre est prête. « Mon lit est chaud », a dit l'enfant. Il a ensuite décomposé : « *m-on... l-it... est ch-aud* ». C'est le moment de lui dire qu'on a fait le portrait de *m*; le voici : *m*. *On* a aussi le sien; puis *l-it*. Tout ce qu'on prononce (ou peu s'en faut) a aussi son portrait. Et dorénavant, partout où il retrouvera ces portraits, ces signes qu'on appelle des lettres et qui sont vraiment pour lui des portraits de connaissance, il les nommera, et ce sera bientôt pour lui une fête de les dessiner : d'écrire.

Les combinaisons de ces portraits ou lettres représenteront pour lui des idées; ces idées auront pour ainsi dire un corps : il déchiffrera avec entrain.

Plus tard, pourra-t-il se reporter à l'époque précise où il aura appris à lire? Eh non! puisque la découverte de la lecture ne sera qu'un des nombreux fils dont sera tissée la trame tout entière de son esprit.

En ce moment, nous sommes bien élevés au-dessus des tableaux de lecture devant lesquels se sont énervées tant de générations d'écoliers. Que nous importent les kyrielles de syllabes détachées : *ra ca ni mu*; les mots à difficultés : *diphtongue*, *esthétique*, et le casse-tête chinois consistant à renverser l'ordre des syllabes d'un mot (cela existe) : « *me-ny-no-sy* », pour *synonyme* ! Comme nous sommes loin de tout ce qui est factice, empirique, décourageant !

Nous faisons *découvrir* la lecture à l'enfant, au lieu de la lui imposer. La torture d'aujourd'hui sera le charme de demain.

Ce sont là des idées générales ; on me demandera sans doute un procédé précis. Mais je veux encore déblayer mon terrain. Je continue donc à éliminer.

Quelle que soit la méthode que l'on choisira, il faut renoncer à la lecture aux cercles, qui ne donne pas de résultats, qui ne peut pas en donner.

Raisonnons un peu. Les enfants restent rarement jusqu'à sept ans à l'école maternelle ; les plus grands n'ont, en général, que six ans.

Un enfant de six ans rêve de papillons, disent les poètes, mais plus souvent de cabrioles dans le sable. S'il est plein de bonne volonté, s'il est ce qu'on appelle un enfant *au-dessus de son âge* (ce dont je ne reconnais pas l'utilité), il peut être attentif en classe, soumis à la discipline, être cité comme un élève modèle et faire l'admiration de ses petits camarades.

De là à surveiller les autres et à leur donner des leçons, il y a un abîme.

Oh! je sais bien ce que l'on m'objectera : « L'enfant est fier d'avoir une responsabilité; l'élévation à la dignité de moniteur est un excellent moyen de discipline, c'est même un moyen moralisateur ». Oui, mais un moyen moralisateur dont il faut user, non pas abuser.

Tout individu doit être au-dessus de ses fonctions, c'est-à-dire apte à faire plus qu'on ne lui demande. L'habituer à être au-dessous de ses fonctions, c'est l'habituer à faire les choses à moitié, à se contenter de peu, à laisser, selon l'expression vulgaire, couler l'eau.

Quelles sont les qualités que doit réunir un moniteur quand il s'agit de lecture aux cercles?

Il doit d'abord savoir imperturbablement le tableau qu'il est chargé de faire lire; il doit pouvoir le lire de haut en bas, de bas en haut, en tous sens; il doit en comprendre tous les mots, si ce tableau est composé de mots.

C'est déjà beaucoup.

Si nous admettons que cet enfant de six ans, ce moniteur, doit faire lire un enfant isolé, il devra captiver l'attention de cet enfant, être lui-même attentif à ses réponses, surveiller sa prononciation, ne pas le laisser lire en perroquet. Est-ce vraiment possible?

Or la lecture aux cercles comporte plusieurs élèves devant un même tableau, quatre, cinq, six élèves;

c'est-à-dire que les difficultés se multiplient, se décuplent, pour ne pas dire qu'elles se centuplent. Ce qui deviendrait un ferment d'émulation entre les mains d'un instituteur devient un ferment de distraction, d'inattention, de désordre entre les mains d'un enfant plus âgé seulement de quelques mois que ceux qu'on l'a chargé de surveiller et d'instruire.

Mais surveiller et instruire tout à la fois, c'est extrêmement difficile pour les instituteurs et les professeurs de tout ordre.

L'enfant ne *peut* pas faire ce qu'on attend de lui. Il faut donc supprimer la lecture aux cercles; pas demain, aujourd'hui; pas tout à l'heure, tout de suite.

La lecture aux bancs-tables, s'il y a des bancs-tables, la lecture au gradin, puisqu'il y a partout des gradins, doit donc remplacer la lecture aux cercles, quel que soit le procédé employé. Un des procédés les plus rationnels, c'est celui de la lecture et de l'écriture simultanées.

C'est très facile. La directrice trace sur le tableau la lettre la plus simple. Cette lettre est l'*I*. Les enfants la reproduisent sur l'ardoise, à l'aide d'un bâtonnet ou d'une latte d'abord, et avec le crayon ensuite; en la reproduisant, ils en apprennent le nom : « c'est un *i* ». Pour graver ce son *i* dans leur mémoire, on leur fait chercher des mots dans lesquels il se trouve : Emile, ville, bille, cerise, Paris.

De la lettre *i* on passe à une autre lettre composée de lignes droites, l'*M* par exemple, et, aussitôt que possible, on fait composer aux enfants une syllabe, même un mot si l'on peut : MIMI les intéressera tout de suite, j'en suis sûre. Ce mot, écrit d'abord en majuscules moulées, sera reproduit en minuscules, puis en lettres courantes. Ne dites pas, dès l'abord, que ce sera trop difficile; je n'admets pas que l'enfant soit arrêté par la lettre P par exemple (cette lettre qui lui permettra d'écrire tout de suite PAPA), puisqu'il n'est pas arrêté devant certains modèles de dessin linéaire, tels que la *ligne mixte.*

Oh! ce sera très mal écrit! aussi mal écrit que sera mal dessiné ce que j'ai déjà demandé pour le dessin, mais nous n'avons pas à nous en inquiéter; la calligraphie viendra plus tard. Ce qui nous importe pour le moment, c'est que l'enfant apprenne à lire d'une manière rationnelle, intéressante, sans procédés empiriques, et, de plus, qu'il n'apprenne à lire que des choses qu'il peut comprendre, que des mots qu'il peut prononcer.

Les enfants qui auront écrit et lu le mot PAPA rentreront ravis à la maison et seront pressés d'écrire et de lire le mot MAMAN, dont la représentation leur deviendra bien vite familière; ils le prononceront bien, ils le diviseront par syllabes (la définition de ce terme grammatical leur est tout à fait inutile; il s'agit pour eux de compter combien de fois ils ouvrent la bouche pour prononcer un mot), et, en peu de temps, ils pourront écrire et lire des phrases courtes et simples, telles que : « *Papa ira à la promenade. Maman a une jolie robe* », etc.

Ils feront plus encore!

« Qui est-ce qui ira à la promenade? leur demandera-t-on.

— C'est papa.

— Où ira votre papa?

— Papa ira à la promenade.

— Qui est-ce qui a une jolie robe?

— C'est maman.

— Qu'a votre maman? ou : Votre maman a... quoi?

— Maman a une jolie robe.

— Comment est la robe de votre maman?

— La robe de maman est jolie. »

Qu'est cet exercice, sinon une analyse logique, cette analyse qui est la terreur des écoliers non habitués au raisonnement?

J'insiste là-dessus, parce que ce procédé d'analyse nous conduit sans tarder à la lecture courante. Quelle est, en effet, la pierre d'achoppement de la lecture courante dans nos écoles? C'est le manque d'intelligence de la phrase lue, c'est le défaut d'analyse. Mais, dès que le lecteur a analysé, il a compris; dès qu'il a compris, il s'intéresse, et, quand on est intéressé, on devient curieux d'aller plus loin, de savoir davantage. Nous ne connaissons plus les anciennes castes, mais nous ne pouvons nous empêcher de diviser la société en deux classes bien distinctes : d'un côté, il y a les gens qui lisent, ceux pour lesquels la lecture est un besoin; et, de l'autre, ceux qui ne lisent pas, soit qu'ils n'aient pas appris à lire, soit qu'ils lisent sans comprendre. Or, dans un pays de suffrage universel, *tout le monde doit lire* : les hommes pour bien voter, les femmes pour pouvoir engager les hommes à bien voter.

« Mais, me dira-t-on peut-être, grâce aux conseils que vous venez de nous donner, nous pourrons sans doute enseigner aux enfants les mots très usuels, les phrases très simples; mais comment nous y prendre pour les difficultés ? »

Les difficultés, il faut les laisser de côté. Nous ne voulons pour nos petits élèves que ce qui est à leur portée, car il faut que l'enfant puisse s'assimiler ce qu'il lit. Quand il se sera rendu matériellement et intellectuellement maître des phrases simples, c'est-à-dire quand il embrassera d'un coup d'œil toutes les combinaisons de lettres qu'on lui présentera, quand il comprendra sans effort les idées que ces combinaisons représentent, il sera armé pour vaincre les difficultés à mesure qu'il les rencontrera.

« A mesure qu'il les rencontrera », car on ne le mettra plus aux prises avec des difficultés accumulées à plaisir, avec des mots et des phrases dans le genre de ceux que j'ai cités plus haut et auxquels j'ajoute : « L'élite de l'armée — Évite la rixe — Fatal, absolu, féodal, opportunité, Talmud, simulacre, fantasmagorie, héréditaire, quiproquo, mnémonique, cénotaphe, œdème, œcuménique, chlorate, spécifique, etc. »

Y a-t-il vraiment beaucoup de directrices d'école maternelle qui se chargeraient de donner à leur petit personnel des idées justes sur ces mots? Quant à moi, je ne m'en chargerais pas.

Si, au contraire, la directrice fait elle-même ses modèles, si elle compose ses tableaux, si elle crée, en un mot, une méthode appropriée à ses élèves, il s'en dégagera des clartés. Or c'est la clarté, c'est la lumière qui a manqué jusqu'ici.

Le passage des ardoises ou du tableau noir aux livres s'effectuera sans secousse, puisque, dès les premiers jours, l'enfant aura été admis à comparer la lettre écrite à la lettre imprimée.

Cette méthode est facile, disais-je plus haut, et je ne me dédis pas; mais, soit que les directrices aient manqué d'expérience, soit que les doigts malhabiles des enfants aient enrayé les progrès, nous n'avons pas encore constaté de résultats très satisfaisants. Dans beaucoup d'écoles où l'on en a fait l'essai, des mois entiers ont à peine suffi pour apprendre quelques mots seulement, et les phrases que l'on a pu construire avec ces mots ont semblé peu variées.

Il est à désirer cependant que l'enfant, dès qu'il a commencé à apprendre à lire, apprenne vite. Car il semble que tout soit donné par surcroît à celui qui lit de bonne heure et qui lit bien. Si tous les enfants de sept ans savaient lire (je ne parle pas ici des enfants des grandes villes, auxquels les générations précédentes ont légué une préparation intellectuelle latente, mais des paysans, qui, en somme, sont la masse), si tous les enfants de sept ans *savaient lire couramment en comprenant ce qu'ils lisent*, la tâche de l'instituteur serait extrêmement simplifiée. Le programme des écoles primaires, que nous trouvons trop chargé, deviendrait tout de suite assimilable par la majorité des écoliers; car celui qui sait lire possède la clef qui ouvre toutes les portes du domaine intellectuel, aujourd'hui cadenassées pour le plus grand nombre. Le pays des clartés, au lieu d'être hérissé de murailles quasi infranchissables, lui est accessible; il y entre, il le parcourt librement, et chaque jour amène sa découverte.

Cherchons donc un procédé plus expéditif et tout

aussi rationnel pour les directrices auxquelles le premier n'aura pas réussi. Nous partons toujours du principe énoncé plus haut. L'enfant parle. Non seulement il parle couramment, mais il est exercé à scander ses phrases en mots, ses mots en syllabes, ses syllabes en sons et en articulations (sans théorie aucune, sans définitions : « Compte ce que tu dis dans « papa », « pa-pa », « p-a-p-a »). Cette préparation est indispensable ; elle est précieuse aussi et fera aller comme sur des roulettes l'enseignement de la lecture. Elle devra *invariablement* précéder chaque exercice de lecture.

Notre matériel se composera : 1° de lettres mobiles, une petite provision pour chaque enfant et la provision de la directrice ; ces lettres, ce sera d'abord l'alphabet complet ; puis les sons composés : *ai*, *an*, etc. ; puis les articulations composées, *ch*, *gn*, etc. ; ensuite la 3e personne du singulier du verbe *être* au présent, qui arrête longtemps les enfants (*est*)[1] (il sera entendu que, lorsqu'il trouvera ensemble ces trois lettres composant à elles seules un mot, il les prononcera ainsi qu'il est impossible de les décomposer) ; enfin l'article simple pluriel ou le pronom personnel *les*, l'article contracté *des*, la conjonction *et*, etc ; — 2° des cartons sur lesquels ces lettres, ces sons simples et ces sons composés, ces articulations simples et ces articulations composées, et les quelques mots à difficultés que nous avons cités, seront imprimés comme sur les car-

1. On nous objectera que l'est (orient) s'écrit de la même manière et se prononce différemment. Mais ce mot est rarement usité dans la littérature enfantine. Le petit apprenti lecteur a le temps de devenir ouvrier avant de le rencontrer.

tons du loto traditionnel ; — 3° de *composteurs* ou cadres en nombre égal à celui des enfants, sur lesquels chacun pourra composer des mots. (Ces composteurs ne sont pas indispensables et l'exercice peut, à la rigueur, se faire sur les tables, mais ils seraient *très utiles.*)

1er EXERCICE. — *La directrice.* Mes enfants, dites-moi chacun votre *prénom.* — *Les enfants.* Amélie, Albert, Caroline, Emile, Octave, Michel, André, Gustave, Ferdinand, Louis, Marie, Catherine, Gabrielle, René, Isidore, Pierre, Paul, Jeanne, Jacques, Ursule, etc.

La directrice. Maintenant, dites-moi chacun — l'un après l'autre s'entend — votre *nom*, c'est-à-dire celui de votre famille. (Il est probable que beaucoup des lettres de l'alphabet, sinon toutes, seront représentées.)

2e EXERCICE. — Il y a des prénoms beaucoup plus usités que d'autres : Marie, Pierre, Jean et Jeanne. Il est très probable que plusieurs enfants de l'école ont le même nom. On commence par le plus usité, s'il est simple.

La directrice. Que toutes les petites filles qui s'appellent *Marie* lèvent la main. Encore une fois. Maintenant prononçons *tous* bien distinctement ce nom : *Marie.* Coupons-le : *Ma-ri-e.* Décomposons-le tout à fait : *M-a-r-i-e* (les enfants feront plusieurs fois cet exercice collectif de décomposition, *sans crier*, puis séparément *surtout*, ceux qui sont les plus lents à comprendre).

La directrice. Voulez-vous voir maintenant le portrait de *M*? Le voici ; ces portraits s'appellent des lettres; voici la *lettre M*. Cherchez le *M* dans vos lettres, montrez-le; c'est bien. Voyez s'il y a encore des *M*, cherchez-les; mettez-les *tous* devant vous sur la table (ou dans le composteur). Comptez-les. Combien y a-t-il de *M* (ce sera un moyen de contrôle; la directrice aidera celui qui ne les a pas trouvés, ou le fera aider par son voisin, plus éveillé et plus expéditif)? Y a-t-il d'autres enfants dont le nom commence par un *M*? — *Michel, Marguerite, Madeleine, Marthe*. — Quand votre maman vous fait des chemises, des mouchoirs, des bas, elle les marque, elle y met un *M*. Regardez vos mouchoirs, sont-ils marqués? — Oui? c'est bien. — Non? il faudra demander à votre maman d'y mettre un *M*.

Le même exercice se reproduira pour tous les noms. Et nous arrivons à celui-ci : « Catherine, quelle est la première lettre, l'*initiale* de ton prénom? et la tienne, Jean? et la tienne, Louise? et la tienne, Pierre? etc.

3e EXERCICE. — *La directrice*. Voulez-vous maintenant que nous cherchions tous les portraits, toutes les *lettres* qu'il nous faut pour composer et pour lire Marie? Nous avons dit : *M-a-r-i-e*. Cherchons *a*, cherchons *r*, cherchons *i*, cherchons *e*. Mettons-les à côté les unes des autres, ces lettres, et lisons : *Marie*. Cherchons encore tous les *M*, tous les *a*, tous les *r*, tous les *i*, tous les *e*. Combien y en a-t-il de chacun? Combien de fois pouvons-nous écrire *Marie*? Écrivons-le autant de fois que nous pourrons. C'est fait. Maintenant brouillez toutes les lettres. C'est fait (aux trois ou quatre plus lambins : « Composez le nom Marie »).

4e EXERCICE : *Le jeu du loto alphabétique*. — Chaque

enfant a son carton; chaque enfant a son sac de lettres. La directrice tire, appelle; les enfants marquent. A la seconde partie, un enfant tire, appelle; autant de parties, autant d'enfants tirent, appellent à leur tour, de manière qu'au bout de la semaine *chacun y a passé.*

5e EXERCICE. — Les enfants ont toutes les lettres devant eux. — *La directrice.* Composez Marie, Louis, Michel, Antoine, Charles, l'un après l'autre tous les noms des enfants.

6e EXERCICE. — *La directrice* (qui a préalablement préparé une liste, pour empêcher l'exercice de languir, ce qui est tout à fait important). Cherchons des noms d'animaux : *poule, cheval, fourmi, chèvre, lapin, mouton, vache, âne, lion, sole, sardine, pinson, merle*, etc.

Exercice de prononciation, de décomposition en syllabes, en sons et articulations; composition du mot, toujours d'après le procédé cité plus haut.

La directrice. Que fait la poule pour faire naître ses poussins? — Elle couve. — Exercice d'invention : « La poule couve ». — Exercice de décomposition en mots : « La — poule — couve » (combien de mots? comptons-les); décomposition en syllabes, en sons et articulations. Composition des mots.

Faire une phrase sur chacun des mots suivants (une ou plusieurs, car la poule elle-même en aurait donné de très simples comme orthographe) :

« La poule a un bec », « La poule a des plumes », « La poule a des ailes ».

« Le cheval a du poil », « Le cheval porte le sac de blé », etc.

Cet exercice se renouvellera pour les fruits, pour les fleurs, pour tout ce que l'enfant connaît et aime. Les petites difficultés de pluriel, de lettres inutiles et de redoublement seront vite vaincues, d'autant plus vite qu'on ne s'y arrêtera pas. Exemple : « André a bu du lait de notre vache brune. » La prononciation, qui aura été soignée, aura indiqué à l'enfant que *lé* doit être écarté. Restent *ei* ou *ai*, on choisit ce dernier; le *t* final pourrait être supprimé; mais la lai*t*erie, alors?... C'est pour nous rappeler qu'il y a une laiterie qu'on met un *t* à la fin du mot.

Les enfants sachant bien lire, il semblerait que la tâche fût terminée. Il me reste cependant un sujet à traiter : c'est le choix des livres de lecture courante.

Quelque rationnel que soit le procédé employé pour enseigner à lire, l'enfant aura pris de la peine pour apprendre; il aura fait, en tout cas, un petit effort d'attention. Cet effort renouvelé tous les jours représente, pour lui, une réelle somme d'efforts dont, en bonne justice, il doit recevoir le prix.

S'il allait se dire : « A quoi bon? » ou : « Si j'avais su! » il se produirait certainement un arrêt de sa bonne volonté, qu'il est du devoir de l'éducateur d'empêcher. Rien de plus facile, d'ailleurs; il faut simplement que ce qu'il lit l'intéresse, l'*empoigne*, soit en l'émouvant, soit en l'amusant.

Or, si je feuillette la plupart des livres que l'on met entre les mains des enfants, si j'en regarde seulement les titres, je suis tristement persuadée que nous sommes loin de ce résultat; sans parler des livres liturgiques ou théologiques absolument inintelligibles, et en ne considérant que les livres écrits pour les écoles, je constate que la plupart sont trop sérieux, trop pédagogiques dans la forme, peu propres à servir d'aliment à l'imagination des petits lecteurs (l'imagination ! un trésor dédaigné, calomnié !), impuissants à exciter en eux la générosité, le dévouement, l'enthousiasme, incapables de les faire pleurer et de les faire rire. Tout cela est morne, et l'enfant est morne lui aussi. Je vous en prie, mes chères lectrices, ne « prenez » pas un livre, *choisissez-le* ; mais, pour faire un choix, il faut comparer, juger ; pour bien choisir, il faut vouloir, comme je le veux moi-même, que l'enfant vive, qu'il vibre, qu'il soit gai, qu'il soit heureux.

CHAPITRE XII

L'ENSEIGNEMENT DU CHANT

Le chant en Belgique, en Suisse, en Angleterre, en Allemagne. — Si nous voulons que les enfants aiment le chant, faisons-les chanter. — Les directrices ne sont pas musiciennes. — Une lacune de l'examen du certificat d'aptitude à la direction des écoles maternelles. — Il faudrait un instrument dans l'école. — Pourquoi les enfants doivent chanter. — Comment leur enseigner à chanter. — Les paroles. — L'article du règlement. — Pour que les mères chantent, faisons chanter les enfants.

Un élément de vie pour l'école, c'est le chant. En Suisse, les enfants des écoles maternelles chantent à deux parties d'une manière charmante, une des directrices conduisant le groupe des soprani, l'autre celui des contralti. En Angleterre, — et je ne crois pas que nos voisins d'outre-Manche aient jamais passé pour avoir le génie de la musique, — le chant, à deux parties aussi, est très soigné, bien nuancé ; on s'en occupe avec la sollicitude que mérite une des parties les plus essentielles du programme. En Belgique.... Mais voici une lettre qui me parle justement de ce qu'on fait en Belgique.

« J'ai vu en Belgique, m'écrit une de mes amies, des usines admirables au point de vue industriel, mais qui m'ont surtout intéressée par l'élévation morale des ouvriers. La musique a sa bonne part dans ce résultat. Toutes les usines ont des Sociétés philharmoniques, qui comptent jusqu'à 70 membres, et ceux des ouvriers qui ne jouent d'aucun instrument apprennent au moins la musique vocale.

« En Allemagne, j'ai eu la chance d'entendre de la musique populaire, et j'en ai été frappée et émue.

« Certes, je ne crois pas que les Français arrivent de longtemps à une telle perfection musicale, mais entre *tout* et *rien* il y aurait sans doute place pour quelque chose. Nos pauvres paysans, les ouvriers de nos usines seraient moins grossiers s'ils avaient, pour combattre le cabaret, la ressource de former dans chaque hameau des réunions musicales, qui seraient toujours faciles à organiser, si les enfants recevaient à l'école primaire les premières notions de la musique. Pourquoi le gouvernement, qui fait tant pour l'instruction du peuple, n'a-t-il pas encore rendu l'enseignement de la musique obligatoire comme celui de la lecture? »

Ma correspondante vit parmi les ouvriers d'une usine considérable, elle s'occupe d'eux et de leurs enfants, elle a organisé des classes du soir et a essayé à plusieurs reprises de fonder un orphéon; mais l'ignorance musicale absolue de ceux qu'elle réunissait l'a obligée de s'arrêter, à bout de forces.

Cette ignorance explique l'erreur dans laquelle elle est tombée au sujet du programme; car je n'ai pas à dire ici que *l'enseignement du chant est obliga-*

toire dans les écoles primaires, obligatoire aussi dans les écoles maternelles.

En effet, en France on ne chante pas, ou l'on chante mal, ce qui est pire; les écoles primaires cependant sont en progrès. Mais les écoles maternelles!

Les enfants ne chantent pas, ils crient. Ils crient — juste ou faux, d'après leurs dispositions, mais faux le plus souvent — en frappant des pieds de toute leur force; la directrice donne du claquoir, de toute sa force aussi. C'est une bataille où la mélodie et l'harmonie sont complètement vaincues.

Est-ce parce que le Français n'a pas l'instinct musical, comme on le dit parfois à la légère? Est-ce parce qu'il n'est pas né musicien? L'enfant se façonne avec une facilité merveilleuse, d'après le milieu dans lequel il vit. Voulez-vous qu'un enfant soit musicien, faites-lui un milieu musical.

Après nos désastres de 1870, on a prétendu que nous avions été vaincus par la géographie. Nos ennemis connaissaient, en effet, notre pays mieux que nous ne le connaissions nous-mêmes, et l'on a dit : « Les Français ne sont pas nés géographes ». Nous avons tous répété cette assertion, mais nous ne nous sommes pas contentés de la répéter, nous avons travaillé. Aujourd'hui, nos enfants de sept ans en savent plus sur la géographie que leurs pères bacheliers. C'est la branche de l'enseignement qui, dans les écoles primaires, a fait le plus de progrès. Tous les jours, nous entendons dire d'un enfant : « Il est né géographe ». Dans vingt ans, tous les Français seront nés géographes, eux aussi, et il aura suffi, pour produire ce résultat, d'avoir de bons maîtres de géographie.

Les fillettes de la Haute-Loire qui, à six ans, font de la dentelle, ne sont pas nées dentellières; mais, dès qu'elles ont pu tenir une bobine, on leur en a mis une dans les mains, puis deux, puis trois; si, au lieu de bobines, on leur avait donné un violon et un archet, si on leur avait enseigné à jouer du violon comme on leur a enseigné à faire passer une bobine sur l'autre et à fixer la maille avec une épingle sur leur *carreau*, elles seraient aujourd'hui violonistes comme elles sont dentellières.

Si nous voulons que les enfants aiment le chant, *faisons-les chanter*. Le tout petit enfant a des facultés d'assimilation merveilleuses, une ouïe d'une sensibilité extrême, et la preuve, c'est la facilité avec laquelle il apprend à parler. Un enfant de trois ans arrive à comprendre deux personnes dont l'une lui parle toujours dans une langue, et l'autre dans une autre. Un de mes petits amis, âgé de quatre ans, parle le français, l'anglais et l'allemand, parce qu'on lui a parlé ces trois langues depuis qu'il est au monde. Or qu'est-ce que le langage, sinon une musique?

Si nous voulons que l'enfant chante, j'y reviens, il faut le faire chanter; mais, avant de le faire chanter, il faut lui faire entendre de la musique; c'est donc par les directrices des écoles maternelles qu'il faut commencer l'éducation musicale.

Les directrices des *salles d'asile* n'avaient aucune éducation musicale, et le milieu dont elles sortaient ne leur avait pas inculqué le goût du beau. Aux examens du certificat d'aptitude, on n'avait exigé comme *maximum*, jusqu'à ces dernières années, que l'exécution *de mémoire* d'un chant spécial. Aussi ne trouvons-nous pas en ce moment dix directrices sur cent capables de déchiffrer en chantant une phrase musicale. Les chants se transmettent de l'une à l'autre, comme autrefois les légendes; chacun y apporte sans le vouloir quelque modification; bientôt ils deviennent méconnaissables. Tant que la nullité en musique ne sera pas un cas d'élimination aux examens, comme la nullité dans toute autre branche, il nous sera impossible d'améliorer l'enseignement du chant.

C'est donc aux écoles normales à aviser. En Suisse et en Angleterre, on fait beaucoup de musique dans les écoles normales, et il y a au moins une pianiste dans chaque école maternelle. En Allemagne, un jeune homme sortant de l'école normale *doit* jouer sur le violon un nombre déterminé d'hymnes religieuses, un nombre égal d'hymnes patriotiques, un nombre égal d'airs populaires. Le violon est l'instrument par excellence pour les classes, parce qu'il n'immobilise pas le maître sur un point quelconque, qu'il lui permet de s'approcher de tel élève dont la voix n'est pas sûre, de tel autre qui a moins de mémoire musicale; malheureusement, le violon a été jusqu'ici, et je ne sais vraiment pas pourquoi, un instrument exclusivement réservé aux hommes. S'il est impossible de vaincre le préjugé, je voudrais que l'on enseignât l'accordéon aux futures directrices.

Restent pour les institutrices le piano et l'harmonium, et, malheureusement encore, c'est l'harmonium qui a, jusqu'ici, grâce à la modicité relative du prix, obtenu la préférence. Je dis malheureusement, parce que l'harmonium est plus difficile à jouer que le piano; il exige un double exercice, celui du pied et celui de la main. Trois ans d'étude de piano à l'école normale donneraient, j'en suis sûre, des résultats plus satisfaisants que le même temps d'étude sur l'harmonium. Ce n'est pas tout encore, car il faut bien que je fasse le procès complet de cet instrument, que j'aime cependant beaucoup : lorsque l'enfant émet un son faux, le seul moyen de le lui faire rectifier, c'est de lui faire entendre le son juste et de le lui répéter sur l'instrument jusqu'à ce qu'il ait enfin pu le reproduire; l'harmonium ne se prête pas à cet exercice; à peine la touche est-elle abaissée, ce n'est plus un son tout simple qu'on entend (je ne me sers pas ici d'expressions techniques, j'essaye seulement de me faire comprendre de celles de mes lectrices qui sont le moins musiciennes), et le petit auditeur est troublé. Sur le piano, au contraire, on peut répéter la note jusqu'à l'infini sans que ce fait se produise.

Donc, étude du chant à l'école normale, étude tout aussi obligatoire d'un instrument, et, simultanément, éducation du goût par de fréquentes auditions de bonne musique. L'instituteur doit être un *artiste*, et ici j'entends par artiste non pas un individu pour lequel la théorie et la pratique de l'art n'auraient plus de secrets, mais un individu que l'art émeut, que l'art élève moralement.

En écrivant ce dernier paragraphe, il m'a semblé entendre une objection qu'on m'a déjà faite cent fois : « Si vous demandez tant de choses aux directrices d'écoles maternelles, le recrutement, déjà difficile, deviendra impossible ».

Je suis absolument convaincue du contraire. Plus le niveau intellectuel et moral exigé pour la fonction sera élevé, plus nous trouverons de fonctionnaires jalouses de se montrer à la hauteur. Quand on choisit la carrière de l'enseignement, ce n'est pas pour faire fortune, puisque le budget de l'Instruction publique ne permet de donner aux instituteurs qu'une position modeste; on la choisit pour être utile, pour exercer une influence morale sur ses concitoyens. Or il n'y a que la supériorité qui donne l'influence morale.

Au point de vue purement pratique, d'ailleurs, un instrument est l'auxiliaire indispensable de la directrice de l'école maternelle, pour conserver sa voix si elle l'a encore, pour y suppléer si sa rude tâche la lui fait perdre.

Arrivons aux enfants qui doivent chanter.

Pourquoi doivent-ils chanter?

Comment leur enseigner à chanter?

Les enfants doivent chanter, parce que le chant est un exercice hygiénique qui régularise le jeu des poumons et la respiration, par conséquent.

Ils doivent chanter, parce que, dans nos écoles maternelles si encombrées d'élèves, le chant est un des meilleurs auxiliaires de la discipline.

Ils doivent chanter, parce que le chant grave dans leur souvenir, d'une manière ineffaçable, la plupart des leçons qu'on leur a faites.

Ils doivent chanter, parce que le chant est un excellent exercice de prononciation.

Mais ils doivent chanter, surtout, parce que le chant est une des expressions les plus naturelles et certainement les plus charmantes des meilleurs sentiments intimes; parce que la musique prête aux sentiments de tendresse, de bonté, de reconnaissance, de joie, de patriotisme, des accents plus élevés, plus enthousiastes.

Ils doivent chanter, parce que la musique donne du courage aux faibles et exalte celui des forts; parce que c'est une langue idéale, qui rend plus beau ce qui est beau, et meilleur ce qui est bon.

Comment, demandais-je plus haut, leur enseigner à chanter?

Oh! vous m'avez déjà devinée! vous savez, j'en suis sûre, à fond toute *ma méthode*. A l'école maternelle, l'enfant doit chanter comme l'oiseau chante; il ne saurait être question pour lui de théorie.

Il faudra d'abord qu'il aime le chant que vous voudrez lui enseigner. Mais, pour l'aimer, il faut qu'il le connaisse : chantez-le-lui une fois, puis une autre, puis une autre encore, pas coup sur coup au moins, mais de temps en temps, comme récompense.

Les paroles jouent un grand rôle dans l'étude d'un chant. L'enfant devra en comprendre non seulement le sens général, mais le sens de chacun des mots en particulier. Ces paroles seront l'expression de sentiments *à lui* et non de sentiments factices; elles amèneront une larme dans ses yeux ou le sourire sur ses lèvres. L'expression juste, les nuances, viendront, dès lors, presque d'elles-mêmes. Un petit enfant qui m'est très cher et auquel je reproche souvent de se tenir voûté me disait un jour : « Quand je chante quelque chose de la France, je me tiens fier ».

Cette assimilation de l'idée, et par conséquent des paroles, une fois obtenue, reste celle de la musique.

Les directrices tentent l'impossible quand elles cherchent à enseigner un chant à tout leur petit monde à la fois; le résultat plus que négatif que nous constatons dans la plupart de nos écoles maternelles provient de cette faute du début.

Il faudrait choisir parmi les grands un groupe de cinq ou six enfants les mieux doués, ceux qui ont la voix la plus juste, — on s'en rendrait compte en les faisant chanter individuellement, — et leur enseigner le nouveau chant. Quand ils le sauraient absolument, sans défaillance, quand ils le comprendraient, le sentiraient, le nuanceraient, on ajouterait à leur groupe quelques chanteurs de plus, choisis encore parmi les mieux doués; par adjonctions successives, on arriverait à faire chanter le morceau à tous les enfants, à l'exception de ceux qui ont la voix notoirement fausse. Ceux-ci doivent écouter, écouter encore, et... espérer des jours meilleurs.

Quand j'aurai ajouté que l'enfant doit chanter *debout, la tête droite, les épaules effacées*, et que par conséquent *certains* (pas tous), certains exercices de gymnastique faits pendant le chant me paraissent absolument contraires à l'émission naturelle du son et en même temps à l'hygiène, j'aurai dit, je crois, tout ce que je m'étais promis de dire au sujet de l'enseignement du chant à l'école maternelle.

Eh non! car j'ai laissé de côté l'article du règlement qui a *droit* à sa place.

« L'enseignement du chant comprend : les exercices d'intonation et de mesure les plus simples ; les chants à l'unisson et à deux parties qui accompagnent les exercices gymnastiques et les évolutions. Les chants sont appropriés à l'étendue de la voix des enfants. Pour ces exercices, les directrices se serviront du diapason. »

Le règlement exprime d'une façon technique ce que j'ai *raconté* en langage familier. L'*intonation* et la *mesure* ont eu leur place dans ce qui précède, sans que je les aie nommées pourtant. Quand on fait émettre un son à un enfant, quand on l'amène à l'émettre juste, s'il ne l'a pas d'abord fait de lui-même, on lui fait faire un *exercice d'intonation*. Quand on lui fait donner à chaque note sa valeur, c'est un *exercice de mesure*.

Cependant il y a autre chose sous cette formule. Ces exercices sont gradués ; ce sont des secondes, des tierces, des quartes. Les secondes, les tierces, les quartes, etc., sont les *éléments* de tous les chants, et il est bon que les enfants s'y exercent. Mais cette étude demande une exactitude *absolue*. Je tremble quand je la vois entreprendre par des directrices qui n'ont pas d'instrument pour les guider, dont la voix est fatiguée, qui n'ont même pas de diapason.

L'enfant qui chante à l'école apporte ses chants d'oiseau à la maison paternelle, et il ne les oublie jamais ; après avoir égayé les intervalles des classes, après avoir rasséréné le front soucieux de la mère de famille, ils sèchent les pleurs du nouveau-né.

Pour que les mères françaises chantent auprès du berceau de leurs enfants, faisons de la musique, de la bonne musique à l'école. Certes, la musique est un *art d'agrément* ; mais cet art d'agrément a une si haute portée éducatrice qu'il est aussi et d'abord un art de première nécessité.

CHAPITRE XIII

L'ENSEIGNEMENT DU DESSIN

L'enfant doit apprendre à regarder et à rendre compte de ce qu'il a vu. — Les ardoises. — Les lattes. — Les modèles dits Frœbel. — Les modèles représentant des objets usuels. — Les dessins d'imagination. — Comment la directrice fera faire l'exercice du dessin. — Le dessin sur les cahiers.

Le dessin a été considéré pendant longtemps, lui aussi, comme un art de luxe.

Certes, il est agréable de savoir dessiner; toute personne comprenant la nature serait heureuse de fixer sur un album le souvenir des paysages qu'elle a admirés; dans les soirées d'hiver, dans les longues journées de convalescence, le dessin est un compagnon, presque un bienfaiteur. Mais, si nous l'étudions au point de vue pédagogique, il est plus, il est mieux que cela, car il fait naître et développe la faculté d'observation. Aussi lui donnons-nous une place d'honneur dans nos écoles maternelles.

Prenons deux enfants, dont l'un passe auprès des objets sans les voir, qui laisse errer son regard et son esprit dans le vague, un de ces enfants qui répond :

« Je ne pense à rien », toutes les fois qu'on lui demande : « A quoi penses-tu? » — et un autre qui s'intéresse aux choses, qui veut tout voir avec les yeux et avec les doigts. Il est évident que les progrès intellectuels du second seront plus rapides que ceux du premier; il est évident aussi que l'éducation a des devoirs à remplir envers ces deux enfants : elle devra habituer l'un à regarder autour de lui, puis à examiner; elle devra empêcher l'autre de tout regarder à la fois, de se contenter d'un coup d'œil superficiel.

Mais quel procédé employer pour l'un et pour l'autre? leur donnera-t-elle simplement des conseils?

Non! la directrice exercera l'enfant à décrire ce qu'il a vu.

Pour décrire, il faut avoir des mots à sa disposition, et, quelque simple que soit l'objet, le vocabulaire d'un enfant de trois ou quatre ans est trop pauvre pour que celui-ci puisse ébaucher même une description.

C'est alors que l'ardoise et le crayon entrent utilement en scène; l'enfant essaye de reproduire sur l'ardoise ce qu'il a devant les yeux. Je sais qu'au début c'est presque toujours informe, horrible. Qu'est-ce que cela me fait? Que l'enfant regarde, qu'il *voie*, le reste viendra ensuite.

L'ardoise et le crayon sont en scène, ils doivent y rester, de même que le tableau noir. La directrice vient de raconter une histoire, ses petits auditeurs ont été intéressés, plusieurs lui en ont rendu compte, tel détail passé inaperçu de l'un a justement frappé l'esprit de l'autre,... qu'elle fasse dessiner par chacun des enfants la scène dont il s'est le mieux rendu compte, et l'histoire tout entière finira par *vivre* véritablement devant eux. Je vous le répète, au point de vue du dessin, ce sera horrible; mais, je vous le répète aussi, cela ne me fait rien, parce que je suis sûre que le mieux viendra. Ce qui me préoccupe avant tout, c'est le but à poursuivre et à atteindre. Si aujourd'hui les éditeurs nous donnent des livres illustrés d'images, — même les livres d'arithmétique, — est-ce pour qu'ils soient plus jolis, pour qu'ils frappent davantage l'œil? Peut-être! Mais c'est surtout pour que l'image vienne au secours de la phrase imprimée, c'est parce que nous faisons véritablement de l'enseignement par les yeux, persuadés que nous sommes que, lorsque l'enfant a *vu*, il a presque toujours compris. J'en conclus que le tableau noir et la craie doivent être inséparables d'un bon enseignement; un seul trait en dit souvent plus qu'une longue phrase.

Crayonner est un des bonheurs des enfants. Je crois que c'est, après le sable, ce qu'ils aiment le mieux; les ardoises devront être posées à leur portée, de manière qu'ils puissent les atteindre toutes les fois qu'ils le désirent. — Les bonnes tables ardoisées réalisent sur ce point notre idéal. J'ai vu des enfants de quatre ans racontant une histoire et reproduisant la scène sur l'ardoise, grâce à une série de points : « Ce gros-là, c'est le papa, puis voilà la maman, plus petite, et tous les enfants qui vont à la promenade. »

Mais ce sont là des idées générales, des « aperçus ». C'est que je voudrais établir d'abord l'utilité pédagogique du dessin tant pour les instituteurs que pour les enfants. Je voudrais que les directrices fussent bien convaincues qu'il excite et développe l'esprit d'observation, qu'il donne de la rectitude à l'œil, qu'il est, en même temps qu'un plaisir, un des meilleurs moyens de faire l'éducation des doigts, qu'il est enfin un des plus utiles auxiliaires de l'instituteur.

Bien des raisons, vous le voyez, militent en faveur du dessin à l'école maternelle, et toute directrice digne de ce titre ou qui aspire à s'en rendre digne doit dessiner elle-même et faire dessiner ses petits élèves. Le dessin doit entrer comme exercice régulier dans l'emploi du temps de l'école maternelle; tous les enfants des deux sections devront dessiner tous les jours.

Le dessin, dit le règlement du 2 août, sera d'abord la reproduction sur l'ardoise des figures faites sur la table, à l'aide de lattes ou de bâtonnets.

Rien de plus simple : une latte placée en long, en large, en diagonale donnera les trois différentes espèces de lignes droites, dont les noms sont inaccessibles et inutiles aux enfants, à ceux surtout de la première section.

Que de combinaisons déjà avec deux lattes! En écrivant la phrase qui précède, j'en ai ébauché dix! A plus forte raison si nous augmentons le nombre des lattes.

Ces combinaisons peuvent être faites par des enfants de trois ans, si cela les amuse.

Revenons à notre premier exercice. L'enfant a placé une latte sur sa table dans le sens vertical. La directrice reproduit la ligne au tableau noir; tous les enfants la tracent sur l'ardoise. Cette ligne est effacée, tant sur l'ardoise que sur le tableau; les petits élèves la tracent de nouveau sur leur ardoise. De même pour l'horizontale, de même pour l'oblique, de même pour les combinaisons de lattes qui seront faites dans les exercices suivants.

Nous le répétons : dans les premiers jours, les petites mains malhabiles ne traceront que des choses informes, mais les directrices ne devront pas s'en effrayer, se dire que c'est impossible; nous leur assurons au contraire que « cela viendra ». Cela est déjà venu dans beaucoup d'écoles maternelles : les directrices ont trouvé dans le dessin un élément éducatif très sérieux et les enfants un passe-temps agréable.

La reproduction sur l'ardoise des figures faites au moyen de lattes est beaucoup plus facile pour l'enfant que celle d'un modèle tracé préalablement au tableau noir. C'est lui-même qui a fait cette figure, il sait de combien de lattes elle se compose, il se rappelle dans quel ordre il les a posées, par quel point elles touchent l'une à l'autre. Bientôt il comprendra le modèle fait au tableau; c'est vraiment là ce que nous appelons aller du connu à l'inconnu.

Autant que possible, il faut que ces figures composées à l'aide de lattes représentent des choses que l'enfant connaît, dont il sait parler. Deux lignes parallèles, verticales, en tant que parallèles et verticales, n'ont pour lui aucun intérêt; mais, si elles deviennent les deux montants de la porte ou les deux cordes pendantes du gymnase, ce sont pour eux de vieilles connaissances qu'ils prennent plaisir à reproduire. Si ces parallèles sont horizontales, ce seront les rails du chemin de fer. Deux lignes droites formant des angles aigus, obtus, représentent différents écartements du bras et de l'avant-bras. C'est très important! les enfants feront de la géométrie, et de la bonne, sans s'en apercevoir, en s'amusant; le tout est de savoir s'y prendre. Avec trois lattes ils feront une chaise, quelle joie! Il y a là une mine pour une directrice intelligente et de bonne volonté.

L'enfant de la seconde section peut comprendre le modèle fait sur le tableau.

Quelle collection choisira la directrice? Les modèles dits Frœbel, c'est-à-dire surtout du dessin d'ornement? Je ne crois pas devoir l'y engager, si ce choix devait être exclusif. Certes, il est bon de savoir faire un carré, puis dans ce carré une étoile, et d'enserrer carré et étoile dans une ligne courbe; l'enfant réussit même très bien ce genre-là; mais il préfère de beaucoup — c'est un fait acquis — les objets qu'il voit, dont il se sert, qui sont *ses choses*; ensuite l'habitude de ces dessins devient une routine; l'observation n'a plus rien à faire, le travail est tout machinal; enfin ce genre de modèle laisse de côté ce qu'il y a de plus utile dans l'enseignement du dessin, je veux parler du sens des proportions relatives des objets.

J'engage donc les directrices à varier : qu'elles ajoutent à quelques dessins d'ornement un plus grand nombre de modèles reproduisant des objets usuels, et qu'une fois par semaine elles fassent faire un dessin d'imagination, c'est-à-dire ce que chaque enfant « voudra » faire. Il serait même bon, ce jour-là, de retourner l'ardoise du côté non quadrillé, pour que l'enfant fût tout à fait livré à lui-même.

Mais les modèles! il faut qu'ils soient faits *aux*

tableaux noirs; j'emploie le pluriel avec intention, parce qu'un seul tableau est tout à fait insuffisant, surtout dans les écoles où les élèves travaillent encore aux bancs latéraux. Ces modèles doivent être faits en présence des enfants, et bien en vue, — cette recommandation est moins puérile qu'elle ne le semble, — bien en vue de tous les petits dessinateurs.

On ne se rend pas toujours compte qu'un modèle, bien éclairé pour un groupe d'enfants, est dans l'ombre pour un autre groupe. La directrice doit donc s'assurer que tout le monde voit ; pour cela, il faut qu'elle s'assoie aux bancs, à plusieurs places successives, qu'elle se fasse aussi petite que ses petits élèves.

Et puis, pour le dessin comme pour toute chose, l'enfant doit être guidé ; *il faut surveiller la tenue*, rectifier les lignes mal faites. Naguère encore — c'est-à-dire avant le sectionnement — les uns dessinaient pendant que les autres lisaient, et, comme, avec la meilleure volonté du monde, une directrice ne peut être partout, ni la lecture ni le dessin n'étaient vraiment surveillés.

Voici comment il faut procéder : Les enfants munis de leurs ardoises et de leurs crayons — de la façon la plus expéditive, — la maîtresse se met devant le tableau noir, *tout noir* ; elle dessine un trait, en indiquant bien la manière de s'y prendre. « Dessinez ce trait », dit-elle aux enfants. « Montrez vos ardoises, sans sortir de vos places.... » D'un coup d'œil ou d'un mot elle encourage ceux qui ont bien fait ; elle va vers l'enfant qui n'a pas réussi, le fait recommencer sous sa direction, amène l'enfant paresseux à travailler aussi, puis elle dessine le second trait.

« C'est bien long! » pense-t-on peut-être. Pas autant qu'on pourrait le croire. C'est une question de discipline, d'habitude à prendre, d'éducation en un mot. Ce qui m'a le plus frappée dans les écoles maternelles de Londres, c'est que *tous* les enfants exécutaient l'exercice indiqué. A l'heure du pliage, *tous* pliaient; à l'heure du dessin, *tous* dessinaient.

Le dessin se fait à l'ardoise, mais nous ne réprouvons pas — comme luxe ou comme récompense, une fois par semaine — l'usage des cahiers. Nous verrons avec plaisir les directrices mettre dans les mains des enfants des crayons de différentes couleurs. Un cahier bien fait — *par l'élève* — fait plaisir aux parents un jour de fête ou le premier janvier; or, tout jeune encore, il est bon que l'enfant comprenne que l'on n'a de vrai bonheur que celui que l'on fait aux autres.

CHAPITRE XIV

LES RÉCITS HISTORIQUES

L'enseignement de l'histoire est peut-être celui qui donne le moins de résultats dans les écoles primaires. — Pourquoi? — Les facultés que l'histoire met en jeu. — L'histoire est-elle à la portée des enfants de l'école maternelle? — Quelles qualités doit avoir la directrice pour enseigner l'histoire? — Bayard. — Etienne Marcel et du Guesclin. — Turgot et La Tour d'Auvergne. — Palissy et Michel de L'Hôpital. — La féodalité. — Jeanne d'Arc. — La Patrie. — Conclusion.

Le règlement du 2 août a fait une part à l'enseignement de l'histoire. « Les premiers principes d'éducation morale devront inspirer aux enfants le sentiment de leur devoir envers leur patrie. » « Les récits porteront sur les grands faits de l'histoire nationale. »

L'enseignement de l'histoire est, sans doute, celui qui présente le plus de difficultés, car c'est la partie du programme qui a jusqu'ici donné le moins de résultats dans les écoles primaires. L'histoire serait-elle donc moins intéressante que la grammaire ou que l'arithmétique? Non, certainement! Mais prenez un livre d'arithmétique, quel qu'en soit l'auteur, vous y apprendrez les diverses combinaisons d'unités, la théorie des opérations fondamentales. Les vérités scientifiques que contiendra le livre pouvant être présentées d'une façon plus ou moins claire, il sera plus ou moins agréable à consulter ; mais il n'y a jamais qu'une manière de former les nombres, on ne les compose que par l'addition et la multiplication, on ne les décompose que par la soustraction et la division. L'arithmétique, en un mot, est une science précise qu'il est facile de débiter par tranches, — permettez-moi cette expression vulgaire. — De tel à tel âge on en apprend ceci, de tel autre à tel autre on en apprend cela, et un instituteur qui ne saurait que ce qu'il doit enseigner à ses élèves, mais qui le saurait *bien*, pourrait le leur bien enseigner. On peut donner, par exemple, une excellente leçon sur les fractions décimales sans savoir extraire la racine carrée d'un nombre ; comme aussi, dans un tout autre ordre d'idées, on peut dire tout ce qu'il y a à dire sur le *chêne* sans avoir jamais entendu parler du *palmier*.

On ne me fera pas, je l'espère, l'injure de penser que j'engage les instituteurs à se contenter, pour tout bagage scientifique, de ce qu'ils doivent enseigner à leurs élèves; non! Je veux seulement établir ceci : c'est qu'il y a des études qui demandent plus ou moins des facultés de l'individu, tandis que l'histoire les exige toutes : intelligence, raisonnement, comparaison, esprit critique, mémoire et conscience, mais conscience surtout, et que c'est parce qu'on ne lui a pas donné tout cela qu'elle s'est montrée avare et que les résultats sont presque nuls.

L'histoire, trop souvent regardée comme un tableau chronologique ou comme un simple récit, est autre chose qu'un récit, autre chose qu'un tableau chronologique. Les faits qu'elle raconte, les hommes qu'elle met en scène, il faut pouvoir les comprendre, les discuter, les juger. Des faits dont on ignore et les causes et les résultats ne sauraient intéresser; des hommes dont le caractère, les mœurs, les habitudes, la civilisation sont inconnus sont comme des espèces d'énigmes dont le mot est indéchiffrable. Malheureusement, les débuts ont paru si arides que presque personne n'a cherché à deviner ces énigmes, et que l'enseignement de l'histoire a été frappé de stérilité. Avec une peine infinie, les enfants ont appris qu'à Hugues Capet a succédé Robert le Pieux, à Robert le Pieux Henri Ier; que la première croisade a été prêchée en 1095; quelques-uns ont été jusqu'à mettre dans une case de leur mémoire que la Révolution française a pour date 1789, et que Napoléon Ier s'est fait proclamer empereur en 1804, et ils sont restés froids.

Ils sont restés froids, surtout, parce qu'il leur était impossible de placer les faits et les hommes dans un cadre approprié.

Comment comprendre, par exemple, la vraie grandeur de Charlemagne, celle qui consiste dans son rôle de civilisateur, s'ils ignorent que personne en France à cette époque — sauf quelques moines — ne savait lire? Pourraient-ils se figurer, ces petits enfants du XIXe siècle, que personne ne sût lire, si on ne leur dit pas qu'il n'y avait pas de livres à cette époque, et que quelques manuscrits copiés à grand'peine coûtaient des sommes considérables.

Comprendront-ils mieux que l'on ait honoré Louis VI du titre de *Père des communes* s'ils n'ont pas une idée de la *féodalité*?

Et puis on a eu le grand tort, dans les écoles, de s'attarder au passé, de raconter toujours aux enfants les batailles du moyen âge, de les mettre en rapport exclusivement avec des hommes qui diffèrent trop sensiblement de ceux qu'ils connaissent aujourd'hui; on a eu le tort, surtout, de ne leur parler que des héros de la guerre, au lieu de leur parler des héros de la paix, des hardis navigateurs qui ont découvert des terres inconnues, des travailleurs obstinés, des chercheurs qui ont changé par leurs inventions successives les conditions de la vie matérielle, des penseurs et des écrivains qui ont agrandi jusqu'à l'infini le champ de la vie intellectuelle, des artistes qui nous ont appris à aimer le beau, des enthousiastes qui nous ont donné l'exemple du dévouement.

Tout le mal est venu des précis; tout le mal est venu de ce qu'on a fait travailler la mémoire seulement, alors que les facultés les plus nobles de l'intelligence devaient être mises en jeu.

Pour apprendre l'histoire, c'est-à-dire pour la comprendre, pour l'aimer, je dirai presque pour s'y passionner, je ne connais qu'une méthode : lire. Lire, en prenant des notes s'entend. Mais il ne s'agit pas de lire un seul auteur, de le lire jusqu'à mémoire complète des termes qu'il a employés, de le lire jusqu'à satiété. Non! il faut lire plusieurs auteurs, lire et comparer. Celui-ci a insisté sur tel détail, celui-là sur tel autre. L'un se complaît à la description des batailles, l'autre préfère la peinture des mœurs, un troisième étudie surtout les caractères. Tel historien juge les faits par leurs résultats politiques, c'est-à-dire par l'influence qu'ils ont eue sur les rapports des gouvernements avec le peuple, ou sur les rapports de la France avec les peuples étrangers; tel autre les envisage surtout par leurs résultats sociaux, c'est-à-dire par l'influence qu'ils ont sur les lois et les mœurs de la nation; tel autre encore, au point de vue philosophique, c'est-à-dire par leur influence sur les idées. Mais cette influence politique, sociale, philosophique fait partie intégrante de l'histoire; on ne peut connaître l'histoire si l'on ne s'en est pas rendu compte; on ne peut enfin l'enseigner si l'on ne s'est fait une *conviction*, et la conviction est la récompense acquise aux seules études sincères et approfondies.

Mais alors... l'histoire n'est pas à la portée des enfants de l'école marternelle? En principe, *non*. Faut-il la supprimer? En principe, *oui*.

Mais dans la pratique? Tout dépend de la directrice. Possède-t-elle bien son sujet? a-t-elle un tact assez sûr pour bien choisir ses leçons? a-t-elle le don d'émouvoir?

J'appelle « posséder » son sujet, savoir non seulement le fait en lui-même, mais les circonstances qui l'ont produit et ce qui en est résulté. S'il s'agit d'un homme, le placer dans *son* milieu, le seul où il puisse paraître vivant, le seul aussi qui permette d'expliquer ses sentiments et ses actes.

Je me trouvais, un jour, dans une école soigneusement sectionnée; plusieurs personnes s'intéressant à l'éducation des petits enfants m'accompagnaient. Dans la division des grands, — ils avaient six ans pour la plupart — le nom de Bayard revenait à chaque instant. Les enfants, très vivants, très développés, racontaient ses hauts faits, son dévouement à son roi, ses fières paroles au traître Bourbon, sa mort. Leur mémoire fonctionnait merveilleusement.

« Vous voyez comme ils savent bien! me dit la directrice, à qui j'avais contesté le sujet choisi. — En effet. Mais croyez-vous que ce petiot qu'on élève maintenant en républicain, et qui a pu entendre parler des rois avec quelque sévérité, pensez-vous que ce petiot s'explique l'enthousiasme de Bayard pour François Ier? Comprend-il, cet enfant, qui ne peut, *quoi qu'on en pense*, s'élever à l'idée de la Patrie, comprend-il qu'en ce temps-là le roi la personnifiait? Peut-il se rendre compte des guerres auxquelles le héros a été mêlé? »

Ma conviction pénétrait difficilement dans l'esprit de la directrice; elle s'était habituée à croire que son monde comprenait. Je m'adressai alors au plus éveillé de la classe : « Connais-tu Bayard? l'as-tu vu? lui as-tu parlé? — Non. — Et ton papa, l'a-t-il vu? — Il ne me l'a pas dit. — Cela ne m'étonne pas, car il y a plus de cent ans, vois-tu, que Bayard est mort, et plus de deux cents ans, et plus de trois cents ans. — Alors!... c'était avant la création du monde », s'écria l'enfant, qui savait *si bien* l'histoire du Chevalier sans peur et sans reproche.

Le choix n'était pas *mauvais* cependant.... Mais le portrait n'était pas dans le cadre.

Savoir choisir!...

Voici, par exemple, deux hommes qui ont vécu à la même époque, Étienne Marcel et du Guesclin.

Du Guesclin est un guerrier dont la vie est une série d'*actes* et dont l'enfance mouvementée intéresse un auditoire de six ans. Cet homme de guerre est non seulement loyal, mais généreux. Tout cela est à la portée des enfants, si l'on sait s'y prendre.

Que leur dire d'Étienne Marcel? Qu'il a mis son chaperon sur la tête du dauphin Charles? Eh oui! on ne manque jamais de raconter cet incident. Mais pourquoi l'a-t-il mis? Quelles circonstances ont fait pendant un instant d'Étienne Marcel le protecteur du régent? Ce sont là des questions de politique absolument incompréhensibles pour les enfants de l'école maternelle, et dont on ne parle même que sobrement à ceux de l'école primaire.

Je choisirais du Guesclin, et je laisserais de côté Étienne Marcel.

Un autre exemple, voulez-vous? Turgot et La Tour d'Auvergne, contemporains aussi.

Une directrice de bonne volonté, comprenant jusqu'à un certain point la difficulté d'intéresser les enfants aux idées économiques de Turgot, a essayé devant moi, un jour, de leur expliquer le budget de l'État en prenant pour point de départ celui de la famille. Mais le budget de la famille dépasse absolument le niveau intellectuel d'un enfant de cinq ans! A cet âge, un de mes fils était persuadé que le boucher, le boulanger, l'épicier et le marchand de nouveautés me fournissaient l'argent en même temps que la viande, le pain, le sucre et les étoffes. Ne me rendaient-ils pas en monnaie beaucoup plus que je ne leur donnais en pièces d'or ou d'argent?

La Tour d'Auvergne criant : « Qui veut dîner me

suive! » traversant une rivière à la nage, culbutant les Espagnols et régalant ses troupes d'un festin préparé par l'ennemi, est à la portée de l'intelligence enfantine. La Tour d'Auvergne, reprenant l'uniforme à l'âge de cinquante ans pour exempter le fils de son ami, fait tressaillir le cœur de l'élite de l'école maternelle.

Je choisirais La Tour d'Auvergne, je laisserais de côté Turgot.

Bernard Palissy, luttant pour la découverte de l'émail, intéresse les enfants; le chancelier de L'Hôpital, luttant pour la tolérance, les laisse froids : ils sont à la hauteur du *fait* et non à la hauteur de l'*idée*.

Quand le choix est fait, — *choix qui ne peut être que relativement bon dans la plupart des cas*, — la manière de présenter le récit prend une importance capitale. Peut-on risquer par exemple à l'école maternelle une leçon sur la Féodalité? Non, sous forme de leçon; mais une directrice qui comprend bien cette époque de notre histoire peut montrer à ses petits élèves une de ces charmantes maisons de campagne qui s'élèvent un peu partout dans notre riche pays de France, et mettre en regard de cette construction hospitalière une image représentant un château fort; elle leur décrira alors cette habitation sombre et lugubre, entourée de fossés profonds, située sur une hauteur presque inaccessible. On se cachait là dedans, parce qu'on avait peur, et l'on avait peur parce qu'on était méchant; de là les horribles guerres perpétuelles. En ce temps-là, le peuple était serf, attaché à la terre, quasi esclave. « Les ouvriers ne travaillaient pas librement comme vos papas, leur dira-t-elle ; ils travaillaient pour les nobles, qui étaient leurs maîtres. »

Si les enfants ne doivent pas avoir le cœur étreint en accompagnant Jeanne d'Arc sur la route hérissée de dangers qui la conduisit de sa chaumière à la cour de Charles VII ; s'ils ne sont pas haletants d'émotion quand elle fait son entrée à Orléans, bannière déployée ; s'ils ne ferment pas les yeux pour ne pas voir les flammes de son bûcher s'enrouler autour d'elle, je demande qu'on ne leur parle pas de Jeanne d'Arc.

Si, grâce aux descriptions de la directrice, cet être abstrait, la *Patrie*, ne peut prendre corps ; si l'imagination des enfants ne s'élance pas, comme l'oiseau bleu des contes de fées, à la découverte du doux et splendide pays ; s'ils doivent rester froids, s'ils doivent réciter, en chœur : « Oui, nous aimons notre Patrie ! » comme ils récitent en chœur la table de multiplication, je demande qu'on ne leur parle pas de la Patrie.

La *Patrie*, pour ces petits enfants, ce n'est pas, ce ne peut pas être le pays de Charlemagne et de du Guesclin, celui de la Féodalité et de la Renaissance, celui des guerres de Religion et de la Révolution française. La Patrie, pour eux, c'est le pays des cerisiers aux fruits rouges et de la vigne aux grappes vermeilles. C'est le pays où le brillant soleil ne brûle pas, où le froid ne raidit pas les membres et permet de faire des boules de neige. C'est le pays où les papas travaillent de bon cœur et où les mamans ont des trésors de tendresse....

Dans les autres pays, il y a aussi de bonnes et de belles choses, car le soleil luit pour tout le monde. Partout les papas travaillent pour leurs enfants ; partout les mamans ont des trésors de tendresse, mais notre doux pays de France est, de tous les bons pays, le ... « plus bon » pays.

Nous concluons, expérience faite, que l'on doit être *très sobre* de récits d'histoire de France à l'école maternelle.

CHAPITRE XV

LA LEÇON DE CHOSES

La leçon de choses est la leçon par excellence, parce qu'elle est intimement liée à l'acquisition de la langue maternelle et à la culture de tous les sens. — La mère ne donne pas de *leçon* à son petit enfant. — Une règle absolue pour la leçon de choses. — La leçon de choses doit être graduée; ce qui convient aux grands ne convient pas aux petits. — En quoi consiste le talent de l'instituteur. — Ce que l'enfant doit savoir. — La vie de l'école est une leçon de choses ininterrompue, si la directrice sait s'y prendre. — Comment elle doit préparer sa leçon *quand elle en fait une*. — Résumé.

Ce qui est, dans l'école maternelle comme dans la famille, la leçon par excellence, c'est la *leçon de choses*. C'est la leçon par excellence, parce qu'elle est intimement liée à l'acquisition de la langue maternelle et à la culture de tous les sens. L'enfant prend des leçons de choses dès le berceau. Grâce à la curiosité de ses yeux avides de voir, de ses doigts avides de toucher, de ses narines avides de sentir, de ses oreilles avides d'entendre, de son palais avide de goûter, les leçons se succèdent, se multiplient, se lient entre elles et se confondent. Si la mère *peut*, grâce à sa culture intellectuelle, revêtir du *mot propre* chaque sensation, chaque idée de l'enfant, si elle peut lui nommer ce qu'il voit et ce qu'il touche, il se développe dans des conditions excellentes.

Ces notions, elle ne les donne pas à brûle-pourpoint, sans y être sollicitée; a-t-on jamais vu une mère intelligente essayant de faire prononcer à son bébé le nom d'un objet qui n'est pas à la portée de son regard? Et, quand il a grandi, qu'il sait parler, l'a-t-on jamais vue l'asseoir sur une chaise et lui dire : « Bébé, sois bien sage; mets les mains au dos; écoute ce que je vais te dire : voici un objet qui s'appelle un soufflet, il sert à activer le feu; on le fait aller comme cela. » Non! l'enfant s'est emparé du soufflet qui était à sa portée, il l'a tourné, retourné, il est arrivé à en écarter, à en rapprocher les deux moitiés, il a recommencé et recommencé encore. La mère intervient alors : *C'est le soufflet.* « Souffle avec la bouche, comme le soufflet. » La leçon est donnée, il n'a pas fallu de gradin ni de table, il n'a pas fallu surtout commencer par faire disparaître toute la spontanéité de l'enfant, en lui disant : « Sois bien sage, écoute », et c'est l'enfant lui-même qui a fourni les éléments de sa propre instruction.

Règle absolue : l'enfant doit voir la *chose* sous toutes ses faces, sous tous ses aspects, le dessus et le dessous, l'intérieur et l'extérieur; il doit la voir dans la lumière et dans l'ombre, avec les yeux, mais aussi avec les doigts, — car il ne voit bien que ce qu'il touche; — il doit la sentir si elle a de l'odeur, l'écouter si elle a du son, la goûter si elle a de la saveur.

La leçon que l'enfant a provoquée est, pour lui, la meilleure; essayons de la lui faire provoquer. En tout cas, amenons-le à la désirer. Rien de plus facile à l'école. Si, en effet, l'école maternelle est ce que nous la rêvons, si l'enfant a été autorisé à y apporter le matin l'objet qui l'intéresse, s'il est libre de ses mouvements au lieu d'être assis, s'il est dans le jardin au lieu d'être dans le préau, et, par conséquent, dans des conditions favorables aux découvertes, la directrice doit s'attendre à une infinité de questions.

Pour les traiter *à fond*, il lui faudrait une instruction scientifique que peu de personnes possèdent, mais on ne lui demande pas de les traiter *à fond*; on la prie, au contraire, de ne pas l'essayer, car cette prétention, — absolument injustifiée d'ailleurs, puisqu'un spécialiste seul est en état de le faire, — cette prétention est une des erreurs les plus graves de nos écoles maternelles. La leçon de choses y est pour l'enfant de trois ans la même que celle de la section des grands; celle de la section des grands est la même que celle de l'école primaire; celle de l'école primaire est, bien souvent aussi, disproportionnée, si bien qu'il faudrait presque monter jusqu'à la Faculté des sciences pour y trouver le type de la leçon unique que subissent les *étudiants* de tout âge, à commencer par ceux qui ne savent pas parler.

Voici un exemple : le mouton (un sujet dont on use et dont on abuse dans les écoles). Le mouton est un *ruminant* pour la section des petits, comme il est un *ruminant* pour la section des grands, comme il sera un *ruminant* pour les enfants de l'école primaire, capables seuls de comprendre — si elle leur est bien expliquée — cette leçon de physiologie. Ce mouton! l'enfant le prend dans le pré, — c'est tout juste s'il comprend — il le conduit à l'abattoir, de l'abattoir à la boucherie, de la boucherie — ce qu'il en reste du moins — à la tannerie, à la filature, au tissage, au magasin de nouveautés, à la fabrique de chandelles, à l'usine de noir animal, etc. Quel voyage! un voyage à toute vapeur, où les cahots ne sont pas épargnés et où les tunnels sont nombreux. Ce ne sont presque que des tunnels! les pauvres petiots sont ahuris et n'y voient goutte. — Cependant, me dira-t-on, si un petit curieux — un brave enfant, celui-là — demande : « Pourquoi l'animal, quand il ne broute plus, fait-il encore et sans cesse aller sa bouche? » Il faut lui répondre, mais pas en lui parlant des trois estomacs : en lui disant qu'au lieu de mâcher peu à peu leur nourriture, comme nous, et comme la plupart des autres animaux, les moutons coupent d'abord toute l'herbe de leur repas et l'avalent; puis que, en prenant leur temps, ils la font revenir peu à peu dans leur bouche pour la mâcher. Je suis sûre que l'enfant sera satisfait.

Le talent de l'instituteur consiste, d'ailleurs, à penser non pour lui-même, mais pour ses élèves. Il ne doit pas se croire obligé de dire *tout* ce qu'il sait du sujet qu'il traite : il doit au contraire se demander ce qui, de ce sujet, peut convenir aux enfants; il doit savoir trier et présenter à chacun la nourriture qui convient à son âge, et avec une préparation telle qu'il se la puisse bien assimiler.

Or l'enfant doit savoir le nom de l'objet, en quoi il est fait, et ce qu'on en fait. S'il s'agit d'un animal : sonnom, sa nourriture et alors, autant que possible, son caractère, ses mœurs. « Un chien qui avait naguère accompagné à l'hôpital son maître blessé, ayant été lui-même victime d'un accident, est allé se présenter au concierge du même hôpital! » Voilà ce qui intéresse les enfants de l'école maternelle. La sollicitude de la poule pour ses poussins, celle de la chatte qui nourrit ses petits, les frappe autrement que le nombre de pattes de la première et les ongles rétractiles de la seconde. Il faut mettre la leçon au point.

Il importe que les enfants sachent le nom de l'arbre à l'ombre duquel ils jouent et les caractères auxquels ils reconnaîtront les arbres de la même espèce; il importe qu'ils sachent le nom du réséda qui embaume la plate-bande, du volubilis qui s'enroule autour de la claire-voie, du chèvrefeuille et de la clématite qui forment au fond du jardin un berceau odorant; le nom aussi des marguerites qui étoilent les prés, des bluets et des coquelicots qui égayent les champs de blé, du muguet dont les clochettes délicates donnent chaque année le signal du printemps; de la rose, reine des jardins. Il importe que l'enfant sache que le pain qu'il mange est fait avec du blé réduit en farine; que le linge qui couvre son corps vient d'une plante à la fleur délicate; que sa veste ou sa robe est faite avec la laine du mouton; que le corps de la chaise sur laquelle il s'assoit a été découpé dans le tronc d'un arbre, et que le siège de paille est fait avec la tige du blé. Le bouchon de sa bouteille vient de l'écorce d'un arbre : le chêne-liège; l'eau qu'il boit a été puisée à la source qui épanche son eau claire sur les cailloux; c'est la vache qui lui donne son breuvage de prédilection! le lait, etc., etc. Toutes ces choses, dites au moment spécial où la curiosité de l'enfant était excitée, se gravent dans sa mémoire, et il est rare qu'il les oublie. La vie active de l'école est une leçon de choses ininterrompue, si la directrice sait s'y prendre.

Une fois ou deux par semaine, la directrice *peut* aborder avec les plus grands une vraie leçon de choses. Cette leçon, elle la préparera d'avance avec soin; elle fera d'abord son *plan*, pour qu'il n'y ait pas de confusion dans les notions données; elle en étudiera toutes les parties, car il faut d'abord connaître son sujet, non pas pour tout dire, mais pour savoir faire le triage et pour pouvoir répondre aux questions inattendues. Mais le *savoir* n'est pas tout, il faut encore la clarté, la vie, le charme du langage; il faut que la leçon s'adresse à l'intelligence et non à la mémoire, et, *quand le sujet le comporte, mais seulement alors*, elle doit s'adresser aussi au cœur.

On ne peut donc *inventer* ex abrupto une leçon pareille; il faut la préparer assez sérieusement pour que tout ce qui est vérité scientifique soit devenu conviction dans l'esprit de la maîtresse; pour que, débarrassée du malaise que fait éprouver le doute, elle puisse se mettre à la portée de son petit auditoire, le captiver par l'originalité de l'exposition, par la variété des exemples, par l'intérêt des anecdotes.

Cette préparation intellectuelle doit être suivie de la préparation écrite. Il faut que chaque mot soit pesé, chaque terme abstrait remplacé par un terme à la portée des enfants, que la directrice soit enfin absolument maîtresse d'elle-même quand elle arrive devant son petit auditoire.

Un tel travail suppose non seulement ce désir de bien faire que j'appellerai la « conscience de l'étude », mais encore un amour patient et persévérant de la vérité, et un sentiment profond de la nécessité qu'il y a d'écarter toute erreur de l'esprit encore neuf des enfants. Et cela demande de longues recherches; car ce n'est pas seulement un livre qu'il faut consulter, c'est souvent deux, c'est cinq, c'est dix, suivant le besoin.

S'agit-il d'un animal, la directrice étudiera le chapitre de zoologie qui le concerne; s'agit-il d'une plante, elle consultera des ouvrages de botanique; veut-elle faire connaître à ses petits élèves un objet manufacturé, elle en étudiera d'abord la matière première, puis elle fouillera dans les livres qui traitent spécialement des questions industrielles sur lesquelles il importe qu'elle se renseigne.

Mais les livres ne suffisent pas; il faut *voir*, expérimenter, étudier sur le vif. La leçon de choses, pour tout professeur consciencieux, c'est presque l'infini.

On m'objectera peut-être qu'avec le matériel insuffisant et le peu de temps dont disposent les directrices d'écoles maternelles, ce que je demande est impossible. Oui, si l'on tient surtout à parler aux enfants de crocodiles, de serpents à sonnettes, d'ananas et de bananes; non, si l'on choisit pour sujets de ses leçons les choses qui sont à la portée de tous : chiens, poules, cerises, pommes de terre, etc.

Mais entendons-nous bien : c'est l'objet lui-même qu'il faut montrer, et non des imitations informes propres à donner des idées fausses aux petits élèves.

Qu'on se garde donc des monstres en carton ciré, des fleurs artificielles, des fruits en plâtre, des oiseaux en verre soufflé. Qu'on ne choisisse pas l'été pour faire une leçon sur la neige; l'hiver, pour en faire une sur les cerises.

La maison d'école, celle de la directrice, celle des enfants, l'atelier où travaillent leurs pères, leurs jardins, la grande route, la campagne environnante fourniront le meilleur musée, je dirais presque le seul que doive posséder l'école maternelle.

La leçon faite, restent les interrogations, par lesquelles la maîtresse s'assure qu'elle a été comprise. J'engage les directrices à poser les questions de telle façon que les enfants n'y puissent pas répondre par *oui* ou par *non*, et même, comme cela arrive trop souvent, par un signe de tête. S'ils ont compris, les réponses doivent être justes et claires. Les questions doivent s'adresser *à un seul enfant, qui réfléchira avant de répondre.* S'il n'arrive pas, à lui tout seul, à formuler sa pensée d'une manière satisfaisante, il sera aidé par un camarade, puis par un autre; la directrice s'en mêlera si c'est nécessaire, et la réponse enfin obtenue sera répétée par tous les enfants. Puis on cherchera des exemples, des comparaisons; les enfants feront leurs objections, raconteront leurs souvenirs personnels.

En résumé, la leçon de choses doit être d'abord appropriée aux enfants qui la reçoivent.

Elle doit être faite, sans exception, avec l'objet lui-même ou avec une bonne image.

Elle doit être *absolument* vraie ; elle doit être claire ; le langage de la maîtresse doit être sobre, ce qui n'exclut pas le mouvement et l'élégance.

L'enfant doit rendre compte de ce qu'il a vu et compris.

CHAPITRE XVI

LE CALCUL

L'enfant n'est pas habitué à réfléchir. — C'est la faute du dressage et de l'enseignement collectif. — Cette absence de réflexion est fort accusée dans les exercices de calcul. — Le calcul mental en Angleterre. — Le boulier-compteur. — Les bâtonnets. — Les cailloux. — Les cubes, les fèves, les haricots. — Tout est prétexte à compter, et l'enfant aime à compter. — La numération orale. — Les chiffres. — Les quatre opérations.

L'enfant des écoles maternelles parle peu; il réfléchit moins encore, et il est fort rare qu'on lui fasse appliquer à la vie pratique les notions toutes faites qu'on lui a inculquées. Cela vient du dressage que j'ai signalé au début, et de l'enseignement exclusivement collectif du gradin. En marche, ai-je dit, chaque enfant n'est qu'un des anneaux d'une chaîne inconsciente. Au gradin, la chaîne est assise. La directrice s'adresse à cet être abstrait qui s'appelle tout le monde. Bien dressé, tout le monde répond, pourvu qu'on lui ait donné les premiers mots de la réponse. Interrogez Jacques, Gabrielle : l'un et l'autre restent muets. Ils ne sont pas intimidés, mais ils ne savent pas qu'on peut réfléchir; on ne leur en a jamais laissé le temps, on ne les y a jamais engagés. En chœur, ils récitent une fable et la savent; en chœur, ils ont compté jusqu'à cent et récité la table de multiplication; adressez-vous à une unité ayant un nom, à Jacques ou à Gabrielle, ni l'un ni l'autre ne sait la fable; ni l'un ni l'autre ne sait que quatre fois cinq font vingt, et que quatre fois vingt-cinq centimes font un franc.

Ce manque absolu de descente en soi-même est fort accusé dans les exercices de calcul.

Dans la plupart des écoles maternelles, l'enseignement du calcul consiste dans le même éternel exercice au boulier-compteur, sur lequel on arrive à faire l'addition et quelques soustractions, et dans l'énumération des nombres de un à cent. Dans les meilleures écoles, on fait les deux ou trois premières opérations sur l'ardoise et quelques petits problèmes; mais le calcul mental, le seul qui dût être pratiqué, est totalement négligé.

En Angleterre, où le système des poids et mesures et des monnaies est fort compliqué, les enfants des *Infants' schools* font, de tête, des calculs étonnants. C'est difficile, on s'y applique. En France, le système décimal étant d'une simplicité merveilleuse, on s'en occupe d'une façon presque dérisoire, et le peu que les enfants savent reste à l'état de théorie. C'est un fait : un enfant compte jusqu'à cent; il écrit sans broncher un nombre de cinq ou six chiffres; demandez-lui de vous montrer le quatrième bouton de son gilet, d'aller vous chercher le cinquième tableau accroché au mur, de commencer sa lecture à la douzième ligne de la page, il en est absolument incapable. Dites aux enfants du troisième banc de se lever : personne ne bouge, ou tout le gradin se lève comme un seul homme. Les enfants ne se doutent pas que ce qu'ils ont appris peut leur servir à quelque chose, surtout à quelque chose d'individuel.

C'est la faute de la méthode, en général. Dans ce cas particulier, c'est beaucoup la faute du boulier-compteur. Or, excepté dans quelques écoles privilégiées, le boulier-compteur est l'unique objet matériel servant aux exercices de calcul. Ce boulier, c'est la directrice qui le manie. Quelquefois elle appelle un enfant; celui-ci quitte sa place, descend du gradin ou sort de son banc-table; cela prend du temps, pour un mince résultat, car ces boules, emprisonnées sur leurs tringles de fer, ne permettent pas de varier les combinaisons; et puis, elles ne donnent lieu à un calcul concret qu'autant qu'on les appelle des boules. Dès qu'on les appelle : pommes, oranges, etc., l'abstraction s'en mêle, puisque l'enfant est obligé de se représenter autre chose que ce qu'il a sous les yeux.

En tout cas, le procédé fût-il excellent, il a toujours ce grave défaut : l'uniformité, mère de l'ennui.

L'enfant aime à compter. Mais il aime à compter en palpant les objets et en les faisant passer d'une main dans l'autre, ou d'un objet dans un autre.

Le nouveau règlement favorise *en partie* cette disposition; il prescrit l'emploi des bâtonnets; mais, si le règlement prescrit, c'est la mairie qui paye, et la mairie n'est pas plus généreuse en fait de bâtonnets que pour tout autre article de matériel scolaire. Or, en ce cas particulier je suis disposée à ne pas lui en vouloir.

Des bâtonnets! mais les enfants eux-mêmes se feraient un plaisir d'en approvisionner leur école : des brindilles que l'on ramasse dans les chemins, des allumettes ayant déjà servi. Comment ignorer que l'enfant adore de se rendre utile, de faire quelque chose qui serve, d'acquérir sa petite importance! Et puis, est-il donc nécessaire que les unités soient représentées par des morceaux de bois d'une forme déterminée? Nous retomberions dans un des principaux défauts du boulier-compteur. Cela me dépasse, que les directrices n'aient pas fait ou fait faire des provisions de cailloux (le matériel primitif de l'humanité), de glands, de fruits de l'églantier, de pois, de fèves, de haricots. Je ne comprends pas davantage qu'elles n'aient pas fait appliquer chaque jour par les enfants les notions de calcul qu'elles leur enseignaient. Vingt fois par jour, on peut les faire compter!

Voici le texte du règlement en ce qui concerne la petite section : « Familiariser l'enfant avec les termes : un, deux, trois, quatre, cinq, moitié, demie; l'exercer à compter jusqu'à dix. Calcul mental sur les dix premiers nombres ».

Tout est prétexte pour faire compter à l'école maternelle, et, je le répète, l'enfant aime à compter. Il a d'abord ses doigts, sur lesquels l'homme-enfant a toujours fait ses calculs, puis il compte les fleurs d'un bouquet, les pétales d'une fleur, les grains d'une grappe de raisin ou de groseilles, les personnages représentés sur un tableau ou sur une image, les fenêtres de la maison, les arbres du jardin ou de la route, etc. A-t-il une pomme : on la lui partage en deux morceaux : « Voici une moitié, puis une autre moitié; une demi-pomme, puis une autre demi-pomme. Mange la moitié de ta pomme. Et maintenant l'autre moitié. Il y avait deux moitiés dans ta pomme. » Et de même pour un gâteau.

L'enfant fait les petites commissions de la maîtresse : « Apporte-moi trois ardoises; cinq crayons. Va maintenant poser deux ardoises sur le deuxième banc, trois ardoises sur le troisième », etc.

Fait-il des constructions avec des cubes : « Combien en as-tu? combien en as-tu déjà mis en place? Si tu en mets un autre, combien en auras-tu? et si tu en ôtes un? Fais deux tas de tes cubes : combien y en a-t-il dans l'un? combien dans l'autre? »

Et les cailloux. Chaque enfant en a dix. « Mets-en deux de côté, mets-en cinq, mets-en trois, mets-en huit », etc.

Et à la gymnastique. « Comptez six pas. Comptez deux temps forts et deux temps faibles », etc.

Pour les grands, maintenant :

« Premiers éléments de la numération orale et écrite;

« Premiers exercices de calcul mental. Addition et soustraction sur des nombres concrets et ne dépassant pas la première centaine;

« Etude des dix premiers nombres et des expressions demie, tiers, quart;

« Les quatre opérations sur des nombres de deux chiffres;

« Le mètre, le franc, le litre (j'y ajouterais le poids d'un kilogramme, les 500 grammes, les 250 grammes). »

La numération, c'est la formation des nombres, et si les enfants l'avaient comprise, le reste irait de lui-même. Malheureusement, dès le premier jour, ils confondent le nombre avec le chiffre, et la confusion dure longtemps! Quant à nous, nous mettons le chiffre absolument de côté.

L'enfant formera les nombres à l'aide de cailloux, de haricots, de noisettes : ce qui aura beaucoud d'analogie avec les excellents préceptes donnés par M. Braeunig (sous-directeur de l'école Alsacienne) dans son livre sur le *Calcul mental.*

Il formera le nombre *deux* avec un caillou, caillou o et un autre caillou o. Ces deux cailloux, il les placera ainsi : o o ou ainsi :

o
o.

A ce premier groupement : o o, il ajoutera un caillou : o, et il aura : o o o ou :

o
o
o

ou :

o o
o

ou :

o
o o.

Au groupement *trois*, il ajoutera un caillou : o o o o, ce qui lui donnera : o o o o ou :

o
o
o
o

ou : o o o o ou : o o o o ou : o o o.

Il combinera ainsi pour *cinq,* pour six. Prenons un dernier exemple, *sept* : o o o o o o o.

```
o o o o o o      o
  o o o o o      o o
    o o o o      o o o
      o o o      o o o o
        o o      o o o o o
          o      o o o o o o
```

ou encore :

```
o o
o o
o o
 o
```

o o o
ou encore : o o o ou encore, et remarquez que cela
o

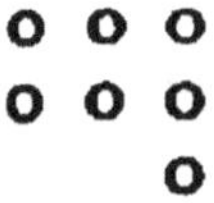

fait des dessins, et que l'enfant exerce en même temps son imagination et son goût, ce qui est *nouveau* quand il s'agit de calcul :

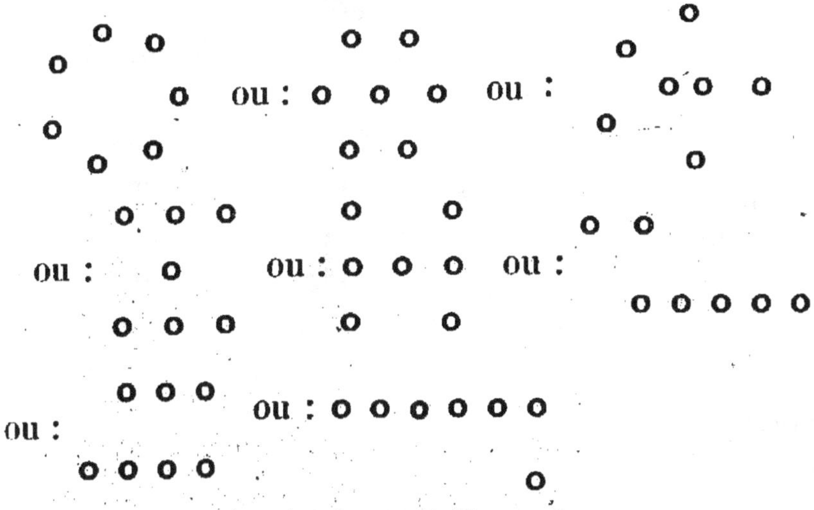

o o o o o o o o
o ou : o o o ou : o o o
o o o o o o
o o o

o o o o o o o
ou : o ou : o o o ou :
o o o o o o o o o o o o

o o o
ou : ou : o o o o o o
o o o o o

Les opérations naissent d'elles-mêmes ; nous avons :

6 + 1	et	7 — 1
5 + 2	—	7 — 2
4 + 3	—	7 — 3
3 + 4	—	7 — 4
2 + 5	—	7 — 5
1 + 6	—	7 — 6

Nous avons 7 fois 1, nous avons 3 fois 2 + 1, nous avons 2 fois 3 + 1.

Nous avons en 7, sept fois 1, nous avons 3 fois 2 plus 1, nous avons 2 fois 3 plus 1.

Si nous avions dépassé la dizaine, nous aurions laissé les 10 premiers cailloux en tas, et les unités se seraient groupées comme ci-dessus.

Au chapitre lecture, nous avons dit que les lettres

étaient les portraits des sons et des articulations avec lesquels les enfants s'étaient familiarisés. Ici nous avons des portraits aussi, et, quand nous écrivons le chiffre 7, ce chiffre représente chacun des groupements que l'enfant s'est plu à combiner.

On l'exercera au calcul mental à toute occasion. Il y a des bancs en classe : combien d'élèves sur chacun? combien cela fait-il d'élèves? Il fera la distribution des cailloux, des cubes, des lattes. Combien y a-t-il d'enfants? combien à chacun? combien cela fait-il? Et puis il mesurera les longueurs; il apprendra à marquer sur le mur, par terre, sur son tablier, la longueur du mètre; celle du demi-mètre, qui s'appelle 50 centimètres; celle du *quart* de mètre, ou 25 centimètres. Il mesurera le centimètre sur son ongle. Il se familiarisera avec les monnaies, et à chaque leçon de calcul il comptera de tête. Et puis on jouera au marchand. 3 mètres à 2 francs, combien? J'engage les directrices à préparer ces questions avec les réponses, autrement l'exercice languira. Il *faut* que nos enfants calculent *au moins* comme les petits Anglais, puisque notre système décimal est très simple.

CHAPITRE XVII

LA GÉOGRAPHIE

L'enseignement de la géographie est absolument détourné de son but descriptif. — La géographie, ce sont les climats, la flore, la faune. — La géographie est intimement liée aux leçons de choses. — Le sable dans la cour. — Le sable dans la classe. — La géographie par les constructions. — Nécessité de l'orientation au début.

J'ai gardé la géographie pour la fin. Est-ce le cas de dire : « aux derniers, les bons » ? Presque... si l'on s'inspirait, pour l'enseigner aux enfants, de la simple définition placée au commencement de tous les livres de géographie dont on se sert dans les écoles.

« La géographie est la description de la terre. »

Ce principe établi, voyons un peu ce que l'on en fait.

« La terre est ronde; elle a la forme d'une boule immense ; l'eau couvre les trois quarts de sa surface. »

C'est encore de la description. Je continue. « La terre est divisée en cinq parties : l'Europe, l'Asie, l'Afrique », etc. « L'Europe se divise en 16 contrées principales, dont 4 au nord, qui sont : la Suède... », etc.

« La France se divise en 86 départements.... » Il y a longtemps que ce n'est plus de la description. « L'école maternelle est dans le département de la Creuse (je choisis la Creuse parce que c'est le point central), dont le chef-lieu est Guéret; les sous-préfectures sont : Aubusson, Bourganeuf, Boussac.... » Arrêtons-nous ici. Les enfants s'y arrêtent longtemps; ils y restent; ils s'y ankylosent. Mais la « description »? Sur cette terre qui est ronde il y a des pays qui sont brûlés par le soleil et où la végétation est prodigieuse! les arbres y sont énormes, les fleurs y ont des couleurs éclatantes et un parfum pénétrant. Il y a d'autres pays où le soleil ne parvient pas à fondre la glace amoncelée en montagnes, il n'y a pas de fleurs, pas de fruits. Dans les premiers pays, toujours l'été, un été brûlant; dans les seconds, l'hiver, un hiver glacial. Il y a des pays où l'on n'a jamais trop chaud et jamais trop froid, où l'on passe, presque sans s'en apercevoir, d'une saison à l'autre; où l'on a de beaux arbres, de belles fleurs, de bons fruits presque aussi beaux et aussi bons que dans les pays brûlés, où l'on peut, comme dans les pays froids, patiner et faire des boules de neige.

Notre France est un de ces heureux pays. Elle est belle et elle est bonne.

Ici (et la directrice a devant elle un tas de sable si c'est dans la cour, ou, si c'est dans la salle, une table creuse pleine de sable : un de mes rêves non encore réalisés), ici c'est la montagne, riante au pied, couverte de forêts, où vivent les lapins, les chevreuils, les sangliers et quelques loups aussi; tout en haut, c'est la gorge, où ne croissent que les noirs sapins; de cette montagne, les eaux s'écoulent en cascades, qui sautent de rocher en rocher, s'éparpillent en ruisseaux dans la plaine, et se réunissent en larges rivières, qui arrosent le pays et font tourner les roues des usines où travaillent vos papas. Là c'est la rivière; puis c'est la plaine, où les troupeaux de vaches paissent l'herbe verte; la plaine où croissent le blé qui vous nourrit, les cerises succulentes que vous aimez tant, le lin et le chanvre dont vos chemises sont faites.

Là encore, c'est la mer aux flots salés, sans cesse soulevés en vagues qui se poursuivent sans relâche, et sans relâche aussi viennent se briser sur la côte. Ici la côte est toute plate, couverte de sable fin ou de galets : c'est la plage, la grève; là elle est toute creusée et hérissée de grands rochers qui forment des caps; plus loin elle s'élève droite, presque comme une muraille, c'est la falaise (et la directrice continue sa construction).

Ensuite, il y a des villes, où beaucoup d'hommes vivent et travaillent ensemble. Voici la plus grande, Paris (quelques pierres ou des cubes simulent les maisons; mieux encore, elle place des maisons de papier confectionnées par les enfants eux-mêmes à l'heure du pliage), Paris, au bord de la Seine, qui part de ces hauteurs et descend de plus en plus jusqu'à l'Océan; voici Marseille, au bord de la Méditerranée, bleue comme le ciel dans les plus beaux jours; puis Lyon, Bordeaux...; il y en a d'autres encore, moins grandes, mais bien situées aussi, entourées de belles campagnes.

Et puis.... ce beau pays de France que nous aimons tant, parce que nous y sommes nés, parce que nos pères l'ont cultivé, parce que c'est un généreux pays que le monde entier admire, la France n'est pas le seul pays que l'on aime à connaître. Si nous traversions ces hautes montagnes qu'on appelle les Alpes, nous arriverions en Italie; si nous marchions de ce côté-ci (vers le nord), nous arriverions au bord d'un petit bras de mer, que l'on traverse en une heure et demie pour se rendre en Angleterre ; et elle leur parle de l'Italie et de ses hivers plus doux que les nôtres, des Italiennes au costume pittoresque ; de l'Angleterre et de son industrie qui rivalise avec celle de la France.

La géographie, c'est la flore et la faune : les fleurs, les fruits, les animaux ; elle est intimement liée aux leçons de choses. C'est de la mer qu'on extrait le sel qui ajoute sa saveur à celle de tous nos aliments; pour avoir du café, il faut aller en Arabie, dans les îles de la côte orientale de l'Afrique, puis dans nos îles de la mer des Antilles (la Guadeloupe, la Martinique); le thé nous vient de la Chine; nous n'en avons pas chez nous? pourquoi? C'est que le soleil, qui mûrit nos olives sur les bords de la Méditerranée, n'est pas assez chaud pour le caféier, pour l'arbre à thé. Le cheval vit dans tous les pays, mais le lion ne vit que dans les déserts brûlants ; le rossignol se plaît sur nos arbres, mais l'oiseau-mouche aux superbes couleurs est un des bijoux des contrées les plus chaudes de l'Amérique ; et l'autruche, dont les belles plumes ornent les chapeaux des femmes, l'autruche dont les œufs pèsent 1 kilogramme, naît en Afrique et dans l'Inde.

C'est le pays des fleurs, c'est le pays des fruits, c'est le pays des animaux qui intéressent les enfants; ce n'est pas la ville qu'habite un préfet, un sous-préfet ou un juge de paix.

Ce pays, il se le figure quand il l'a modelé lui-même, quand il en a élevé les montagnes et étendu les plaines, quand il a fait serpenter un ruisseau dans ses vallées, qu'il a planté des arbres en miniature dans les endroits où il y a des forêts, et qu'il a élevé des maisons dans les endroits où il y a des villes.

C'est pour cela qu'à la place de la carte, à laquelle les enfants ne comprennent rien, je demande du sable, non seulement dans la cour, mais dans les salles d'exercices : c'est très pratique. Un jour, à Berne, dans un de ces jardins d'enfants comme il y en a encore trop dans beaucoup de pays, un jardin d'enfants où il y a beaucoup d'enfants mais pas de jardin, je me demandais ce que les pauvres petits pouvaient faire toute la journée dans une salle située au premier étage et où le soleil n'entrait qu'avec beaucoup de discrétion, lorsque la directrice me montra son matériel.

Il y avait là, entre autres choses intéressantes, des boîtes d'une trentaine de centimètres de longueur sur quinze ou vingt de largeur (la dimension ne fait rien à l'affaire), pleines de sable légèrement humide. Chaque enfant prit la sienne et l'exercice commença. On creusa des lacs, on éleva des montagnes, on fit des jardins anglais avec des rivières microscopiques serpentant autour des massifs (ces rivières étaient formées par de petites lamelles de zinc). Dans une autre école plus pauvre encore, il n'y avait pas de boîtes :

chaque enfant avait devant lui, sur la table, son tas de sable, qu'il travaillait avec une espèce de couteau à papier.

Après bien des efforts infructueux, j'ai fini par acclimater le sable dans une école maternelle de Marseille. La veille de la distribution des boîtes, le préau était morne, il était lamentable. Quelques heures après la bienheureuse distribution, je revins pour en voir les résultats. C'était un pays enchanté! Les yeux des enfants brillaient; de petits rires clairs traversaient la salle comme des chants d'oiseaux. Et quel accueil on me fit! « Reste encore, madame! » « Tu reviendras, madame? »

Et qu'on ne me dise pas que je *démarque* les Allemands, parce que j'engage les directrices à imiter un procédé employé dans une école de la Suisse allemande. Le sable! un procédé allemand! Lorsqu'il y a bien, bien des années, j'allais avec ma mère sur la plage et que je forais des puits dans le sable humide, et que j'élevais des forteresses, et que je creusais des lacs que la vague écumante venait remplir, est-ce que je faisais alors de la méthode allemande? Ah! si ma mère avait insisté pour que mes puits fussent absolument « cylindriques », pour que mes briquettes fussent coupées à « angles droits », pour que les pignons de mes châteaux forts fussent des « triangles » vraiment « équilatéraux », peut-être eussions-nous fait de la méthode allemande. Mais, en cet heureux bon vieux temps, les enfants n'étaient pas abreuvés de géométrie, et, sous prétexte de faire l'éducation de leur œil, on ne travaillait pas à étouffer leur spontanéité intellectuelle, leur imagination, leur esprit. Nous entendons bel et bien aujourd'hui faire de la méthode française.

Quand je prononce ou quand je lis ces deux mots, « méthode française », il me semble voir une clarté. C'est la méthode de la raison, du bon sens; c'est l'indépendance, la personnalité intellectuelle vivifiées encore par ce fonds de bonne humeur, de vivacité, d'esprit naturel qui est le propre de notre tempérament national.

Favoriser d'abord le développement physique, la santé du corps étant le plus sûr garant de celle de l'esprit; laisser faire aux enfants leur métier d'enfants, pour que, devenus hommes, ils puissent faire leur métier d'hommes; leur enseigner à *voir* ce qu'ils regardent; à se rendre compte de l'ensemble et des détails, et à en rendre compte *dans leur langage*; à comparer les choses entre elles; exciter la curiosité de savoir par des leçons courtes, claires, vivantes, sur des sujets concrets avec exemples à l'appui; se garder de l'abstraction, qui, ne pouvant être comprise, ne peut intéresser et habitue par degrés les enfants à l'indolence intellectuelle; ne se servir de la mémoire que pour graver dans l'esprit les choses que l'intelligence s'est assimilées; faire explorer aux enfants le domaine de la vérité, de manière à leur laisser la joie de la découverte; n'arriver à la définition — que devra retenir la mémoire — que lorsqu'ils auront pu la déduire eux-mêmes; provoquer leurs observations, leurs objections; encourager leurs saillies; cultiver leur imagination par la description des beautés de la nature, différentes de celles qu'ils voient tous les jours et qu'on leur aura préalablement fait apprécier; faire éclore dans leur cœur les germes de bonté, de générosité, d'enthousiasme qu'il renferme, par des histoires réelles ou non, mais toujours probables et appropriées à leur âge; faire naître le sentiment du beau par la vue des belles choses, le goût de la musique par des chants bien choisis; rendre les doigts habiles par l'habitude du travail manuel; se garder toujours de faire produire à l'intelligence des fruits hâtifs.... Voilà ce que j'appelle la *méthode française*.

Nous voilà bien loin des préfets et des sous-préfets! Puisque nous en avons éloigné les enfants, ne les en rapprochons plus. Quand ils seront à l'école primaire, ils apprendront la géographie politique, et ils la comprendront d'autant mieux qu'ils auront fait la géographie pratique et la géographie descriptive dont nous venons de parler. Ils auront surtout acquis le goût de la géographie; or, quand on a le goût, il est rare que la science ne soit pas donnée par surcroît.

J'ajoute en terminant qu'il est de toute nécessité que les enfants apprennent à s'orienter. Rien de plus simple. Chaque matin, en commençant les exercices, on leur demandera : « de quel côté est le soleil? » Chaque soir, en les terminant, on posera la même question. Ces deux points bien établis, le nord et le sud sont facilement déterminés. Toutes les fois que l'enfant parlera d'un pays ou d'une ville, il devra savoir de quel côté il faut se diriger pour s'en approcher.

CHAPITRE XVIII

RÉSUMÉ

Résumé. — Une réforme s'impose. — Un emploi du temps. — Progrès pour aujourd'hui, mais qui ne réalise pas notre idéal pour demain. — La situation morale du personnel.

En résumé, pour toute personne qui s'occupe non pas d'une école maternelle, mais des *écoles maternelles*, et qui a, par conséquent, sur ce sujet, une vue d'ensemble; pour toute personne qui s'est rendu compte de la délicatesse de touche que nécessite l'éducation des petits enfants, il est incontestable qu'une réforme s'impose; car, dans nos écoles du premier âge, l'éducation est de plus en plus sacrifiée à l'instruction.

Les directrices rejettent la faute sur les parents. « Ils veulent, disent-elles, que les enfants travaillent. » Nous le savons; mais pourquoi subir une influence si contraire à la saine pédagogie? sans compter qu'en obéissant ainsi aux injonctions d'un certain nombre de parents, les directrices ne remplissent pas leur devoir envers un certain nombre d'autres. Ceux, en effet, dont les enfants sont laissés à la femme de service, auraient le droit de se plaindre. Si ce sont les parents qui font la loi à l'école maternelle, au moins faudrait-il se préoccuper autant de ceux que leur ignorance empêche de se croire lésés que de ceux que leur ignorance pousse à exiger de leurs enfants un travail prématuré.

Encore une fois, l'école maternelle ainsi comprise est partagée en deux sections : celle des privilégiés et celle des déshérités, et je ne sais vraiment pas laquelle de ces deux sections est la plus à plaindre.

« Mais, nous disent parfois les directrices, nous ne pouvons cependant pas empêcher un enfant d'*avancer* ! » Cela dépend de la signification que l'on donne à ce mot. S'il s'agit, pour l'enfant, d'acquérir, par un travail spécial, des connaissances précises, la directrice a non seulement le droit, mais le devoir de l' « empêcher d'avancer » ; s'il s'agit simplement de l'éclosion intellectuelle, cette éclosion se fera tout naturellement, pour les enfants bien doués, pendant les exercices collectifs, puisqu'il ne peut y avoir à l'école maternelle d'exercices purement individuels.

Pour passer de la théorie à la pratique, j'ai préparé un *emploi du temps*, qui est loin de réaliser mon idéal, mais qui, dans l'état actuel de nos écoles maternelles, avec des locaux insuffisants pour la plupart, un mobilier de *salles d'asile*, et pas de matériel, me paraît cependant constituer un progrès. Tel qu'il est, cet emploi du temps est ouvert aux modifications, aux améliorations. Il se modifiera et s'améliorera, je l'espère, chaque fois qu'une idée nouvelle viendra nous récompenser de notre culte pour le « mieux ».

L'école maternelle est ouverte au moins de huit heures du matin à six heures du soir. La directrice est généralement logée dans la maison.

Dès le matin, à son lever, elle aérera *en grand* le local. Il est nécessaire, pour que les salles soient purifiées, qu'elles soient traversées, fouettées par le grand air et baignées de soleil. A huit heures, les fenêtres seront fermées, si le temps est froid. S'il fait beau et tiède, on fermera d'un côté, à cause des courants d'air.

Les *jouets d'intérieur*, s'il y en a, seront en ordre dans le préau et à la portée de chacun.

Les *jouets de cour ou de jardin* seront en ordre dans la cour ou dans le jardin, car, selon la saison et le temps, les enfants resteront au préau ou iront dehors.

Les enfants arrivent, un par un, par groupes peu nombreux. Cela facilite l'*inspection de propreté*. Cette inspection portera sur le corps et sur les vêtements. Si la mère est entrée avec son enfant, la directrice lui fera, avec tact et délicatesse, les remarques qu'aura suggérées cette inspection. En l'absence de la mère, elle les consignera brièvement sur un carnet, pour les faire à midi ou le soir, ou tel jour de la semaine, où il lui sera possible de lui parler.

La saleté, le désordre seront atténués, selon le possible, immédiatement ; l'enfant sera lavé, peigné. La directrice, munie d'une aiguille enfilée, posera un bouton, assujettira un lacet, maintiendra sommairement une déchirure pour l'empêcher de s'agrandir.

La *visite du panier* sera faite aussi séance tenante

et portera sur la quantité, sur la qualité, sur la nature des aliments eu égard à l'âge de l'enfant, à son tempérament, à la saison, au climat.

L'enfant ira alors jouer, et, comme les jeux à l'école maternelle sont choisis et surveillés, il ne se salira plus — sauf accident — qu'à la surface. Aussi lui suffira-t-il d'une simple ablution des mains, après le passage aux cabinets, au moment d'entrer en classe.

Il nous semble que l'*appel* peut coïncider avec la visite de propreté. Si les directrices en jugent autrement, elles pourront le faire au préau avant d'entrer dans la salle d'exercices. En tout cas, il doit être l'occasion d'une causerie intime entre la directrice et les enfants. — « Ta maman est-elle guérie? ton petit frère est-il rentré de chez ton grand-papa? Ton mal au doigt est-il guéri? Où ton papa travaille-t-il maintenant? Sais-tu pourquoi Louise, ta voisine, n'est pas venue? »

Un quart d'heure avant l'entrée en classe, quelques enfants, garçons et filles, désignés pour un jour ou pour une semaine, iront disposer le matériel nécessaire aux exercices.

Il sera alors dix heures moins un quart au moins. Cette première partie de la journée aura été très laborieuse pour la directrice, pour l'adjointe, pour la femme de service aussi; mais elle n'aura, en aucun cas, pesé sur les enfants, qui auront bougé, causé, joué comme ils l'auraient fait librement dans la famille : heures profitables entre toutes, puisqu'ils auront appris à vivre en société.

SECTION DES PETITS.

1° *Entrée en classe* (préau, seconde salle, d'après le local).

Cet exercice nous paraît difficile à exécuter en chantant, vu l'âge des enfants. Toute la peine est alors pour la directrice, sans grand profit pour la masse, car, à elle seule, avec une voix souvent fatiguée et des chants par trop connus, elle ne parvient pas à exciter la joie. Il serait donc à désirer que chaque école possédât un instrument de musique : piano, harmonium, accordéon. Mais nos directrices ne sont pas exécutantes! Combien peu seraient en état de jouer une marche! Aussi aimerions-nous à voir en attendant, simplement *en attendant, la boîte à musique* de grande dimension obtenir droit de cité dans la petite section de nos écoles maternelles.

2° Évolutions autour de la classe et autour des tables;

3° Mouvements gymnastiques;

4° Les enfants prennent place aux tables;

5° Exercices des briquettes (de 15 à 20 minutes);

6° Évolutions et musique, passage dans la cour, s'il fait beau (10 minutes);

7° Parfilage (15 minutes);

8° Évolutions comme au n° 6;

9° Exercices de langage (causerie à l'aide d'images);

10° Sortie de classe;

11° Passage au lavabo avant le repas;

12° Repas, surveillé par tout le personnel de l'école;

13° Passage au lavabo;

14° Récréation sous la surveillance alternative de la directrice et de l'adjointe, jeux libres, jouets.

Après-midi.

1° Passage au lavabo après avoir été aux cabinets ;

2° Entrée en classe comme le matin ;

3° Pliage, piquage ou tissage (15 minutes) ;

4° Évolutions comme le matin (10 minutes) ;

5° Exercices de langage et de calcul combinés avec un jeu : ménage, bergerie, confection de jardin dans les boîtes à sable, ou dans une table creuse pleine de sable, ou dans le jardin, si le temps le permet (30 minutes) ;

6° Évolutions (10 minutes) ;

7° Dessin ou... barbouillage aux ardoises (15 minutes) ;

8° Évolutions (10 minutes) ;

9° Jeux libres et jouets jusqu'au soir ;

Les exercices manuels alterneront de manière à donner par semaine : 3 séances de parfilage, 3 de piquage, 3 de pliage, 3 de tissage.

SECTION DES GRANDS.

Lundi matin : Entrée en classe avec chant ; évolutions (10 minutes). — Lecture et écriture [de préférence avec les lettres mobiles] (30 minutes). — *Chant et mouvements* gymnastiques (10 minutes). — *Causerie instructive* [animaux] (30 minutes). — *Chant, mouvements*, sortie (10 minutes). — *Repas*, comme pour les petits (précédé et suivi du passage au lavabo). —

Récréation en commun, garçons et filles, première et deuxième sections.

Lundi soir : Entrée en classe comme le matin (10 minutes). — *Calcul* avec objets : bâtonnets, briquettes; mesurage de longueurs, de liquides ou de légumes secs, jeu de marchands et d'acheteurs, etc. (30 minutes). — Chant et mouvements (10 minutes). — Tissage (30 minutes). — Chant (5 minutes). — Causerie à l'aide d'images (30 minutes). — Sortie (5 minutes).

Mardi matin : *Chants*, *évolutions*, *mouvements*, comme la veille et dans les mêmes proportions. Exercice de mémoire avec récit, explication (30 minutes). — Dessin (30 minutes).

Mardi soir : Entrée et évolutions comme ci-dessus et dans les mêmes proportions. — Lecture et écriture avec lettres mobiles (30 minutes). — Piquage (30 minutes). — Exercice de géographie (30 minutes).

Mercredi matin : Entrée, etc. — Lecture sur le tableau ou dans un livre (30 minutes). — Dessin (30 minutes).

Mercredi soir : Exercice de tricot (30 minutes). — Histoire naturelle avec plante ou image (30 minutes). — Historiette (30 minutes).

Jeudi matin : Leçon de chant (30 minutes). — Gymnastique (10 minutes). — Dessin (30 minutes).

Jeudi soir : Exercice de calcul avec objets et jeux (30 minutes). — Couture (30 minutes). — Ce qu'on voit sur les images (30 minutes).

Vendredi matin : Exercice de mémoire précédé du récit et de l'explication (30 minutes). — Dessin ou écriture (30 minutes).

Vendredi soir : Tricot et piquage (30 minutes). — Lecture au tableau ou au livre (30 minutes). — Ce qu'on voit sur les images (30 minutes).

Samedi matin : Lecture avec lettres mobiles (30 minutes). — Leçon de choses (alimentation, vêtement, logement), 30 minutes.

Samedi soir : Historiette (30 minutes). — Leçon de chant (30 minutes). — Pliage (30 minutes).

Dans cet emploi du temps, les travaux manuels figurent 6 fois; les exercices de langage, 6 fois, sur des sujets différents : histoire naturelle, géographie, historiettes; la lecture, 5 fois; le dessin, 4 fois; le calcul, 2 fois; *la leçon de chant*, 2 fois; les exercices de mémoire, 2 fois.

La durée de chaque exercice paraîtra peut-être exagérée; nous sommes loin, ici, de l'ancien quart d'heure réglementaire. Mais nous savons par expérience qu'un quart d'heure ne suffit pas pour donner une leçon intéressante à un grand nombre d'enfants et pour s'assurer que la moyenne en a retiré un fruit quelconque. Pour une leçon abstraite à des enfants de cinq ans, un quart d'heure, c'est trop : ici il s'agit de leçons où l'enfant sera actif, de leçons auxquelles le corps prendra part en même temps que l'intelligence. D'ailleurs cette durée n'est pas de rigueur et pourra être modifiée aussi souvent que la directrice le jugera nécessaire. Non seulement je trouve que quinze minutes ne suffisent pas pour faire un exercice profitable, mais je suis persuadée que l'enfant, *forcé* d'appliquer tous les quarts d'heure son attention sur des objets nouveaux, les effleurant constamment, n'ayant pas le temps de s'arrêter sur une idée qui l'intéresse ou le charme, éprouve une fatigue intellectuelle dangereuse. Je le compare à ces pauvres écureuils pour lesquels on a remplacé la mobilité des branches d'arbres par ces cages tournantes dans lesquelles ils ne peuvent jamais prendre pied. En Suisse, toutes les leçons de l'école maternelle, tous les exercices manuels de la semaine doivent servir au développement de la même idée; en France, on force l'enfant à sautiller d'une idée à l'autre, sans transition, sans qu'il soit donné à l'assimilation le temps de se faire. La vérité doit être dans le système mixte que je propose aujourd'hui.

Certes, une réforme s'impose, mais les défectuosités, les erreurs actuelles — il faut bien avoir le courage de dire la vérité — les erreurs actuelles ne doivent pas nous faire oublier le chemin courageusement parcouru. De l'asile garderie à l'école maternelle, telle que nous la comprenons aujourd'hui, il y a un monde. Aidés du personnel dont le dévouement est au-dessus de tout éloge, nous cherchons le bien; demain nous nous mettrons en route vers le mieux. Nous vivons d'ailleurs à une époque où c'est à pas de géants qu'on se dirige vers le mieux.

Après ses désastres, la France a cherché des forces nouvelles dans le développement des facultés les plus nobles de tous ses enfants. Un peuple qui soigne ainsi ses blessures mérite un prompt relèvement. La France est debout.

Un coup d'œil rétrospectif sur cette marche du progrès pendant les dix dernières années est vraiment chose réconfortante, et je suis si persuadée qu'il fera du bien à mes lecteurs, que je leur demande la permission de faire un petit voyage à travers ces dix dernières années. Quand nous serons revenus à notre point de départ, c'est-à-dire à aujourd'hui, nous serons convaincus que ce sont surtout les directrices des écoles maternelles et, avec elles, les tout petits enfants, qui ont eu la plus grande, la meilleure part du progrès accompli *si elles entrent dans les vues de leurs guides.*

Quand nous regardons, en effet, vers un passé encore tout près de nous, nous voyons des écoles normales primaires d'instituteurs dans la plupart des départements, mais seulement quelques écoles normales primaires d'institutrices : — la République n'avait pas encore eu le temps d'inviter les femmes comme les hommes à entrer dans le Temple. — Le personnel enseignant dans ces écoles, personnel très méritant et qui a fait ses preuves, était recruté... un peu partout; il y avait là des diplômes de toutes sortes; l'instruction ne manquait pas; l'éducation, non plus; ce qui manquait, c'était l'homogénéité. Quant au programme, il était très défectueux; l'instruction de mémoire, j'allais dire « l'instruction de tête », y primait l'instruction de réflexion, j'allais presque dire « l'instruction de cœur ». On apprenait les livres imprimés, au lieu d'étudier la nature, d'étudier la vie, d'étudier l'enfant, de s'étudier soi-même....

A l'issue des cours, les élèves-maitres (je parle ici au masculin, parce que je parle en général), les élèves-maitres qui avaient fait de l'enseignement pratique dans les écoles primaires annexes, étaient envoyés, munis les uns du brevet simple, les autres du brevet complet, dans les écoles primaires communales, soit en qualité d'adjoints, soit en qualité de directeurs. Les écoles publiques recevaient, comme aujourd'hui, les enfants à sept ans quand il y avait une salle d'asile dans la commune, à cinq ans, à quatre ans, à trois ans quand il n'y en avait pas. D'ailleurs, les parents étaient libres de ne pas envoyer leurs enfants à l'école : ils étaient forcés de les préserver, par la vaccine, de la petite vérole, mais ils avaient le droit de les livrer à la pire des maladies, à l'ignorance.

Les salles d'asile, les garderies plutôt, étaient dirigées par des femmes de dévouement auxquelles on ne demandait à peu près aucune garantie intellectuelle ; un grand nombre étaient intelligentes, quelques-unes étaient instruites, mais c'était un luxe dont on ne leur tenait, pour ainsi dire, pas compte.

Or, que sont aujourd'hui les écoles normales primaires? D'abord il y en a partout, pour les institutrices comme pour les instituteurs; les départements les plus réfractaires ont été mis en demeure de suivre le mouvement. Toutes ne fonctionnent pas encore, mais, partout où il n'y en avait pas, on en crée; les unes sortent à peine de terre, les autres en sont à la charpente; ce n'est plus qu'une affaire de mois.

Le personnel enseignant se recrute à l'école normale supérieure de Saint-Cloud, pour les instituteurs, à l'école normale supérieure de Fontenay, pour les institutrices; les aspirants directeurs ou professeurs qui ne passent pas par ces deux écoles sont soumis aux mêmes examens que les élèves qui en sortent, ce qui implique une culture identique. Le personnel est donc renouvelé. Ce personnel, vibrant au souffle de l'esprit nouveau, met en œuvre un programme renouvelé aussi, et ce souffle de l'esprit nouveau animera bientôt toutes les écoles primaires de France, où tout père de famille est désormais tenu d'envoyer ses enfants. C'est *presque* l'âge d'or.

Les salles d'asile ne sont pas restées en retard dans cette énorme poussée en avant. Vous savez comme moi ce qui est arrivé. Garder des enfants sans s'occuper d'eux étant impossible à des femmes de cœur, les salles d'asile garderies sont devenues peu à peu des établissements d'éducation. Mais tout s'enchaîne, l'être humain, si multiple en apparence, est un tout dont chaque partie réclame sa culture : avoir près de soi un enfant et lui donner des soins matériels implique fatalement (dans le vrai sens du mot) que l'on cultivera aussi et en même temps son intelligence et son cœur; or la tâche est difficile, délicate, elle réclame du dévouement, certes, mais du dévouement mis au service d'une bonne éducation première, d'une instruction sinon très étendue, du moins très précise et très variée, du don de la transmettre aux enfants, enfin de la connaissance approfondie du petit être que l'on se charge d'élever.

De là l'obligation, pour toutes les directrices, de se présenter devant une commission d'examen chargée de constater, non seulement leur instruction théorique, mais leur aptitude à diriger un grand nombre d'enfants, tant au point de vue de la discipline qu'au point de vue de l'hygiène, de l'éducation, de l'instruction première.

La transformation ne s'est pas arrêtée là. Notre sentiment démocratique a été choqué par cet établissement hybride, à la fois refuge et école, et l'école maternelle a remplacé la salle d'asile; en même temps, le règlement a été remanié sur les bases de la saine pédagogie et de la psychologie enfantines, car on a compris qu'il fallait mettre l'enfant dans un milieu normal, dans *son* milieu, et non dans un milieu factice. Mais que c'est difficile! car tout est à faire pour ces petits enfants : ils n'ont aucune notion de base; — la langue maternelle même ne leur est pas familière; ils ne la parleront véritablement que s'ils ont appris à penser; — ils sont sans défense au point de vue moral comme au point de vue matériel; toute la responsabilité retombe donc sur leurs éducatrices. On n'y avait pas pensé jusqu'alors; on avait cru que tout était assez bon pour les petits; aujourd'hui on sait au contraire que rien n'est trop bon pour eux, et l'on comprend qu'il faudrait appeler l'élite des institutrices à la direction des écoles maternelles.

Mais, quand il s'est agi de recruter cette élite, les difficultés se sont dressées. La tâche si délicate est hérissée d'aggravations plutôt que de compensations : le travail est excessif — parce que le personnel est insuffisant, — il n'y a pas de congés, pas de vacances; les appointements sont inférieurs à ceux des institutrices, parce que les municipalités n'ont pas secondé les vues de l'État; il s'est, enfin, constitué dans le personnel de l'enseignement primaire une sorte de hiérarchie au détriment des directrices d'écoles maternelles.

Cette hiérarchie nous afflige, mais ne nous étonne pas; car si, en principe, il y a égalité dans la mission, supériorité même en faveur des directrices d'écoles maternelles, il faut avouer qu'en fait ce n'est pas cela du tout. Les instituteurs ont des titres. La plupart sortent de l'école normale; beaucoup sont pourvus du brevet supérieur; le brevet élémentaire passe lui-même, à tort, pour être plus *sérieux* que le certificat d'aptitude à la direction des écoles maternelles; les directrices sont donc, quelle que soit leur distinction, comme les parias de l'instruction primaire; il leur faut une vocation bien déterminée,... à moins qu'elles n'aient pas trouvé à faire autre chose.

Nous sommes, il faut l'avouer, bien loin de regarder l'éducation des petits comme une mission d'honneur.

J'emploie le présent à tort. En suivant, en effet, cette marche du progrès que nous avons constatée au début, nous nous trouvons en présence du règlement ou du décret d'organisation des cours normaux, destinés à former des directrices d'écoles maternelles selon l'esprit et le cœur des amis des petits enfants, et de la création de l'école normale supérieure de Sceaux, chargée de pourvoir au personnel enseignant de ces cours normaux, comme les écoles de Fontenay et de Saint-Cloud pourvoient à celui des écoles normales primaires.

Eh bien! ces cours normaux eux-mêmes, cette école normale supérieure de Sceaux, ne réalisaient pas notre idéal : l'unification absolue de l'enseignement primaire; ils n'étaient que la dernière étape vers la conquête de cet idéal! Nous sommes repartis en marche, et... arrivés au but; plus de cours normaux; plus de culture restreinte, spécialisée : l'école normale pour toutes les institutrices, quel que soit le genre d'enseignement auquel elles se destinent.

Si nous reprenons, en effet, une idée que nous avons développée tout à l'heure, il nous est facile de comprendre que, malgré l'école supérieure de Sceaux, malgré les cours normaux, et justement même à cause des cours normaux et de l'école supérieure, la scission entre les instituteurs et les directrices était en quelque sorte consacrée, et l'esprit hiérarchique éloignait de plus en plus les jeunes filles de la direction des écoles maternelles ; car le cours normal durait un an ou deux au plus, tandis qu'on reste trois ans à l'école normale : de là, infériorité de la directrice d'école maternelle ; de là, difficulté pour le recrutement du personnel.

Mais ce n'est pas tout encore ! La directrice, initiée seulement à la pédagogie et à la psychologie de l'enfant de deux à sept ans, n'étant pas mise en contact à l'école annexe avec les enfants de l'école primaire, manquait de vues d'ensemble ; il lui était impossible de découvrir des procédés rationnels pour préparer les évolutions ultérieures ; elle marchait, en somme, comme un voyageur qui connaîtrait le point d'où il est parti, la portion du chemin dans laquelle il est engagé, mais qui ignore où ce chemin aboutit.

D'autre part, les institutrices, qui ne s'occupaient de l'enfant qu'à partir de six ou sept ans, n'avaient pas étudié *sur le vif* les évolutions qu'il avait faites, elles ignoraient le chemin qu'il avait parcouru avant d'arriver à l'école primaire ; elles manquaient de données pour établir leur diagnostic intellectuel et moral.

Aussi, dans leur étude consciencieuse sur les besoins réels de l'enseignement primaire et de l'enseignement maternel, les fonctionnaires chargés de la création et de l'organisation des cours normaux se sentaient-ils pris d'hésitation, je dirai presque de remords; ils comprenaient que la vérité n'était pas là, qu'il fallait travailler encore, qu'il fallait en finir.

Et c'est fini! Le Conseil supérieur de l'instruction publique a voté les dispositions suivantes :

« Les écoles normales ont pour mission d'assurer le recrutement du personnel enseignant, non seulement dans les écoles primaires, mais dans les écoles maternelles et les écoles ou classes enfantines.

« L'engagement décennal que les aspirantes aux écoles normales d'institutrices doivent produire pour se présenter à l'examen d'admission, portera expressément qu'elles s'engagent à se consacrer pendant dix ans à l'enseignement public dans les écoles primaires, ou enfantines, ou maternelles, où elles pourront être appelées.

« Toutes les élèves-maîtresses devront se présenter, à la fin de la seconde année, aux examens du certificat d'aptitude à la direction des écoles maternelles.

« L'obtention de ce brevet confère aux élèves-maîtresses le droit de passer en troisième année. En cas d'échec, elles seraient rendues à leurs familles si le recteur, sur l'avis favorable des professeurs, ne les maintenait pas provisoirement dans l'école normale, pour leur permettre de subir les mêmes épreuves à la session ordinaire ou extraordinaire d'examen. En cas de nouvel échec, le renvoi dans la famille ne peut plus être différé.

« Dans les écoles normales qui n'auraient pas encore d'école maternelle, il serait créé provisoirement, dans l'école primaire annexe, une division enfantine, qui serait soumise aux règlements des écoles maternelles. »

... Nous sommes donc, aujourd'hui, sûrs de la victoire définitive.... Pourvu que, dorénavant, ce soit la vocation qui pousse les jeunes filles à entrer dans l'enseignement, car la vocation *seule* fera prendre de longue date les habitudes intellectuelles et morales nécessaires à qui se charge de faire l'éducation des autres. Or, la vocation, il faut l'avouer, manque trop souvent.

Si l'on demande à chacun des enfants de la division supérieure d'une école primaire, à quoi il se destine, neuf fois sur dix il répond avec une assurance qui prouve que son choix ou celui de ses parents est déjà fait. Soit à cause de ses goûts personnels — ce qui devrait être la règle, — soit à cause de ceux de son entourage, soit enfin à cause de certaines convenances ou de certaines facilités, un enfant de douze à treize ans raconte qu'il entrera bientôt en *apprentissage* (retenez le mot, car je le souligne à dessein), celui-ci chez un menuisier, celui-là chez un tapissier, tel autre chez un arpenteur, telle fillette chez une couturière, telle autre chez une modiste. Les uns s'appliquent surtout à la comptabilité pour entrer dans une maison de commerce, les autres se destinent aux arts industriels, et, au sortir de l'école, tous suivent leur voie. Les bons ouvriers se sont préparés de longue date au métier qui les fait vivre et qu'ils honorent : il n'y a pas eu — en général — de lacune dans leur éducation professionnelle.

En outre, le futur menuisier, le futur serrurier se rendent à peu près compte des exigences de la profession qu'ils ont choisie ; ils l'ont vue exercer par leur père, ou par leur oncle, ou par un cousin ; ils ont, pour ainsi dire, « vécu là dedans » ; la future couturière, la future modiste savent bien, l'une qu'il s'agira pour elle de faire le mieux possible, selon le caprice de la mode, des robes et des chapeaux ; l'autre, d'imiter la nature avec tout le goût et tout l'art dont elle sera susceptible ; il n'y a de malentendu ni pour les uns ni pour les autres, et, pourvu qu'ils aient l'aptitude, l'amour du travail, la bonne volonté, tout ira bien pour eux.

Si de l'école primaire nous transportions notre enquête dans les salles d'examens, si nous demandions à chaque candidat ce qui l'a décidé à prendre son diplôme, depuis combien d'années il se destine à l'enseignement, si nous l'interrogions surtout sur ses devoirs futurs, les réponses seraient moins catégoriques, et nous constaterions souvent qu'il existe un malentendu entre eux et nous. Comme c'est ce malentendu qui fait tout le mal, il faut l'expliquer. A cette question : « Qu'est-ce qu'un instituteur? » beaucoup, je le crains, répondraient : « L'instituteur est un individu instruit chargé de répandre l'instruction qu'il a acquise. Il parle et écrit correctement ; il a étudié l'arithmétique et la géométrie, la géographie et l'histoire ; il a lu et a profité de ses lectures ; il enseignera à ses élèves : la grammaire, l'arithmétique, la géométrie, la géographie, l'histoire ; il racontera ce qu'il a lu.... »

Pour devenir cet instituteur-là, quelques années

suffisent, en effet. Il s'agit tout simplement d'avoir l'intelligence ouverte et de la mémoire; mais cet instituteur-là n'est pas celui que nous rêvons; c'est un *professeur*, un professeur dans le sens le plus restreint, le moins élevé du mot.

Or, ce qu'il nous faut dans nos écoles, ce sont des éducateurs, c'est-à-dire des cœurs dévoués, non pas au développement de la mémoire, mais — sans préjudice pour la mémoire dans une mesure voulue — à la culture des facultés intellectuelles et morales; des cœurs enflammés de longue date pour la cause du progrès : ce qu'il nous faut, c'est la vocation.

La vocation se révèle plus tôt ou plus tard : cela importe peu, pourvu qu'elle existe. Chez les uns, elle date pour ainsi dire du jour de la naissance d'un enfant dans la famille; chez les autres, de la leçon vivante d'un maître; d'autres, frappés des douleurs et des chutes produites par l'ignorance, ont voulu avoir leur part dans l'œuvre de relèvement : l'énumération pourrait être longue, nous l'arrêtons ici.

Supposez maintenant une jeune fille qui, à l'âge où sa sœur ou sa compagne de choix s'est promis d'être fleuriste, s'est dit : « Je serai institutrice ». Tandis que sa sœur ou sa compagne a regardé attentivement les fleurs et a essayé de les imiter, tandis qu'elle s'est intéressée aux procédés de fabrication des fleurs artificielles, elle a étudié, elle, les enfants de son entourage. Pour apprendre à les connaître, elle s'est insinuée dans leurs bonnes grâces et dans leur confiance; elle s'est ingéniée à les amuser et à les intéresser; elle est devenue adroite et inventive. Pour aider à leur développement, elle a non seulement regardé et étudié les enfants *eux-mêmes*, mais elle a puisé dans les livres; elle a voulu savoir les noms, la vie, les idées de ceux qui ont aimé l'enfance, elle a voulu connaître les divers systèmes employés pour l'élever et l'instruire. La lecture a étendu le cercle de ses connaissances, et l'a rendue de plus en plus curieuse de savoir; elle s'est intéressée à l'histoire et à la géographie; elle a lu nos grands écrivains; son style est devenu correct, son élocution facile; l'habitude de la réflexion lui a fait vaincre les difficultés de l'arithmétique et des sciences qui s'y rattachent....

Grâce à la vocation, grâce aux habitudes intellectuelles qu'elle a prises, grâce à l'apprentissage fait avec les élèves de son choix dont elle s'est depuis longtemps entourée, elle est une institutrice aussi bien armée pour l'exercice de sa profession que les ouvrières dont je parlais tout à l'heure sont bien armées pour la pratique de leur métier.

Réussira-t-elle immédiatement? Il serait téméraire d'y compter. Tout dépendra du temps qu'elle mettra à conquérir dans la commune sa situation morale.

On me dira : pour conquérir la position morale, il n'y a qu'une chose à faire : remplir son devoir.

Remplir son devoir, sans doute; mais encore est-il bon de s'entendre sur la valeur de ces trois mots. S'agit-il seulement d'être exacte aux heures de classe, de les employer selon la lettre du règlement? d'être affable avec les enfants, de veiller à leur bien-être? d'être polie avec les parents? bienveillante avec les directrices adjointes? respectueuse envers les autorités, et enfin d'une conduite au-dessus de tout soupçon?

Certes, oui, c'est le devoir. Mais c'est le devoir

strict, le devoir sec, le squelette du devoir; c'est de ce devoir-là, sans doute, que l'Évangile a dit : « Quand vous aurez fait tout votre devoir, vous serez des serviteurs inutiles ». D'autres, *peut-être*, pourraient se contenter de le remplir ainsi, mais pas l'instituteur; ce n'est pas par terre qu'il doit diriger son objectif, c'est tout là-haut, vers les régions radieuses; son devoir à lui est un devoir qui, tous les jours, grandit et s'élève : le devoir, pour l'instituteur, c'est de faire *mieux*, toujours *mieux*.

Envisagé, puis pratiqué ainsi, le devoir élèvera infailliblement peu à peu les directrices à la position morale à laquelle elles aspirent toutes. Mais cette conquête sera lente, car il faudra grouper autour de soi bien des éléments divers; elle sera difficile aussi, car elle réclamera de la part des directrices, entre autres qualités précieuses, du jugement, du tact et du cœur : du jugement, pour reconnaître et démêler ces éléments divers, pour les étudier et se familiariser avec eux; du tact, pour se diriger parmi eux sans en froisser aucun; du cœur, pour les attirer à soi et, les ayant attirés, se les attacher.

Quels sont les éléments divers qui rendent si difficile et si délicate la conquête de la position morale?

Ce sont d'abord les autorités : le maire, les conseillers municipaux.

Il faut bien le répéter : les municipalités n'ont pas toujours fait les études spéciales qui leur permettraient de traiter en dernier ressort certaines questions relatives à l'école; elles ne se doutent pas toujours des difficultés de détails qui enrayent ses progrès; elles empiètent parfois, sans le vouloir peut-être, sans s'en douter même, sur d'autres autorités. N'ayant pas étudié à fond les règlements pédagogiques, n'étant pas toujours au courant des nouveaux procédés, elles ne se hâtent pas de mettre le mobilier et le matériel scolaires en harmonie avec eux. Hier, un maire exigeait qu'un enfant fût admis à l'école malgré certaines prescriptions réglementaires ; un autre décide aujourd'hui, de sa propre autorité, qu'il y aura congé, vacances : toutes situations difficiles pour la directrice, qui devra un jour faire observer que c'est à l'inspecteur ou à l'inspectrice qu'il appartient de prendre certaines décisions, et un autre jour faire comprendre que l'école ne peut pas rester le seul domaine inaccessible au progrès.... Situations difficiles, je le répète, mais que la directrice doit prendre à tâche et tenir à honneur de faire cesser.

On m'objectera, peut-être, la timidité inhérente au sexe féminin; la réelle souffrance qu'éprouve une femme forcée de demander, de revenir à la charge, de revendiquer un droit, de lutter, pour son devoir professionnel, contre un magistrat, contre un fonctionnaire, contre un groupe d'hommes influents dont l'appui lui est utile....

La timidité, trop souvent confondue avec la modestie, est une faiblesse qu'il faut guérir, surtout quand elle est préjudiciable à l'intérêt général ; le sentiment de la dignité, la conscience professionnelle, le courage moral, au contraire sont des vertus humaines essentielles à l'éducateur, homme ou femme. Il faut que l'institutrice les possède pour conquérir la position morale à laquelle elle aspire.

La directrice de l'école maternelle a dû, aussi, jusqu'à maintenant, lutter contre le préjugé hiérarchique des instituteurs et des institutrices, qui, attardés aux souvenirs de la garderie et de la salle d'asile, n'acceptaient pas comme collègue cette éducatrice du petit enfant. La culture commune à l'école normale, les progrès intellectuels et moraux de tout le personnel enseignant, auront bientôt raison de cette difficulté.

Si la sympathie et l'estime des autorités, si les sentiments vraiment fraternels des instituteurs, ses collègues, sont des éléments nécessaires à la situation morale de la directrice, la confiance des parents, l'amour des petits enfants sont des éléments indispensables.

Tous ceux qui s'intéressent à elle lui diront : « Si vous voulez avoir les parents pour vous, aimez les enfants ». Rien de plus vrai ; mais, si elle s'en tenait à ce conseil vague, elle s'apercevrait, je le crains, au bout de peu de temps, que le procédé n'est pas aussi infaillible qu'il en a l'air.

C'est qu'il y a, en effet, une manière banale d'aimer les enfants, comme il y a une manière banale de remplir son devoir. Si, par « aimer les enfants », on entend simplement les trouver adorables de délicatesse et de grâce, avoir du plaisir à caresser leur peau satinée, à entendre leurs gazouillements d'oiseaux, tout le monde, à moins d'infirmité morale, les aime. Si, par « aimer les enfants », on veut dire simplement avoir horreur de les faire souffrir, ou même de les laisser souffrir, à moins d'être des monstres, tout le monde les aime encore de cette manière-là :

mais c'est là ce que j'appelais tout à l'heure la manière banale de les aimer.

L'amour pour les enfants, le vrai, le seul digne de ce nom, est un *sentiment* d'abord, nul ne le nie; mais c'est aussi une science : ce dont peu de personnes semblent se douter. Pour *aimer* l'enfant, il faut donc *savoir* l'aimer, et nous pouvons dire, hélas! que cette science est ignorée même par beaucoup de mères.

Aimer l'enfant suppose une étude incessante de ses besoins, de ses aptitudes, de ses aspirations, et un effort persévérant pour lui faire un milieu où ses besoins seront satisfaits, ses aptitudes développées, ses aspirations réalisées. Aimer l'enfant, c'est être convaincu qu'on a pour mission de lui procurer la somme de bonheur à laquelle il a droit, de faire arriver à éclosion complète tous les bons germes qu'il porte en lui. Aimer l'enfant, c'est le protéger, parce qu'il est faible; c'est le respecter, parce qu'il est pur. Aimer l'enfant, c'est s'ennoblir soi-même, parce que c'est aspirer à se rendre digne de lui.

Cette étude, attentive, raisonnée, méthodique, persévérante et purifiante en même temps, peu de mères — je parle ici de la masse — ont eu la possibilité de la faire; en admettant que leur éducation le leur eût permis, le temps leur eût manqué. Aussi les mères de famille sont-elles plus souvent une entrave qu'une aide pour les directrices réellement pénétrées du sentiment de leur devoir. L'une recommande de traiter son enfant avec sévérité, pis que cela, durement; l'autre se froisse même d'une observation faite avec bienveillance; une troisième, ne comprenant pas l'importance de l'éducation dont elle a été privée, n'apprécie qu'une certaine dose d'instruction matérielle réputée indispensable, et qualifie de temps perdu celui qui a été consacré au développement des facultés intellectuelles et morales; elle exige que son enfant « apprenne immédiatement quelque chose », c'est-à-dire qu'il soit mis au supplice de la lecture prématurée et de la récitation d'après le système des perroquets.

Nouvelle difficulté pour la directrice, difficulté plus ardue encore que celles que j'ai signalées. Mais comme la situation y gagne en intérêt, en attrait même! Comme l'horizon s'élargit! comme le but, déjà si noble, s'élève encore! Car, enfin, il ne s'agit plus seulement de l'enfant à diriger, il s'agit aussi de la mère à convaincre, et c'est alors que l'enseignement devient apostolat.

De prime abord, les parents avaient deviné dans la directrice une femme que son éducation plaçait au-dessus de la moyenne; ils l'avaient deviné à ses allures, à la dignité dont sa personne était empreinte, à l'harmonie de son costume; or voici qu'en l'entendant exprimer des idées généreuses et élevées dans un langage simple sans être trivial, leur impression devient une conviction; leur déférence se double de confiance et de sympathie; ils font leur profit de ce qu'ils entendent; les préjugés perdent ainsi du terrain; l'éducation filtre de l'école dans la famille; le niveau intellectuel et moral du peuple s'élève; le progrès s'accomplit. C'est ainsi que les nations deviennent de grandes nations. Dans les grandes nations, l'éducateur doit avoir une haute situation morale.

L'enfant est conquis par la directrice qui l'aime.

J'ai essayé, tout à l'heure, de définir ce qu'il fallait entendre par aimer l'enfant ; je ne veux pas y revenir ; mais j'ai besoin d'ajouter que, chez l'enfant, l'amour est fait aussi de confiance, de foi.

Les manifestations extérieures, un regard bienveillant, un doux sourire, un mot de tendresse, un geste affectueux, l'attirent ; mais c'est la conduite de chaque jour qui l'attache. Ce petit être sautillant et babillard écoute plus qu'on ne s'en doute ; il observe, il compare. Si les actes de l'éducateur ne sont pas en harmonie avec ses préceptes, il le remarque bientôt, et il en éprouve une sorte de scandale, car il a placé tout haut dans sa vénération celui qui lui donne ses soins. Dans son naïf enthousiasme, il en a fait une sorte de divinité. Or, même pour un enfant, c'est un déchirement d'avoir à renier ses dieux.

Vous l'engagez sans cesse à remplir ses petits devoirs d'enfant : qu'il vous voie sans cesse accomplissant vos grands devoirs ; alors, non seulement il vous aimera, mais il croira en vous.

La directrice en qui ses élèves croient, la directrice qui a de l'influence sur les parents, la directrice que les instituteurs accueillent en collègue, la directrice dont les autorités respectent le caractère et dont tout le monde reconnaît la distinction, cette directrice n'a plus rien à envier comme situation morale.

Or c'est sur les directrices que nous comptons pour fonder, en France, la véritable éducation maternelle dans l'école, en attendant l'âge d'or où chaque enfant sera élevé par sa mère.

MODÈLES DE PLIAGE

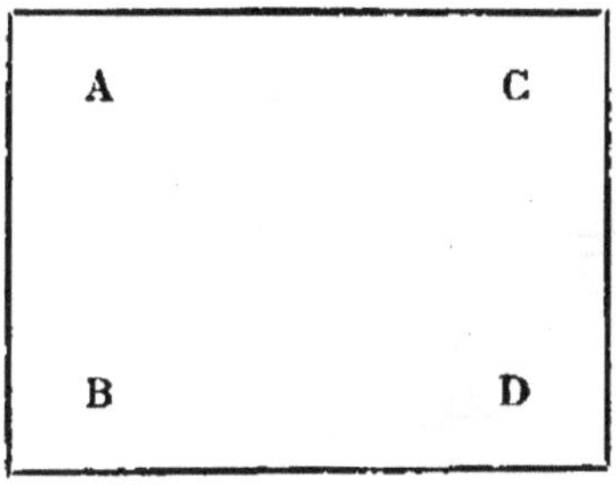

A C

B D

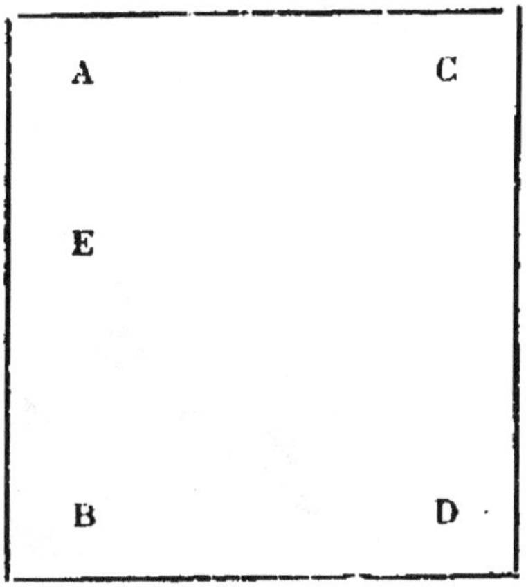

A C

E

B D

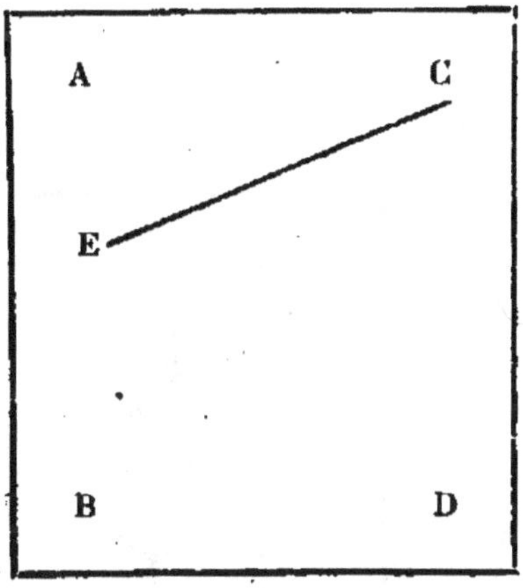

A C

E

B D

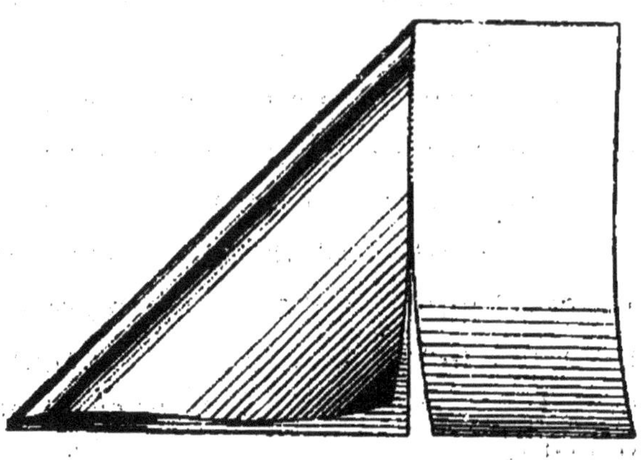

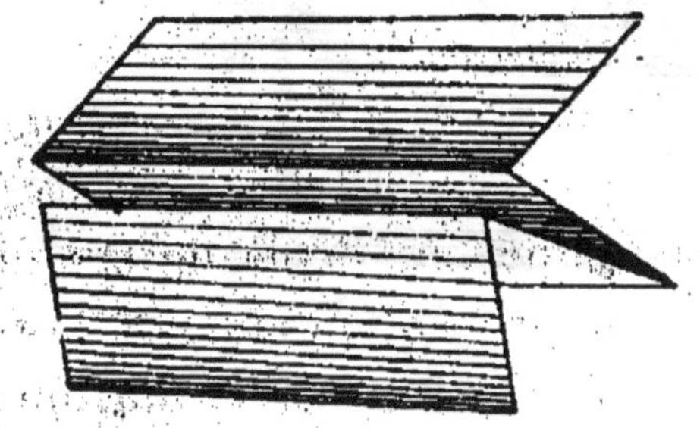

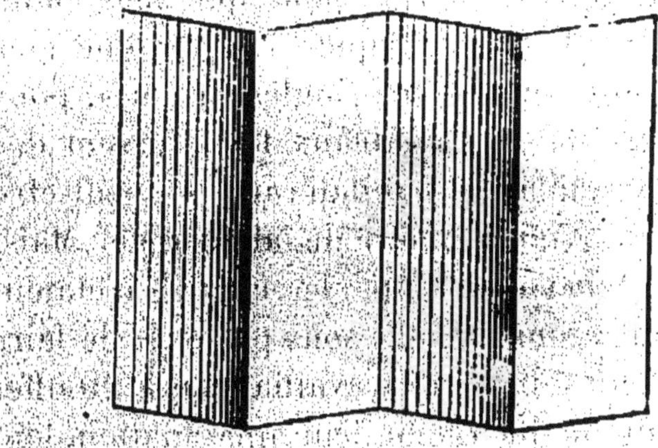

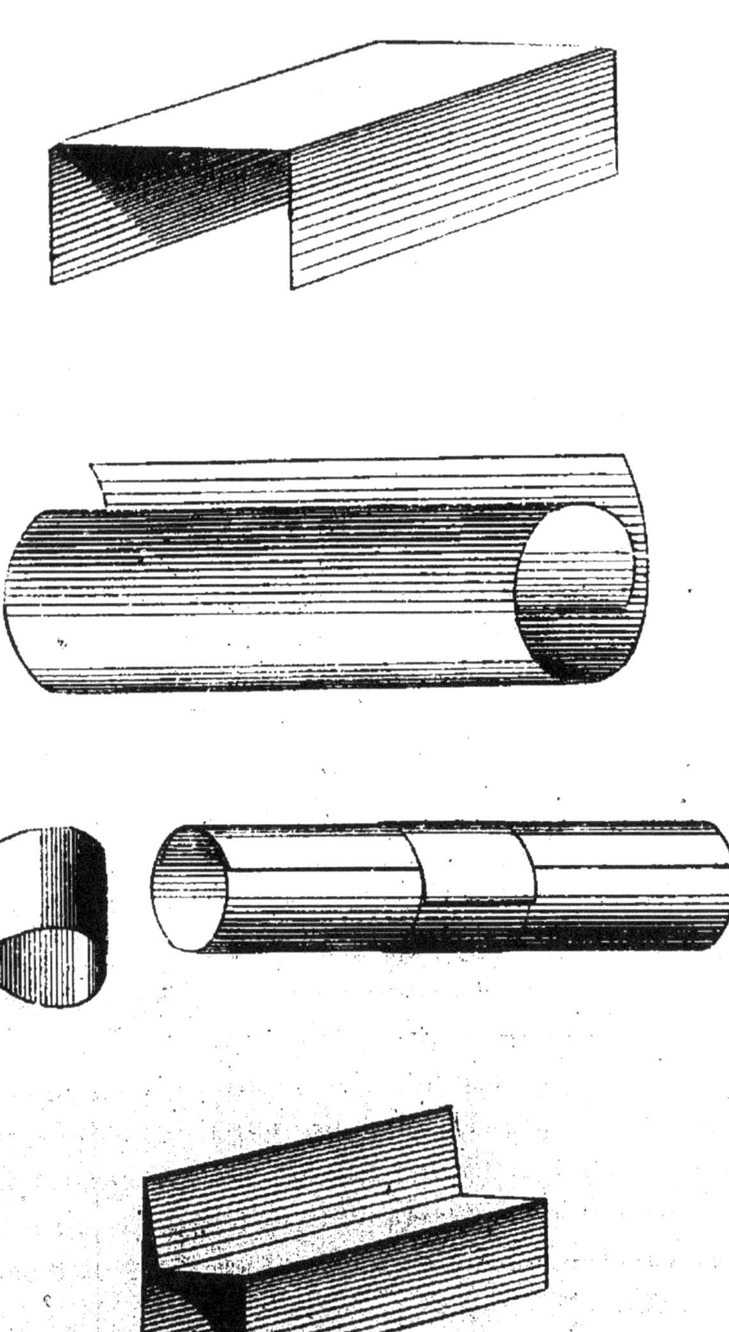

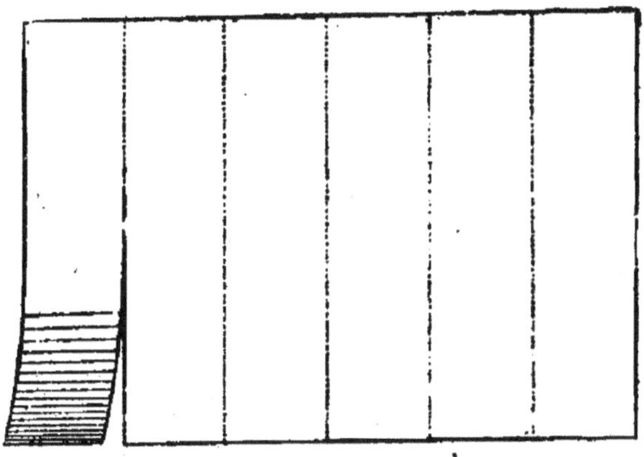

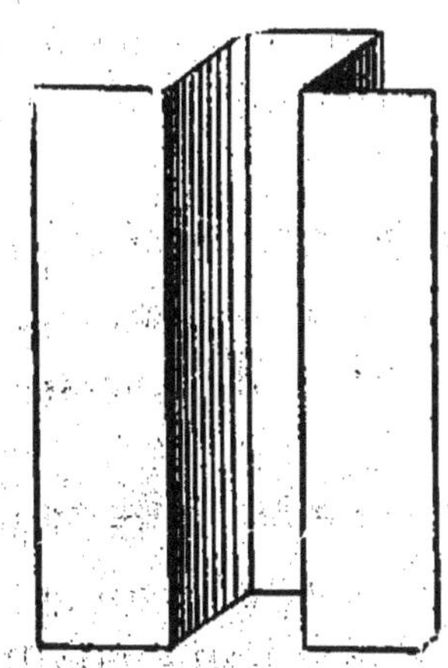

TABLE DES MATIÈRES

PREMIÈRE PARTIE

Éducation.

DEUXIÈME PARTIE

La section des petits.

TROISIÈME PARTIE

Section des grands (enfants de cinq à sept ans)

CHAPITRE XVII. — La géographie.

CHAPITRE XVIII. — Résumé.

Coulommiers. — Typog. P. BRODARD et GALLOIS

LEÇONS DE CHOSES

SCIENCES NATURELLES ET INDUSTRIE

COLLECTION COMPLÈTE

Dix boîtes en sapin à compartiments, mesurant $0^m,70$ sur $0^m,50$

L'HOMME

GYMNASTIQUE DES SENS. — Exercices gradués, épreuves, éducation et perfectionnement.

Une boîte contenant 144 objets ou spécimens....... 70 fr.

RÈGNE ANIMAL

Laines. — Poils. — Crins. — Corne. — Os. — Ivoire. — Matières grasses. — Substances alimentaires. — Peaux et cuirs. — Soie. — Nacre. — Corail. — Éponge, etc.

Deux boîtes contenant 203 objets ou spécimens..... 100 fr.

RÈGNE VÉGÉTAL

Produits forestiers. — Plantes oléifères, sacchariféres, tinctoriales. — Plantes textiles. — Plantes alimentaires. — Condiments. — Éléments des boissons. — Papiers et cartons. — Sucs végétaux.

Quatre boîtes contenant 439 spécimens............ 200 fr.

RÈGNE MINÉRAL

Pierres et terres. — Eaux minérales. — Verrerie. — Céramique. — Fossiles. — Objets préhistoriques. — Combustibles. — Minerais et métaux.

Trois boîtes contenant 315 spécimens.......... ... 150 fr.

NOTA. — *Chaque série se vend séparément.*

COLLECTIONS DU MUSÉE DES ÉCOLES

LEÇONS DE CHOSES

SCIENCES NATURELLES ET INDUSTRIE

COLLECTION COMPENDIUM

Cinq boites en sapin à compartiments, mesurant $0^m,70$ sur $0^m,50$

L'HOMME

Gymnastique des sens. — Exercices gradués, épreuves, éducation et perfectionnement.

Une boite contenant 144 objets ou spécimens....... 70 fr.

RÈGNE ANIMAL

Laines. — Poils. — Crins. — Corne. — Os. — Ivoire. — Matières grasses. — Substances alimentaires. — Peaux et cuirs. — Soie. — Nacre. — Corail. — Éponge, etc.

Une boite contenant 101 spécimens............... 50 fr.

RÈGNE VÉGÉTAL

Produits forestiers. — Plantes oléifères, saccharifères et tinctoriales. — Plantes textiles. — Plantes alimentaires. — Condiments. — Éléments des boissons. — Papiers et cartons. — Sucs végétaux.

Deux boites contenant 212 spécimens............. 100 fr.

RÈGNE MINÉRAL

Pierres et terres. — Eaux minérales. — Verrerie. — Céramique. — Fossiles. — Combustibles. — Minerais et métaux.

Une boite contenant 101 spécimens............... 50 fr.

Nota. — *Chaque série se vend séparément.*

MEUBLES

DISPOSÉS POUR CONTENIR LES COLLECTIONS

LEÇONS DE CHOSES, SCIENCES NATURELLES ET INDUSTRIE

COLLECTION COMPLÈTE. Meuble en chêne verni, genre cartonnier, fermant à clef, recevant les dix boîtes de la collection, avec tablette à coulisse.......................... 83 fr.

COLLECTION COMPENDIUM. Le même meuble, recevant les cinq boîtes de la collection, plus une boîte de Physique et Chimie (*Compendium*), ou une boîte vide pour collections locales. 70 fr.

Paris, typ. Pillet et Dumoulin, 5, rue des Grands-Augustins. — 10/85. 22,000.

Coulommiers. — Imp. P. Brodard et Gallois

www.ingramcontent.com/pod-product-compliance
Lightning Source LLC
Chambersburg PA
CBHW050501270326
41927CB00009B/1850

* 9 7 8 2 0 1 2 5 7 2 6 1 4 *